人間教育への新しき潮流

デューイと創価教育

池田大作 *Daisaku Ikeda*
ジム・ガリソン *Jim Garrison*
ラリー・ヒックマン *Larry Hickman*

第三文明社

ヒックマン博士（左）、ガリソン博士（中央）と池田ＳＧＩ会長　©Seikyo Shimbun

人間教育への新しき潮流――デューイと創価教育……目次

第2章　教育の使命

第3章 対話と民主主義

第4章 科学・哲学・宗教

一、編集部注は＝の下に記した。
一、引用文は、読みやすくするため編集部でふりがなをつけた箇所もある。引用者による省略は（中略）とした。
一、御書のページ数は『日蓮大聖人御書全集』（創価学会版）による。
一、邦訳のない文献については、仮に邦題をつけ、書名の直後に（邦訳仮題）と明示した。

装幀・本文レイアウト／トッパングラフィックコミュニケーションズ

〈鼎談者紹介〉

池田大作 創価大学創立者・創価学会インタナショナル会長

ジム・ガリソン ジョン・デューイ協会元会長・バージニア工科大学教授

ラリー・ヒックマン ジョン・デューイ協会元会長・南イリノイ大学教授

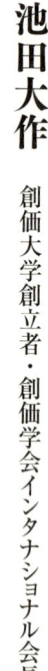

いけだ・だいさく 1928年、東京都生まれ。創価学会名誉会長。創価学会インタナショナル（SGI）会長。創価大学、アメリカ創価大学、創価学園、民主音楽協会、東京富士美術館、東洋哲学研究所、戸田記念国際平和研究所等を設立。国連平和賞、世界桂冠詩人賞など、受賞多数。

著書に小説『人間革命』（全12巻）、『新・人間革命』（刊行中）のほか、『二十一世紀への対話』（A・J・トインビー）、『二十世紀の精神の教訓』（M・S・ゴルバチョフ）、『地球平和への探究』（J・ロートブラット）など、数多くの世界の知性との対談集がある。

Larry A. Hickman　1942年、アメリカ・テキサス州生まれ。南イリノイ大学カーボンデール校哲学教授、デューイ研究センター所長。テキサス農業大学哲学教授のほか、アメリカ哲学振興協会会長、ジョン・デューイ協会会長などを歴任。『ジョン・デューイのプラグマティック・テクノロジー』『デューイを読む――ポストモダン世代への解説』『ジョン・デューイ書簡集』など、著作・編著多数。世界20カ国以上で講演し、著作等は10カ国語で翻訳。

2007年、全米優等学生友愛会 全米優秀学者賞を受賞。創価大学・ケルン大学名誉博士。

Jim Garrison　1949年、アメリカ・オハイオ州生まれ。バージニア工科大学教育哲学教授、アメリカ哲学振興協会執行委員。ジョン・デューイ協会会長、教育哲学協会会長などを歴任。

主な研究分野は、プラグマティズム（実用主義）。『民主主義の復興とデューイ哲学の再構成』『デューイ生誕150年――新世紀への考察』をはじめ、著作・編著多数。

教育哲学分野での研究が高く評価され、ジム・メリット賞、ジョン・デューイ協会特別功労賞などを受賞。

写真：ジョン・デューイ協会の「終身名誉会員証」を池田SGI会長に授与（2008年8月、長野）

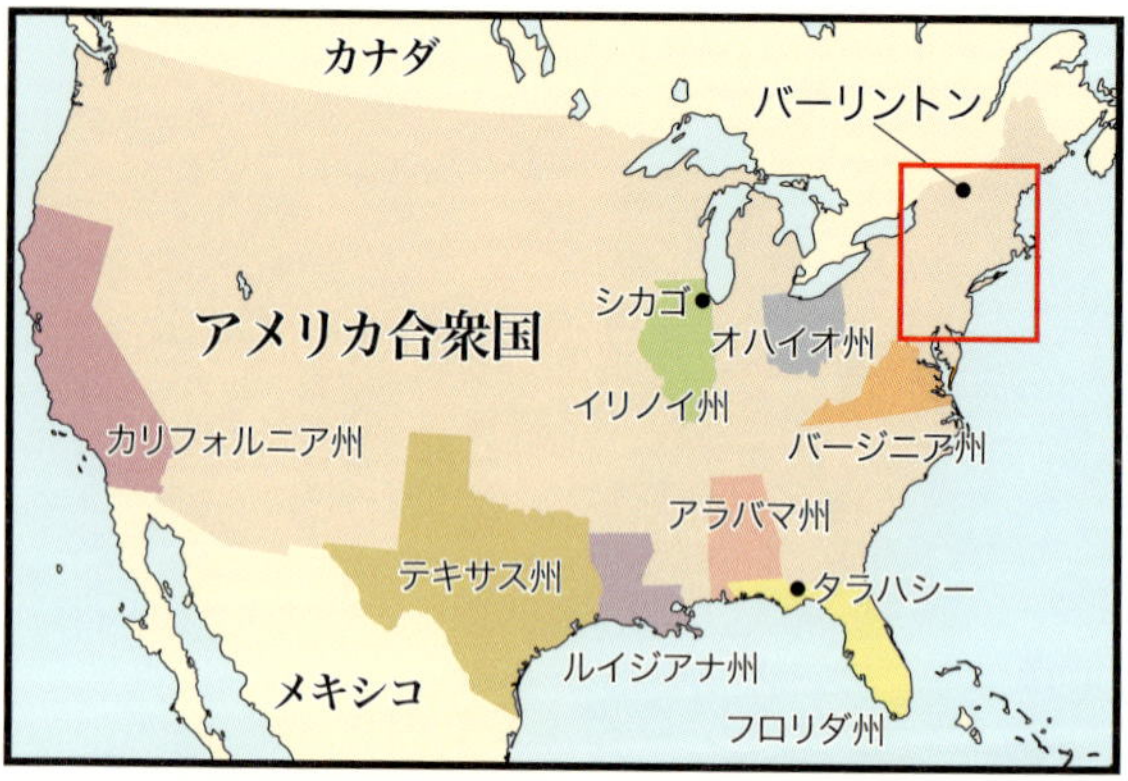
カナダ
バーリントン
シカゴ
アメリカ合衆国
オハイオ州
イリノイ州
カリフォルニア州
バージニア州
アラバマ州
テキサス州
タラハシー
ルイジアナ州
メキシコ
フロリダ州

モントリオール
カナダ
バーリントン
シャンプレーン湖
バーモント州
ボストン
オンタリオ湖
ハドソン川
マサチューセッツ州
ニューヨーク州
ロードアイランド州
ニューヨーク
ロングアイランド島
ペンシルベニア州
フィラデルフィア
ワシントン

第1章

デューイ哲学の光源

1　二十一世紀に光るデューイの人と哲学

「対話のなかにこそ本当の価値創造がある」

池田　「民主主義は対話から始まる」(1)――。

ジョン・デューイ*博士は、九十歳の誕生日のスピーチで、こう語りました。

この言葉には、アメリカ最高峰の哲学者であり、教育者であるデューイ博士の思想が結晶しています。対話こそ、民主主義の真髄です。

心開かれた「対話」がなければ、人間の魂は萎縮し、成長は止まる。自由な「精神の交流」がなければ、社会は硬直化し、行き詰まってしまいます。

人間と社会の伸びやかな向上と発展の道を、デューイ博士は明快に示されました。

このたび、その思想と哲学を誰よりも深く継承し、現代社会に展開しておられるジム・ガリソン博士（デューイ協会元会長）、そしてラリー・ヒックマン博士（同協会元会長・デューイ研究センター所長）と新たな「対話」を開始することができ、私は心から嬉しく、光栄に思っております。

ガリソン　私のほうこそ光栄です。

長野での初めての出会い（二〇〇八年八月）の後で皆さんにも申し上げましたが、何よりも印象に残ったのは、池田会長の目の輝きです。

あの日まさに、恩師の戸田城聖*第二代会長と初めて出会われた十九歳の青年の目の輝きのままに、私たちの質問に答えてくださいました。その時の喜びもさることながら、この鼎談（三人の語らい）でも活発な対話を楽しみにしております。

池田　恐縮です。あの折、ガリソン博士は、「対話のなかにこそ、本当の価値創造がある」と語っておられました。まったく同感です。

対話を始めましょう！　若々しい生命の息吹で、大いに語り合いましょう！

この私たちの対話から、二十一世紀を担う青年たちに、「人間教育」と「価値創造」の光を贈っていきたい。そう心から願っております。

「学生中心の教育」を志向したデューイ

ヒックマン　まず最初に申し上げたいのですが、こうして池田会長、そしてガリソン博士と、この鼎談を開始することができ、私も誠に光栄に思っております。

会長は、これまで平和・人権・教育などの各分野で、さまざまな業績を残してこられました。そのことを、私は長らく賞讃してまいりました。

とくに、日本とアメリカに創立された二つの卓越した大学は、会長が人類の未来の進歩と向上に献身してこられた事実を証明するものです。

池田　深いご理解、ありがとうございます。

ヒックマン博士には、アメリカ創価大学（ＳＵＡ）の理事にもご就任いただいております。折々に、貴重なアドバイスを賜るとともに、学生たちを温かく励ましてくださり、心より感謝申し上げます。

ガリソン博士も、ＳＵＡのキャンパスを訪れ、学生との有意義な交流の機会をもってくださいました。学生からも、多くの喜びの声が届いております。

お二人が励ましてくださることは、デューイ博士が見守ってくださることでもあります。

アメリカ創価大学のキャンパス　© Seikyo Shimbun

創立者として、両先生に、あらためて御礼申し上げます。

ガリソン　デューイを信奉する教育者として申し上げますと、ＳＵＡには、デューイが志向したような、「学生中心の教育」が見事に体現されていると思います。それは、学生を甘やかすことではありません。キャンパスのいたるところで、学生と教員、また学生同士が対話を交わしています。

とりわけ大切だと思ったのは、学生や教員が、大学の職員とも頻繁に語り合う姿でした。学生食堂の職員、管理者や校務員の方々とも明るくあいさつを交わし、親しく語り合っています。これだけでも私は、ＳＵＡが実に素晴らしい学舎だと感じました。

その「学生中心」の道を、創価大学、創価女子短期大学、創価学園も健全に歩んでいます。私は、この目で確かめたことでしか判断しません。私が訪問した創価教育の各校は、間違いなく正しい軌道にあります。

ヒックマン　ＳＵＡの学生たちは、母校のモットーに心からの誇りを感じています。

ＳＵＡのモットーは、「生命ルネサンスの哲学者たれ！」「平和連帯の世界市民たれ！」「地球文明のパイオニアたれ！」でしたね。

私は、大学の経営陣、そして教員や職員が一致協力してこそ、このモットーを目指して前進できるのだと思います。

その点、ＳＵＡでは経営陣が最先端の研究を支え、その姿勢が優れた教育の実現を可能にしています。その優れた教育は、さらに大学職員の持続的なサポートによって支えられているのです。職員の方々は、自分たちの努力が、大学の使命を左右する重要なものだと考えておられます。

池田　尊敬する両先生から、創価教育への温かな激励のお言葉を頂き、創立者として、これ以上の喜びはありません。大学や学園の教職員にとっても、大きな誇りとなるでしょう。

ガリソン博士は、教員と学生、また学生同士のあいだには、思いやりと啓発の気風、そして豊かな交流が必要であるとされ、こう語ってくださいました。

「自らの可能性を開発するためには、『正しい関係性』をもたねばならないと、デューイは主張しております。SUAには、その『正しい関係性』があります」と。

何よりも心強く、ありがたい評価です。

ヒックマン博士は、SUAの第一回の卒業式（二〇〇五年五月）へのメッセージのなかで、「偉大な教育者である牧口常三郎*とジョン・デューイの両氏が、もしこの卒業式に参列していたなら、二人は私とともに、アメリカ創価大学の教育的価値に賞讃の拍手を惜しまなかっただろうと確信しています」と述べてくださいました。

そして、「二人は〝教育とは生きるための〈準備〉というより、むしろ、言葉の最も十全な意味における〈生きること〉それ自体なのだ〟という点で一致していました」と指摘されました。

教育とは人生の準備ではない。教育とは人生そのものである――私も、ここにデューイ博士と牧口会長の卓越した教育哲学の本質があると思います。

ガリソン　「法華経」を読んだとき、私はその生命尊厳の思想に深く感動しました。創価学会の使命の根幹には、この生命への畏敬の念があるのですね。

「言葉の最も十全な意味における〈生きること〉」――これこそ、生命尊厳の思想を、最も崇高なかたちで表したものです。

これは普遍の智慧です。この生命への畏敬の念が、牧口会長とデューイ博士の教育哲学を貫いているのです。

その意味で、SUAの学生は日常の生活において、さまざまな人たちとの創造的な対話に学び、そして成長するという、素晴らしい機会に恵まれています。

世界に大きな影響を与えた哲学

池田　創価教育の意義について、非常に大切な点を鋭く指摘してくださいました。

二〇〇九年は、デューイ博士の生誕百五十周年の佳節に当たります（十月二十日）。

デューイ博士は、その長い生涯において、数多くの著書や論文を残し、世界の思潮に大きな影響を与えられました。

第一次世界大戦後に、デューイ博士らが始められた「戦争非合法化運動*」は、一九四七年に施行された日本の「平和憲法」の成立に当たり、その思想的基盤に影響を与えたといわれております。(2)

さらに日本では、第二次世界大戦後の教育の民主化と改革において、大きな影響を与えたのが博士の教育哲学でした。その後も、教育の改革が叫ばれるたびに、博士の教育哲学に立ち戻ろうとする試みが繰り返されてきました。

デューイ博士と無縁な日本人は、その意味で、誰一人としていない――日本は、博士から大きな恩恵を受けているのです。

二〇一〇年は、牧口初代会長、戸田第二代会長が、創価学会の前身である「創価教育学会」を創立して、ちょうど八十周年に当たります。

牧口会長も、戸田会長も、デューイ博士を心から尊敬しておりました。その意味からも、私は、この鼎談に、深い意義を感じております。

実は、デューイ博士と、牧口初代会長の名前にも、〝意外な〟共通点があります。

博士の「デューイ」という家名は、「ドゥ・ウェ」に由来し、「牧草地の」という意味があるともいわれます[3]。そして、「牧口」の「牧」も日本語では同様の意義があり、牧口とは「牧場の入り口」という意味になります。

二人とも、「自然」と「人間」の共生の思想に立っていましたが、名前にも、それを象徴するような共通点がありました。

ヒックマン　実に興味深い視点ですね。二人の名字に、そして「自然と人間の関わり」にも、つながりがあるとは思ってもみませんでした。

確かにデューイは、今日のように、環境保護運動が勢いを増すずっと以前から、現在いわれるところの「環境哲学」に大きく貢献しています。一八九八年、デューイは三十八歳のとき、環境問題に関する重要な論文（「進化と倫理」）を発表しました。

ダーウィン*の進化論の熱心な擁護者であったトマス・ハクスリー*は、世界には二つの対立した秩序が存在する、一つは人為的・倫理的・人間的な秩序であり、もう一つは自然的・超道徳的・宇宙的な秩序であると主張しましたが、デューイはこうした考え方を退けました。

つまり、デューイが主張したのは、私たち人間は自然界の重要な一部である、ゆえに私たちは自然の秩序と対立してはならない、ということでした。

デューイは、人間が自然環境の一部として、うまく折り合い、他の部分とバランスをとり調和できるかどうかは、ひとえに人間自身によって決まる、と主張したのです。

こうしたデューイの考え方は、アメリカの先駆的な環境保護主義者のアルド・レオポルド*の主張に、きわめて近いものでした。

ガリソン　デューイは、学生時代にハクスリーの生理学に関する著書を読んで、彼が唱えた、さまざまな生命体の結合に関する概念（有機的統合）に大きな魅力を感じていました。

ジョン・デューイ　© PPS

池田会長もご承知のように、デューイにとって、仏教が説いているような生命観は、大きな意味を持っていました。すなわち、彼がハクスリーの理論に見いだしたものは、きわめて動的で恒常的な統合、つまり、さまざまな生命体の「有機的統合」という考え方だったのです。

ハクスリーは、先ほどヒックマン博士も指摘されたように、後になって、人間と自然の秩序の二元性を主張するようになります。デューイは、大いに落胆したに違いありません。そして、その誤りを指摘せずにはいられなかったのです。

池田　よく理解できます。デューイ博士は、自身の「人間と環境」に対する考え方について、このようにも述べています。

「生きていくという過程は、有機体によって演じられるのと同様に、まさしく環境によっても演じられる。なぜなら両者は、現にひとつに統一されているからである」(4)

万物は相互に依存し、連関している。自身と環境も、一体となってともに生き、相互に働きかけながら変化していく――博士の重要な思想の一つですが、これは仏法の「依正不二」*等の思想とも深く響き合うものがあります。

ところで、ハクスリーの「生命観」に対する姿勢にもみられるように、デューイ博士は、あらゆる思想に対して、徹底して独立した立場を貫いています。

すなわち、特定の学者の説のある部分は否定しても、別の部分は受け入れる。また、その学者がどんなに高名でも、その権威に寄りかからず、鵜呑みにせず、一つ一つ自分で確かめていく――そうした博士の経験主義・実験主義の生き方と哲学の特徴が、この事実にも表れていますね。

ヒックマン　おっしゃるとおりです。

デューイは、権威に基づく主張に左右されないという理由で、社会科学も含め、実験科学を高く評価していました。

また、この世界は、人間が〝社会〟と呼ぶもののも含めて、多くのことを私たちに教えてくれるが、それ自体は単なる出発点に過ぎないと考えていました。

　こうした出発点から積み上げて、人間としての経験の意味を豊かにしていくのは、個人としての、また共同体としての私たちの責任なのです。

　そのためには、従来のものの見方が真実かどうかを、常に吟味しなくてはなりません。また、たとえ最も権威のある有力な人の意見であっても、それがデューイのいう〝成長〟や、牧口会長のいう〝価値創造〟を妨げるものであれば、異議を唱えるべきなのです。

　デューイが、チャールズ・パース*やウィリアム・ジェームズ*とともに打ち立てたプラグマティズム*（実用主義）の中心にあるのは、ある思想の〝意味〟を構成しているのは、その思想のもたらす〝帰結〟であって、そのよって来るところ――〝源〟ではない、という点です。

生い立ちと時代背景

池田　そうしたデューイ博士の屹立した思想と人格が、どのような環境で育まれていったのか、博士の生い立ちと時代背景について、少々、伺っていきたいと思います。
博士は、一八五九年の十月二十日、アメリカ東部バーモント州のシャンプレーン湖畔にあるバーリントンで生まれています。

食料品店を営む両親と、男ばかりの四人兄弟の家庭で、博士は三男でした。博士が生まれた二年後の一八六一年には、南北戦争*が勃発していますね。

デューイ博士のご両親は、どのような方だったのでしょうか。

ガリソン　父アーチボルドは、とても活動的なビジネスマンでした。南北戦争では、五十歳ながら志願兵として戦地に赴きました。

母ルシナは熱心なキリスト教徒（会衆派教会）で、天国に行くのは現世での社会的な責任や道徳的な行為によって決まると信じていました。ゆえに、夫や子どもたちを慈しむとともに、地域社会の活動にも献身しました。

実は、デューイよりも先に生まれた子（長男）はジョン・アーチボルド・デューイと名付けられましたが、この子は家の風呂桶の中で誤って火傷を負い、亡くなっています。

その十カ月後に生まれたジョン・デューイは、この子の「生まれかわり」だと両親は考えていました。

母親は子どもたちに、「あなたがたは、イエス様に恥じない正しい行いをしていますね」と念を押すのが常だったようです。

それでデューイは、度を超えた自己反省が心底嫌いになったといいます。彼の著作が内省的な事柄にあまり触れないのは、ここに起因しています。

その一方で母親は、デューイに一流の教育を受けさせたいと願い、彼が地域活動や社会改革に従事することを期待しました。

彼は、この母の願いと期待を、生涯、持ち続けました。そして長じるにつれて、母親が心にかけていた社会改革への行動に大きく関心を膨らませていくのです。

今、この時、この世界でなすことのできる「改革への行為」とは何か——それを最大の関心事として政治や公共活動に関わるようになりました。その結果、社会に参加し、英語で著述する知識人のなかで、二十世紀における最も著名な人物として知られるようになったのだと思います。

それゆえに、論議の的になることが多かったのも当然です。

池田 デューイ博士の社会への強い関心は、どちらかというと母親から強く譲り受けたものといえるわけですね。

「内省」よりも、むしろ「行動」というポジティブな姿勢の源泉も、明快に説明していただきました。これは、デューイ博士を理解するうえで、非常に大切なポイントですね。

博士が育ったバーリントンは、当時、どのような町だったのでしょうか。

ヒックマン　生まれ故郷のバーリントンは、小さな町といえるでしょう。ただ、この町は幾つかの点で、デューイの人格形成に重要な役割を果たしました。

第一に、バーリントンはバーモント大学の所在地でした。大学の教職員のなかには、デューイ一家の友人もいれば、隣人たちもいましたから、彼にはごく幼少の頃から学究の道に進む可能性が開かれていました。

第二に、バーリントンは湖や山々など、自然の美に囲まれた町でした。

デューイは終生、そうした美しい場所を探し求めました。ニューヨーク州のロングアイランド、カナダのノバスコシア、フロリダのキーウエストなどです。

こうした場所でデューイは、身心をリフレッシュし、活力を蓄えるのが常でした。彼は体を鍛えることの重要性をよく理解していて、得意だった水泳を八十代まで続けました。運動好きだったおかげで九十二歳まで長生きし、活動的な生涯を送れたのだと思います。

第三として、これはおそらく最も重要な要素だと思うのですが、バーリントンは主要な木材集散地であったため、フランス語圏のカナダ人をはじめ、多くの移民が働いていました。

ガリソン　確かに、バーリントンは風光明媚な土地ですが、デューイが育った頃は、すでに工業都市として変貌を遂げ、当時のそうした町にありがちな悪徳や悪習がはびこり、労働環境も最悪でした。少年時代のデューイが新聞配達をしたり、材木を数えたりしていた頃のバーリントンは、現在のような、のどかで美しいバーモント州の小さな町とは似ても似つかぬものだったのです。

ヒックマン　実は、この故郷での生活のおかげで、デューイは一八九四年から一九〇四年までの十年間、シカゴで遭遇することになる膨大な移民群や苛烈な産業化の波に対しても、心の準備ができていたのです。

デューイが「ハル・ハウス」の理事として活動したのは、このシカゴ時代のことです。「ハル・ハウス」は、ジェーン・アダムズ*が開設したセツルメント・ハウス*（隣保館）ですが、彼女は、この社会福祉事業等によって、後年、ノーベル平和賞を受賞しています。

池田　シカゴの「ハル・ハウス」は、当初は移民労働者に学習と社会参加の機会を提供することから始まって、やがて恵まれない人々の支援や労働者の待遇改善を求める活動を行うようになりますね。

当時のアメリカは、資本主義が急速な発展を遂げる一方で、貧困や人種差別の問題など社会の矛盾も大きくなり、古い価値観が崩れて、さまざまな対立や分裂が広がっていった。そこには現代社会と同様の課題や歪みを、すでに見て取ることができます。

デューイ博士は、アダムズの福祉事業など、社会活動にも積極的に関わっていきました。

そして、新しい教育のあり方、社会のあり方を模索していった。

そうした実践が、庶民の側に立つ、より実践的で地に足のついたデューイ博士の哲学に、大きな影響を与えたのではないでしょうか。

ところで、ガリソン博士は、ご自身の人生において、デューイ博士の思想や人格との共通点や親近性などを感じられることはありますか。

多様性を調和するデューイの「統合」思想

ガリソン　いえいえ、デューイの人生と私の人生とは、まったく異なるものです。

しかし、「統合」に対する私自身の要求を満たしてくれるデューイの洞察に、私は深い親近感を抱くのです。

ただし、この「統合」とは静的ではなく、常に進化し変化する、きわめて動的なものであり、「均衡」と「不均衡」と「均衡の回復」による「統合」に他なりません。これが、成長のリズムなのです。

ジェーン・アダムズが開設したシカゴのハル・ハウス　© AP/ アフロ

多くの人がデューイと彼の作品に魅力を感じてきた理由は、どこにあるのか。

一つは、デューイの求めた「統合」が「相違を認める統合」だったことにあると、私は思っております。

デューイが求めたのは「多種多様なものの統合」であり、さまざまな相違点を同一のものに還元するような「画一化」ではありません。だからこそ、世界各地の人たちが、そしてあらゆる社会階層の人たちが、デューイに魅力を感じるのでしょう。

デューイの著作物はさまざまな文化圏で読まれ、高く評価されています。それは、彼の「統合」の概念には多様性があり、さまざまな視点を均質化しようとするものではないからです。彼のいう「統合」とは、進化を遂げる動的な「統合」なのであり、そこに人々は親近感を抱くのだと思います。

池田　よく分かります。まさに創造的な統合の力ですね。それは、生命それ自体がもつダイナミズムを生き生きと体現した生き方です。

差異を認め、多様性を調和し、均衡を回復する——デューイ博士の進化する「統合」の思想は、二十一世紀の平和社会の創造にも、非常に重要な視座を与えるものといえるでしょう。

ヒックマン博士は、いかがでしょうか。

ヒックマン　今おっしゃられたのは、大変に重要なポイントです。

この視点への洞察なくして、地球倫理と世界平和に対するデューイの貢献を十分に評価することはできません。

例えば、アメリカの多様性について、デューイは〝るつぼ〟という表現には、いつも不快感を覚えると書いています。

こうしたデューイの感性は、互いの個性を認め尊重すること、ひいては異なる文化的特性を認め、尊重する方向へ、私たちを導いてくれるはずです。

こうした姿勢があったからこそ、デューイは中国を訪問した際、大変な人気を博したのでしよう。中国では、デューイは今でも米中の〝文化の架け橋〟そのものとみなされています。

池田　そのとおりですね。その点は私も、中国の学者の方々と語り合ってきました。

そうしたデューイ博士の人間としての大きさのなかに、私たちが学ぶべき世界市民としての大切な資質があります。

先ほど、デューイ博士と牧口初代会長の共通点が話題となりましたが、牧口会長はデューイ博士より十二歳年下で、激動の世紀を生きた同時代人です。

これは、あくまでも可能性の話にすぎないのですが、二人は直接、出会っていたかもしれないと推測する人もいます。

といいますのも、デューイ博士は九十年前の一九一九年（大正八年）二月、はるばる日本を訪れ、約三カ月の滞在中、各地で精力的に講義や講演を行いました。

その際、デューイ夫妻が主に逗留したのが、のちに国際連盟の事務局次長として活躍した新渡戸稲造博士*の自宅でした。

当時、牧口会長は新渡戸博士と深い親交があり、郷土研究のグループ「郷土会」の例会に参加するため、毎月のように、会場の新渡戸邸を訪れていたのです。

ヒックマン　その記録が見つかる日が来たら、何と素晴らしいことでしょうか。

ですが、出会いの有無にかかわらず、二人がどんなことを話し合ったであろうかは、かなり的確に想像できます。

当時、日本の学校は、天皇崇拝による過激な愛国熱に支配されていた。わけても、最も狂信的な愛国者は小学校の教師たちであったと、デューイは伝えています。

さらに彼は、これらの教師のなかには、天皇の写真を火災から救うために自らが焼死し、あるいは学童たちを焼死させることもあった、という報告さえしています。

もちろん牧口会長も、軍国主義や狂信的な国家思想に反対でした。ですから、二人は、日本の学校制度をどう改革すべきか、またとくに、学校の民主化が日本社会の改革に果たす役割をめぐって、重要な対話を交わしたことでしょう。

「道徳的勇気」を貫いた牧口初代会長

ガリソン　二人がどんなことを語り合ったか、想像するだけでも楽しいことです。二人が出会っていたことが分かったら、どんなに素晴らしいでしょう。

しかし、二人が実際に会ったかどうかは問題ではありません。なぜなら、現に今、二人の思想は、この鼎談で邂逅を果たしているではありませんか。

二人には、あまりにも多くの語るべきことがありました。まずは「カント哲学」*をめぐる語らいが容易に想像できます。

それから、もう一つ挙げるとすれば、デューイは軍国主義をひどく嫌悪し、硬直した封建的な階級構造も嫌っていましたので、そうしたテーマも話題になったに違いありません。

牧口会長もまた、上流階級の子弟を特別扱いするのを拒否するなどして、窮地に追い込まれています。牧口会長は、階級的な差別が激しい社会にあって、差別を認めるのを拒否した教育者でした。デューイをひどく悩ませたのも、この階級差別だったのです。

デューイは著作の多くの箇所で「道徳的勇気」という言葉を使っていますが、同時代の日本の知識人には、その道徳的勇気が欠けていると指摘しています。しかしながら、日本ほど声を上げるのに道徳的勇気を必要とする国は他にどこもない、とも論じています。(5)

その日本において、やがて牧口会長は軍国主義に抗して獄死されました。何と大きな道徳的勇気を持たれていたことでしょうか。自らの信念に殉じて死ぬ――これに勝る勇気はありません。

池田 まさに、その勇気ある闘争――民衆の幸福と平和のために殉じた牧口会長の信念の行動にこそ、私どもSGI(創価学会インタナショナル)の運動の原点があり、根本の精神があります。

その偉大なる先師を永遠に顕彰するために、創価大学のある八王子の地に東京牧口記念会館を建設しました。

ガリソン　私は、その記念会館を訪れた折、大変に感動しました。もちろん建物の威容のためだけではありません。そこに込められた、牧口会長の人間としての勝利の姿に心打たれたのです。

会長が獄死された狭い独房と記念会館の威容とのコントラストそのものが、数々の物理的障害のみならず危険なイデオロギーとの戦いにも打ち勝った、大いなる精神の勝利を象徴していました。

牧口会長はまさに、デューイのいう「道徳的勇気」によって勝利したのです。それは、SGIにも同じことがいえます。

私たち人間は、時として〝負けない〟ことによって勝利を得ることができます。牧口会長は、軍国主義者の手によって命を奪われましたが、決して彼らに屈することはありませんでした。牢獄で亡くなられたものの、その信念には一点の曇りもなかったのです。

池田　先師の生涯を、そのように深く捉えてくださり、これほどの喜びはありません。デューイ博士もまた、世間の毀誉褒貶など悠々と見下ろしながら、信念の道を進みました。そして勝ちました。

民衆とともに、社会正義のために、勇気ある信念の行動を貫いていくこと——これこそ、デューイ博士の人生と哲学の核心であると、私は思っております。

ヒックマン博士とガリソン博士は、教育者として、また行動する知性として、この崇高なる精神を自ら体現されながら、後世に厳然と継承されています。

私もまた、牧口初代会長、そしてともに牢獄に入り戦われた戸田第二代会長——この偉大なる師の信念と思想を受け継ぎ、多くの健気な庶民——なかんずく未来を担う青年たちとともに実践してきました。

ヒックマン　友人であり、同僚でもあるジム・ガリソンと私は、常にデューイの模範から触発を受け、デューイが打ち立てた民主主義と教育の理想を実現すべく、それぞれの立場で努力を続けています。

なおかつ我々はまた、池田会長ご夫妻が体現されているビジョンと、我が身を顧みぬ不断の献身にも触発されてきたのです。

2　出会いがつくる人生の旅路

デューイ哲学への探究の道

池田　デューイ博士が、アメリカの人々からどれほど慕われていたか。それを物語る一つの微笑ましいエピソードから、今回は始めたいと思います。

それは、一九四九年、デューイ博士が九十歳の誕生日を迎えた頃のことでした。彼がバスに乗っていると、後から乗り込んできた男性から、〝自分の娘を紹介させてほしい〟と話しかけられたのです。

デューイ博士は気さくに応じました。紹介された十歳ほどの少女は、老デューイを見ると、にっこりしていいました。「ああ、おじさんがジョン・デューイさんなのね。わたしたち、学校で、ジョン・デューイの『教育』っていうのを、つかっているのよ」[3]と（笑）。

それを聞いたデューイの喜びは、ひとかたならぬものであったといいます。

両先生が、最初にデューイ博士の存在を知ったのは、いつ、どんな経緯だったのでしょうか。

ヒックマン　実は私自身、デューイとよく似た精神遍歴を辿ってきました。

つまり、当初のいくぶん偏狭な宗教観から、やがてデューイ同様、ヘーゲル*の哲学に一種の自由な思想を発見しました。それからより幅広い、人間主義的な観点に到達したのです。

そして私も、熱心なキリスト教の信仰をもつ母親に深く感化されて育ちました。私の母は、デューイの母親に、よく似ていたのです。

デューイの著作を系統立って研究し始めたのは、大学院の時代でした。やがて、きわめて興味深いことに気づきました。それまで、デューイが「科学技術」について多くを語っていることに気づいた人は、誰もいなかったのです。

そこで私は、科学技術に関心がある人たちのために、『ジョン・デューイの実用的科学技術』（邦訳仮題）という紹介本を書きました。

ガリソン　今ではもう漠然とした記憶になってしまいましたが、大学院のときに誰かがジョン・デューイのことを話していて、その名前を聞いて「それって、あの図書を分類するための『デューイ10進分類法*』を発明した人のことかい」と聞き返しました。すると「いや違うよ」（笑）という答えが返ってきました。

今では、私が同じような質問をされています。名前について説明すると、皆、ばつの悪そうな顔をしますが、私自身の恥ずかしい経験を話すと誰もがほっとします（笑）。

デューイの文化的影響力の大きさにもかかわらず、私の大学院時代は、アメリカ哲学科の学生ですらデューイを研究する者は、まずいませんでした。当時の哲学研究は、人間の日々の関心事からは遊離した、専門的・分析的思考が支配的だったからです。

私が学業を終えた頃から、幸いにも伝統的なアメリカのプラグマティズム、とりわけデューイに再び光が当たるようになりました。私がジョン・デューイを〝発見〟したのは、哲学博士号を取得して二年後のことです。その頃、すでに物理学と心理学の学位、そして人文学の修士を取得していた私は、「米国科学財団」＊から研究助成金を受けて数理論理学の研究をしていました。

何か、宗教的な目覚めを経験したように聞こえてしまうかもしれませんが、一九八三年のデューイ哲学との出合いは、私にとって衝撃的なものでした。大学院の哲学科の図書館は充実していて、そこでたまたま目にしたのが、一九二五年刊の『経験と自然』の初版本だったのです。「序文」を読み始めると、そのすべてが私には納得のいくものでした。

私は、それ以前に、「プラグマティズムの父」と呼ばれる哲学者チャールズ・パースの著作はかなり読み、その哲学思想に導かれて、科学の歴史と哲学に関する学位論文も書いていました。しかし、同じプラグマティズムの系譜にあるデューイの著作は、一冊も読んだことがなかったのです。

池田　お二人とも、真摯な向学の青春のなかで、デューイ哲学との出合いがあったのですね。

ガリソン博士の場合は、図書館で偶然にも手にした書物が、ライフワークとなるデューイ哲学の探究の道を開いてくれた。一冊の名著には、人生を大きく変える力があります。とくに青年にとって、良書との邂逅は若き心の炎を点火し、新たな旅立ちへの力となりますね。

「人間は創造の営みを続ける創造者」

ガリソン　ええ。何気なく棚から取り出したデューイの『経験と自然』に、私は驚嘆したのです。その本の中でデューイが述べていたことこそ、それまでの七年間、私が探し求めてきたものでした。私自身が、ずっと言葉にしようともがいてきたことを、ぴたりと言い当てていると感じたのです。

すなわち、〝私たち人間は、世代から世代へ、終わりなき創造の営みを続ける創造者として創られている。そして、その創造の営みは、おそらく種そのものが途絶えるまで続く〟――と。

私が「価値を創造する会」という名称を冠する団体――創価学会に関心をもった理由は、実にデューイの本を手に取ったところに遡ることができるのです。

池田　デューイ哲学のカギとなる「創造」という言葉が、私たちを結んでくれたというのも、実に不思議なご縁であり、一致ですね。

「価値の創造」――「創価」という名称は、牧口初代会長と戸田第二代会長の〝師弟の対話〟から生まれたものです。

牧口会長の教育学説を収めた大著『創価教育学体系』は、弟子である戸田会長が私財をなげうって出版し、世に送り出しました。

その折、牧口会長が自身の教育学の目的は「価値を創造すること」であると語り、戸田会長が「先生、では『創価教育』と名付けましょう」と決めたのです。

この『創価教育学体系』が出版された日は、一九三〇年（昭和五年）の十一月十八日でした。それが「創価学会」の前身である教育者の集い――「創価教育学会」の誕生となったのです。

この牧口会長と戸田会長が、深く尊敬されていたのがデューイ博士でした。先生方との出会いを、デューイ博士と両会長が開いてくれたように思えてなりません。

ガリソン　きっとそうだと思います。

私がデューイを好きになったのは、一つには彼が、古典ギリシャ語でいうところの〝詩（ポイエーシス）の概念〟を大切にしていたからです。

その〝詩〟とは、韻や韻律を踏まえているかどうかは別にして、築き上げ、創造し、生み出すという、深い意味での詩作です。

デューイにとって、哲学と詩とは密接に関連し合うもので、いわば同じ生地から切り取った二枚の布のようなものです。哲学と詩は、意識的に区別することはできても、本来、不可分なものなのです。

池田　重要なご指摘です。

詩人としてのデューイ博士は、その全体像を理解するうえでの重要なテーマでもあります。

現在、九十八点の作品が、デューイ博士の詩として残されていますね。

「真理の松明」と題する詩からは、デューイ博士の信念と哲学が力強く伝わってきます。

「昔もえていた光は
未来への道を今、てらしはしない。
くらやみの中から少しずつ

今ゆく道をまなぶのだ。
ひろびろとまわりがひらけて
ふみかためられた道が幾条も見えるとしても、
君のさがしている真実の道はあらわれてはこない

みずからの炎の矢が
旅路をおおう深い霧をきりさくまで。[6]」

私も大好きな詩です。デューイ博士は、まさに自らの生命と情熱を燃えたぎらせながら暗い闇を打ち破り、そして未来を照らした人でした。大事なことは、これからを生きる若き生命に勇気と希望の光を贈ることです。

家庭教育で培われた読書習慣

池田　そこで、多くの読者の方々――とくに、小さいお子さんをおもちのお母さんから、両博士が、どのような家庭で成長され、勉強や読書に励まれるようになったのかを伺ってほしいとの声が寄せられています。是非、ご紹介いただけますでしょうか。

ガリソン　分かりました。実は、私の父は六年間、母も八年間の教育しか受けていません。両親ともに十分な教育を受けられませんでしたが、二人は読書好きでした。

私が成長するにつれて、我が家では、お互いに読んだ本の感想を語り合いました。読み書きの能力や教養の基礎を培うには、両親が私にしてくれた以上のよい方法はありません。本当に、これに勝るものはないと思います。

さまざまな調査によれば、多くの家庭では、親の役割は単に子どもたちに読書を始めさせることであると考えていて、その後は成り行きに任せているようです。しかし、それではものの見方が限られたものとなってしまいます。我が家では、互いに読んだ本を親子で交換したものです。

父は、よく出かける際、車のほうに歩きながら、私に「おまえ、この本を読みたいかい」と聞いてきました。私は、その本を二、三日のうちに読んでは、父と感想を語り合ったものです。

池田　素晴らしい読書教育のモデルです。親子で同じ本を読んで感想を語り合う――これほど心温まる親子の交流、そして有意義な家庭教育はありませんね。

互いの感想を語り合うなかで、子どもは自然のうちに、人生の大切な〝心の滋養〟を得ていくでしょう。

また家族の心情や、ものの見方を知ることもできます。ある場合には、親にとっても新たな発見や驚きがあるでしょう。それを通して、親と子がともに学び合い、ともに成長していけるのです。

今は、家庭のなかも、テレビやインターネットの時代になってしまいました。しかし、読書の大切さは、いくら強調しても強調しすぎることはありません。活字文化が衰退していくことは、極論すれば人間性の崩壊につながります。

西洋の有名な格言に「家に書物なきは、人に魂なきが如し」とありますが、まさにそのとおりではないでしょうか。


ヒックマン　同感です。我が家の場合を申し上げますと、兄も私も、母からしっかり読書に励むよう教えられました。この点では、私の母は、息子たちに読書を勧めたデューイの父親に似ています。

私の父は、いつも仕事で手いっぱいで、出張も多かったのですが、地質学や考古学などが趣味でした。私が科学に興味をもったのも、たぶん父の影響でしょう。

私たち一家は、テキサス州のなかでもメキシコとの国境沿いに住んでいましたので、子どもの頃には一家揃って、よくメキシコを旅行しました。メキシコについて書かれた本も、家には数多くありました。私は、こうした旅行や本を通して、メキシコという国を、そしてメキシコ人を好きになったのです。

池田　やはり、子どもを読書好きにするには、親の力が大きいですね。ヒックマン博士も、実に愛情豊かなご両親のもとで成長されたのですね。

ガリソン　家庭の愛情の力は、計り知れません。実は、私は養子として育てられました。望まれて養子になったのです。その後、二十四歳の年まで、私は生みの母と手紙のやりとりを続けました。

　そのため私の生い立ちは、〝場所〟というよりも、〝人〟との出会いに彩られています。十三歳の誕生日まで、養母は毎晩、私の寝室の灯りを消した後、「おまえを愛しているよ」と言ってくれました。

　自分が深く愛されていると知ることは、それはそれは大きな力になるものです。

　一方、養父は海兵隊所属の職業軍人で、太平洋戦争や朝鮮戦争で数々の軍功をあげました。しかし、毎晩、酒を飲み、父の心が安らぐことはありませんでした。

　戦争の悲惨さを目の当たりにし、堪え難い経験をしてきた多くの軍人と同様、父も戦争が好きではありませんでしたし、決して誇るべき体験などとは思っていませんでした。私は、その教訓を養父から学んだのです。

養子に出たあと、私は生みの親とは会う機会がありませんでした。しかし、自分は望まれて養父母のもとに来たと実感することができ、それは私にとって大きな力になりました。

私は、現在教壇に立つ州立大学で、多くの恵まれた家庭の子女を見てきました。しかし、自分が本当に親から愛されていると確信できる学生は、ごく少ないものです。

池田 ガリソン博士が、心深く秘めてこられた大切なお話をご紹介くださり、厚く感謝いたします。また、博士の平和への深い思いの源泉を伺った思いがします。

おっしゃるとおり、子どもにとって、親の愛情ほど大きな力となり、勇気となり、安心となるものはありませんね。

一方で、博士が示唆されたように「自分が本当に親から愛されていると確信できる学生は、ごく少ない」――これは、現代の教育を考えるうえで、非常に重要な課題であると感じております。

地理を重視したデューイと牧口会長

池田　ところで、牧口初代会長は地理学者として、教育における「地理学習」「郷土学習」の重要性を、とくに強調していました。この点は、デューイ博士の哲学にも通じる見解です。

お二人は学校時代、「地理」はお好きだったでしょうか。

ガリソン　子どもの頃は大嫌いだったんです（笑）。なんだか、記憶力を競うだけの学科のような気がして。

ヒックマン　私は、好きな科目でした（笑）。子どもの頃は、地図を調べながら、何時間も楽しく過ごしたものです。実は、今もそうですが（笑）。

世界各国の郵便切手も収集していて、それが送られてきた国について知るのも大きな楽しみでした。切手の収集からは、さまざまなことが学べます。

例えば、一九三〇年代のドイツのワイマール共和国*が発行した切手からは、インフレの恐るべき影響を知ったものです。なかには、数百万マルクの切手もあったのです！

これは、ほんの一例に過ぎません。このように地理を学ぶ者は、老若を問わず世界に目を開かれるものです。

池田　誠に重要な視点です。

一八九九年（明治三十二年）のことですが、四十歳のデューイ博士と二十八歳の牧口会長は、奇しくもこの同じ年に、教育改革のためには「地理科」を重視しなければならないという同じ趣旨の講演をしています。

そして、その四年後（一九〇三年）、牧口会長は記念碑的な名著『人生地理学』を上梓しております。

ヒックマン　確かにデューイは、地理の学習を最重要の教科の一つと考えていました。

池田　牧口会長にとっても、地理科とは単なる地名の暗記科目でも、自国の勢力図を広げる帝国主義や植民地主義のための道具でもありませんでした。

ヒックマン博士がいわれたとおり、「世界のなかの自分」を位置づける作業であり、一個の人間としての自立を促す教科でありました。

人生の価値創造のため、より充実した「生活」を営むため、そして強靭な「世界市民」を育成するために必須の教科であったといってよいでしょう。

そのために牧口会長は、地理教育の改革を訴え、その主張は必然的に軍国主義へと傾斜し

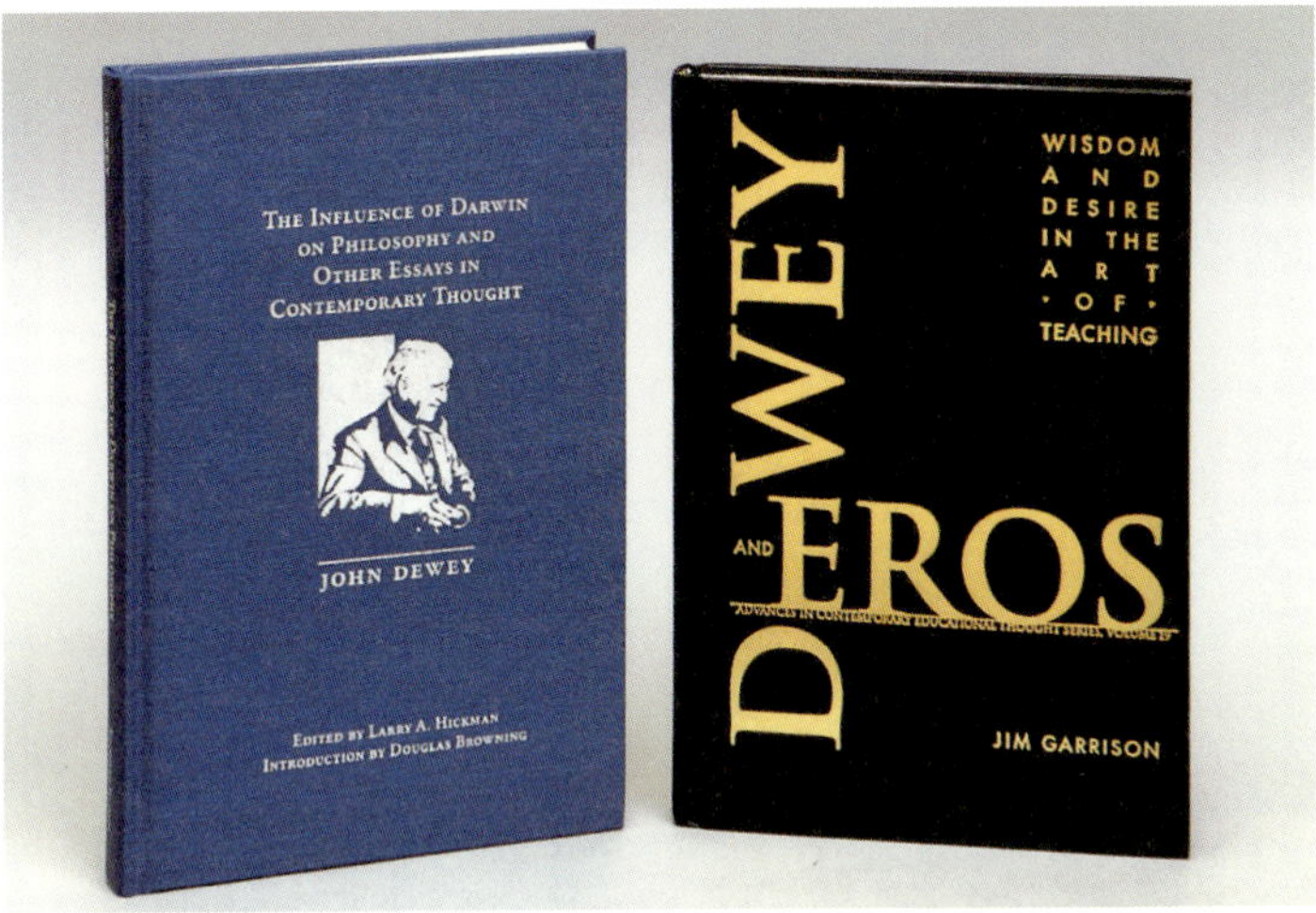

ヒックマン博士、ガリソン博士から贈られたデューイに関する著作

ていった時代や社会に対する鋭い批判に直結していきました。

こうした「生活」や「地理学」を重視する視点は、二十一世紀というグローバル化（地球一体化）の時代においてこそ、新たに再評価されるべきではないかと、私は思っております。

ヒックマン　おっしゃるとおりです。

デューイによれば、「地理」とは人間同士を結ぶ多くの複雑な要素を理解する一つの手段でした。人間は、原料や交易ルート、食料やその他の要素を利用することで互いにつながっているからです。

デューイは「地理」をきわめて広い概念で定義づけています。彼はこの学科を、歴史の学習と密接に関連するものと考えていました。一九一六年発刊の名著『民主主義と教育』では、まるまる一章を地理と歴史に割いています。

私が憂慮しているのは、最近アメリカでは、地理を知らない若者が増えていることです。二〇〇六年にナショナル ジオグラフィック協会が行った調査では、十八歳から二十四歳までの若者のうち、地図上でルイジアナ州を特定できない人が三三パーセントもいたそうです。

また、ニュースで報じられる国々がどこにあるのか、その位置が分かることを重要と思う人は三〇パーセントにも満たず、他の言語を話すことを重要と考えた人は一四パーセントしかいなかったそうです。

例えば、インドが地図のどこにあるのかを分かる若者が全体の半数にも満たない現状を知るとき、彼らが果たしてどのような地球市民になるのか、自問せざるを得ません。

もちろん地理の学習には、単に地図上の場所を知っていることより、ずっと多くの事柄が含まれています。しかし、こうした知識は最低限、必要なものなのです。

池田　よく分かります。

とくに現代社会にあっては、世界の事柄に関心をもつことは非常に重要です。とともに、我が郷土と世界との結びつきを深く知ることも不可欠です。仏法の「縁起」という思想も、ありとあらゆる事象は、単独で存在するのではなく、必ず相互に影響を与え合い、連関していると教えています。

牧口会長は、『人生地理学』のなかで、こう論じました。――たとえ猫の額ほどの「小地」であっても、その地域性に根差して、そこに生き、観察し、解明していくならば、そこから一国ひいては全世界の事象の考察へと広がっていくものである[7]、と。

我が郷土に軸足を置き、我が郷土を深く観察していけば、自ずと一つ一つの事象のなかに、より広い世界との〝つながり〟を認識するようになり、ひいてはグローバルな視野を身につけることにつながっていくというのです。そして、世界と自分との関係性を知ることで、より深く「自分」を知ることができるのです。

その意味で、地理を学び、郷土を学ぶということは、「世界市民教育」の重要な要件であるといえるでしょう。

お二人は、デューイ博士の地理教育の思想が、これからの時代に、どのような意義をもつと思われますか。

差異を超えて、人間同士の結びつきを

ヒックマン　ご存じのように、地理の授業はデューイの教育哲学の中心的な特色の一つでした。地理と歴史を重視するデューイの思想の今日的意義は、急速にグローバル化が進む世界の未来のリーダーを育むうえで、ますます大きいといえます。

その理由の一つは、地理と歴史を知ることによって、人類としてのさまざまな共通点を発見し、そこに立脚することで、急進的なポストモダニズム*が強調する差異や断絶を乗り越えることができるからです。

第二に、地理と歴史の研究には、さまざまな学術的手法が用いられているため、穏健な文化相対主義*を尊重しつつ、競合する主張や道徳観について客観的に判断できる基準も与えてくれます。

このようなデューイの教育哲学は、地理と歴史を中心に、一方の宗教的、民族主義的ドグマ*を含む権威主義的な立場と、もう一方の「すべては等価値である」と考える相対主義のもたらす絶望感のあいだの〝中道〟を探究しているのです。

私たちは急速に変化する世界に生きているがゆえに、こうした両極端な立場の〝中道〟を

見いだすことを継続的に求められています。
人間同士がますます緊密の度を増し、地理的にも新たな「地球村」へと凝縮している現代に、私たちは自身の生きる世界を深く知り、また自身がどのような選択を求められているのかをよくわきまえないかぎり、〝中道〟を見いだすことはできないでしょう。

ガリソン　子どもの頃は地理が嫌いだった私ですが（笑）、大学院へ進んだとき、ある経験をしました。それは、デューイと牧口会長が地理学の教授法について考えていたことを示すものです。

私が大学院時代を過ごしたフロリダ州北部の州都タラハシーには、かつて川だった水路があります。地元の友人との語らいで、その水路が話題になった際、川が町を黒人居住区とそれ以外の区域に分断していたことを教えてくれました。やがて私は、町のほとんどが川に沿って区画・造成されていることに気づいたのです。

この観察から、タラハシーの地形がどのように町をつくり、町の商業を左右してきたかが、よく理解できました。

差異を超えた人間同士の結びつきと調和、そして一体感――これらが牧口会長にとっての、またデューイにとっての大きな命題だったのではないでしょうか。そしてそれこそが、地理学という学問から生まれるべき精神であると思います。

もし、デューイの精神が二十一世紀に生かされるとすれば、それはこうした命題の実現のためでしょう。それは、すべてを均一化することなく、差異を乗り越えることです。人間同士の結びつきとともに、その分断についても理解を深めることを、デューイは教えてくれていると思うのです。

池田会長は、デューイの思想が、地理学の未来にどのような意義をもつか、お尋ねになられましたが、まさにそれこそが、デューイの精神を明敏に理解することにつながるのではないでしょうか。

デューイの精神とは、結局、人間同士の正しい結びつきのあり方を知ることです。それには、誤った結びつきから離れることも含まれています。地理学は、その助けとなるはずです。

池田 非常に鋭い考察です。

自らの置かれた環境を徹底して考究していくことは、外在的な結びつきのみならず、人間は誰もが尊厳な存在であること――生命の「内在的普遍」へのアプローチにもつながっていきます。

牧口会長は、地理や自然環境が、人間の人生や人格形成にいかに影響を与えるかについて

も、さまざまな角度（かくど）から考察しました。この点についても、今後、さらに語り合っていきたい
と思っております。

3 「師弟の精神の継承」が人間教育の真髄

デューイ協会とは

池田　究極（きゅうきょく）において、歴史を創（つく）る力（ちから）は何か。

それは、新聞の大見出しになるような大事件などではなく、むしろ、ごく目立たないような変化、「水底（みなそこ）のゆるやかな動き」(8)である――歴史家アーノルド・J・トインビー博士*の忘れえぬ洞察（どうさつ）です。

この歴史を創る民衆の意志と力を、世界の平和へ、人類の幸福へと、大きく正しく導（みちび）きゆくのが教育です。「生命の尊厳（そんげん）」を基調（きちょう）とした〝人間教育〟です。

ヒックマン博士とガリソン博士が牽引（けんいん）しておられる「ジョン・デューイ協会」は、一九三五年、六十人ほどの教育者によって創立（そうりつ）されたと伺（うかが）っております。

私たちの創価学会の創立が一九三〇年（昭和五年）ですので、ほぼ時を同じくして、大恐慌（だいきょうこう）*

直後の激動の時代に誕生したことになります。

これまで貴協会とは、ボストン近郊にある私どもの国際対話センター*や、東京の東洋哲学研究所*などが、シンポジウムや出版活動を通して、有意義な学術・教育交流を重ねてくることができました。

二〇〇八年の夏には、光栄にも、貴協会より意義深き「終身名誉会員」の称号を賜りました。あらためて、心より感謝申し上げます。

デューイ博士の思想と哲学を継承しゆく貴協会が産声をあげたとき、デューイ博士は七十代で、人生の総仕上げの年代に入られていました。

当時は、フランクリン・ルーズベルト*大統領が、ニューディール政策を掲げて、アメリカ経済の再生に立ち向かう一方、世界では軍国主義の不気味な足音が再び聞こえ始めた多難な時代でしたね。

ヒックマン　ご指摘のように、私どものデューイ協会は一九三五年、大恐慌のどん底の時代に創立されました。

その担い手は、アメリカ教育界の変革を熱心に願う、若くて進歩的な教育者たちでした。この若き教育者たちは、大きな危機を絶好のチャンスと捉え、デューイの生涯にわたる努力を讃え、協会にその名を冠しました。学校と社会の相互依存の関係性を研究し抜き、現実の教育問題に取り組んだデューイに、心からの敬意を表したのです。

ガリソン　協会の正式名称は「ジョン・デューイ教育文化研究協会」ですが、デューイ自身は、協会の創立には関わっていません。

名称が「ジョン・デューイ協会」となった理由は、当時、協会を創立した人々の掲げる価値観を、デューイの人生と業績が、最もよく体現していると考えたからです。

彼の近しい友人や仲間の多くが、協会の創立メンバーや草創のメンバーになりました。

池田　両先生がデューイ協会を知ったきっかけは、何だったのでしょうか。

ヒックマン　私がデューイ協会を知るようになったのは、デューイの著作を系統的に研究し始めたときです。協会から招かれて、役員の候補に推薦されたときは、大変、名誉に思いました。

池田　そうでしょうね。よく分かります。

デューイ博士の哲学は、アメリカはもとより、世界の宝です。貴協会は、人類にとってかけがえのない精神の指標です。

ガリソン　恥ずかしいことに私は、長年、協会の存在すら知りませんでした。

ところが、私が是非とも聴きたいと思っていたある人の講演に出かけた折、会場に着いてみると、「デューイ協会主催の講演会」と書かれているではありませんか（笑）。これをきっかけに協会の一員になったのです。

これまでの歳月、デューイ協会は活発に、そして逞しく生き抜いてきました。さまざまな組織のめまぐるしい変転を思うとき、一協会がこれほどの長寿を保ってきたのは驚くべきことといえるでしょう。

これは、「反省的知性」を凝らし、多様性と探究心を尊重するという、デューイの精神に立って創設されたからだと思います。

池田　尊きご努力にあらためて敬意を表します。

東洋の英知は、「源遠流長」（源遠ければ流れ長し）と教えます。

崇高なる原点を大切にしていく運動は、滔々たる大河が大地を潤し、悠々と流れていくように、時代を超えて大きく発展していくことができる。

「創立の精神」が生き生きと脈打つかぎり、未来は洋々と開かれていきます。しかし、その根本の精神を学び、継承する人がいなくなってしまえば、いかなる思想も団体も形骸化し、やがて砂塵に埋もれてしまうでありましょう。

人類の心を潤す知性の水脈を、さらに水かさを増しながら、どう未来に流れ通わせていくか——ここに大学や学術機関の重要な役割があると、私は思っております。そのためには、時代に即応した知恵も要請されます。

現在、デューイ協会が主にどのような活動をされているのか、読者の皆さんにご紹介いただけますでしょうか。

ヒックマン　デューイ協会は毎年、全米教育研究協会と合同で年次総会を開催し、講演会やパネル・ディスカッションなど多彩な活動を行っています。さらに、当協会の社会問題委員会は、インターネット上で情報を発信しており、協会発行のジャーナル『教育と文化』（年二回発刊）も広く読まれています。それ以外に、協会の役員や会員は、さまざまな場でジョン・デューイの事績の普及と促進に努めています。

例えば、この十五年間で私は、月平均一回の講演を行いました。また中国、イタリア、ハンガリー、ポーランド、ドイツの各国、そして言うまでもなく、日本の創価大学にデューイ・センターが設立された際も、お手伝いさせていただきました。

ガリソン教授も各地で講演を行い、協会の事業推進に大活躍しています。

ガリソン　私たちの協会は、デューイの哲学を奨励することで、彼が願った社会正義と改善に積極的に関わる教育の振興を目指しています。

私は、当協会でシンポジウムを開く際には、デューイの思想に異論を持つ人も招くようにしてきました。

なぜなら、この協会は、先ほども申し上げた通り、「反省的知性の実践と対話の精神、異なる意見の尊重」というデューイの精神に則って設立されました。ゆえに、尊敬の心をもって異論を唱える人たちであれば、デューイの精神を生かしていけると思ったからです。

デューイの没後から、すでに六十年近い歳月が流れ、物事はさまざまな進展を遂げていますが、状況の変化に適応することを厭わなかったデューイは、そうした知的成長や変化を讃えるに違いないと思うのです。

教育における後継の意義

池田　時代の〝変化〟に対する、柔軟にして創造的な知恵と探究心、そして限りなき進歩、限りなき成長への挑戦こそが、デューイ哲学の真髄ですね。

二〇〇八年の夏、長野に両先生をお迎えした際、ガリソン博士は〝後継〟――すなわち〝受け継ぐ〟という心の意義を、こう語られていました。

「教育とは、世代から世代へ受け継がれ、伝えられていくものです。青年の役割はとても大事です」と。

まさに、「我が意を得たり」との思いでした。私も常に、青年を最大に大切にし、青年と苦楽を分かち合い、青年とともに成長することを心がけてきました。

いかなる思想の魂も、創立の精神も、青年との創造と建設の共同作業なくして、次代に伝え発展させていくことはできないからです。

牧口初代会長と戸田第二代会長が命を懸けた「民衆救済」の精神を、青年の私は「不二の弟子」として受け継いできました。

ガリソン博士は、「師弟不二とは、まさに不滅のつながりです」と語ってくださいました。師弟の深き誓いと行動のなかでこそ、精神のリレーは永遠となります。

ガリソン　この鼎談の冒頭でも申し上げましたが、あの時、戸田会長との初の出会いの様子を伺いながら、私は池田会長の眼差しと声の響きに、深い心遣いと非常なエネルギーを感じました。そして、最初に私の頭に浮かんだ言葉が「不滅」だったのです。

私は「師弟の関係」についての池田会長のお考えに、かねてから大いに関心をもってきました。私は「師弟の関係」を、教師と学生がともに力を合わせて探究する関係として理解しています。

池田　「師弟」の関係が、「ともに力を合わせて探究する関係」であるというのは、重大な指摘です。

人類の歴史を辿るとき、この人間教育の模範の絆として燦然と光を放つのが、ソクラテス*とプラトン*の師弟の関係です。

ソクラテスの哲学の真髄は、弟子プラトンがいればこそ、二千四百年後の現代に伝え残されました。

ヒックマン　一九三〇年、デューイは短い自伝的論文のなかで、「やはりプラトンの哲学を読むのが好きだ[9]」と記しています。

プラトンの一体何に、それほど惹かれたのか——デューイは、彼自身の心を捉えたものを、次のように語っています。

「それは何が出てくるかと、あの手この手を繰り出し、ドラマチックに、飽くことなく、ともに力を合わせて探求し続ける対話篇のプラトンの姿である。(中略)形而上学*の飛翔の極みを、常に社会的、現実的な展開をもって終わらせるプラトンの姿である[9]」

このプラトンとは、師のソクラテスに深く触発されたプラトンであり、彼自身のあくなき探究は、今も現代に生きる私たちにとって、大きな関心と価値の源泉となっています。

そしてデューイは、それは〝大学教授の原型として扱われる、想像力を欠く評論家たちによって作り上げられた〟プラトン像ではないと、付け加えています。(9)

池田 よく分かります。生き生きと真理を求め、探究を続けていくプラトンの真摯な求道にこそ、デューイは深く共感したのでしょう。

特筆すべきは、プラトンが有名な「第二書簡」に、こう書き残していることです。「プラトンの著作というものはありませんし、これからもないでしょう。世間でプラトンのものと呼んでいるものは、『若く美しくなったソクラテス』のものです(11)」

この一節は、古来、さまざまな解釈がなされ、研究者を悩ませてきましたが、日本の高名な教育者の林竹二氏は、この「若く美しくなったソクラテス」とは、「プラトンのなかに生きているソクラテス(11)」のことだと洞察されていました。

弟子の生命のなかに、師匠が永遠に若々しく生き続けていくというのです。これは、古今東西の事例を見ても、また私の体験からいっても賛同できます。

現在の私があるのは、師匠である戸田会長のおかげです。もしも、戸田会長から学ばなければ、今の私の思想も行動もなかったでしょう。

恩師亡き後も、私は我が胸中の戸田会長と常に対話し指導を仰ぎながら、あらゆる困難を乗り越えてきた――それが私の偽らざる心情です。

ともあれプラトンは、師ソクラテスの刑死の後も、師との真摯な対話を我が胸中で続けていったに違いありません。

その求道の語らいの軌跡が、人類の不滅の光となったのではないでしょうか。

西洋の「哲学の源流」にも、稀有の「師弟の対話」があり、不滅の「師弟の精神の継承」があった。そこには、汲めども尽きない人間教育の源泉があり、人類の未来を照らす英知の輝きがあったわけです。

ヒックマン　おっしゃるように、プラトンとソクラテスの師弟関係は、見事な範例として世に広く知られています。

それ以外にも、哲学の分野で私の胸に思い浮かぶ有名な師弟の関係を挙げますと、キリスト教神学者のアルベルトゥス・マグヌス*と『神学大全』を著したトマス・アクィナス*、英国の功利主義哲学者のジェレミー・ベンサム*と『自由論』の著者ジョン・スチュアート・ミル*、そして我が国アメリカのエマソン*とソロー*などです。

これらの人たちの師弟関係が築かれたのは、いずれも時代の大転換の時でした。

アルベルトゥス・マグヌスとトマス・アクィナスについていえば、当時は長らく埋もれていたアリストテレス*の著作が、イスラム世界から新たに発見されたばかりで、その思想をローマ・カトリック教会の教義にどう融和させるかが、二人にとっての最大の問題でした。

ベンサムとミルにとっては、貴族を優遇した旧体制の支配から女性や労働者をどう解放するかが大きなテーマでした。

そして、エマソンとソローにとっては、どうすれば各人が世間から隔絶したキリスト教の因襲的な慣習を押し開き、「大我」との一体感を実感できるかが重要な課題でした。

もちろん哲学の分野以外にも、有名な師弟関係は数多くあります。例えば音楽界でいえば、ハイドン*は最初モーツァルト*の師匠でしたが、やがて弟子になりました。

三代にわたる師弟関係

ガリソン　二者に加え、私は三者の関係が、より重要に思われます。ソクラテス、プラトンにアリストテレスを加えた三代の関係が、西洋思想史における最も重要な教師と学生の学究の関係、ないしは師弟の関係にあったことは、疑問の余地のないところであり、これを否定する人は、まずいないでしょう。

そして、牧口会長、戸田会長、池田会長の三代の師弟もまた、師弟の関係の連続性を示す意義深き事例であると思います。

池田会長は、牧口、戸田両会長が歩まれた道を、そのまま辿ってこられました。それによって池田会長は、多くの人々が後に続くことのできる大道を築いてこられたのです。

この言い方は、もちろん字義通りの意味で申し上げているのではありません。ソクラテスの最大の業績が弟子のプラトンであり、プラトンにとっては、それが弟子のアリストテレスであったように、牧口会長の最大の業績は、戸田会長であったという意味で申し上げています。戸田会長の最大の業績は、池田会長であると思います。

池田　創価の師弟への深いご理解に、心より感謝申し上げます。

私どもの運動においても、三代にわたる師弟関係に深い意義を見ています。一対一の全人格をかけた師弟の結びつきが、二代にとどまらず、もう一代続いていく——この連続作業によってこそ、師弟の精神の「永遠性」が育まれていくからです。

若き日の戸田会長は、北海道で小学校の教員をしていました。一九一九年の年末から正月にかけての冬休みを利用して東京に出た際に、小学校の校長を務める牧口会長を訪ねたのです。当時、十九歳でした。

さらに一九二〇年の春、本格的に上京したあと、牧口会長のもとで臨時代用教員として採用されました。

権威や権力には一切、迎合しなかった牧口校長が、傲れる政治家の不当な圧力によって別の小学校に左遷されたのは、その直後のことでした。戸田青年は、この横暴に反対して、牧口校長を慕う他の教員らと抗議運動を起こしています。保護者たちも、牧口校長を心から敬愛し、支持していました。

創価の初代・二代の師弟は、こうして不二の歩みを開始していくことになります。そして、十年後の一九三〇年十一月十八日、牧口会長の大著『創価教育学体系』が、師の教育思想を世に問うことを決意した戸田会長の手によって発刊されたのです。

それから十数年、「教育改革」から「宗教革命」への道に進んだ先師と恩師は、国家神道を精神的支柱とした軍国主義に抵抗し、思想と信教の自由を貫きました。

その結果、治安維持法という悪法によって無実の罪を着せられ、不敬罪の容疑で太平洋戦争の渦中に逮捕・投獄されました。

そして牧口会長は、一九四四年の十一月十八日、獄中で逝去しました。牢獄で師匠の死を聞かれた戸田会長は、慟哭のなかで師の遺志の実現を誓ったのです。

戦争が終結する直前の一九四五年の七月三日、戸田会長は生きて獄門を出て、敗戦必至の

牧口初代会長（右）、戸田第二代会長（左）と各国語に翻訳された『創価教育学体系』

© Seikyo Shimbun

焼け野原に立ち、学会の再建を開始しました。

牧口会長の三回忌の席で、戸田会長は亡き師に呼びかけました。

「あなたの慈悲の広大無辺は、わたくしを牢獄まで連れていってくださいました[12]」

この戸田先生の真情を聞いたときの感動を、私は今なお忘れることができません。この生死を超えた崇高なる師弟の道を、私もまた人類の平和と幸福のために、誇り高く歩み通すことを深く決意しました。

その誓いのままに今日まで行動し、世界に平和と文化と教育の連帯を広げてきたことが、我が人生の最大の誉れであり喜びです。

ヒックマン　ただ今述べられたような師弟関係ほど、稀有にして崇高な関係はないと思われます。しかも、その師弟関係が代々にわたって継承されてきたという事実には、驚嘆すべきものがあります。

今日のように、どちらかといえば時代が安定して物資が豊かな時代であればこそ、いかなる危機に直面してもなお貫き通し、さらに強まり成長するような〝よき師弟関係〟を呼び起こし、称揚することがとりわけ重要であると思います。

ここでいう危機とは、例えば孤立した個人が懐疑や絶望につきまとわれるような時、あるいは成功の可能性など、まったくないように思われる時、そして明確な目標や一致した目的の共有が、とりわけ重要とされる時などが、それに当たります。

今のお話からあらためて強く思うことは、私たちは皆それぞれが自分として、最善の弟子あるいは最善の師となれるよう、なおいっそうの努力を重ねる義務があるということです。

ガリソン　私は、東京牧口記念会館――軍部権力と戦い、小さな独房で獄死された牧口会長を顕彰するあの大きな建物――の威容を目にした折、こう思いました。

一見、敗北に見える牧口会長の獄死を、戸田会長と池田会長は、そして創価学会は、すべてを「勝利」へ、そして「永遠なるもの」へと転換したのだ、と。

東京牧口記念会館は、師弟の精神の不滅の継承を象徴しているともいえましょう。

私は、「師弟」には二つの要素があると思っています。

第一は、師弟のあいだには、根本的な「精神的対等性」――「絆」がなければならない。言い換えれば、弟子が探究の道をさらに進めるようにと、師が弟子への助力を決意するなかに、両者がともに成長しゆく可能性が秘められているのだと思います。

ともに探究の道を歩む――創価学会の表現でいえば「師弟の共戦」がきわめて重要になります。師が遙か先を歩んでいても、師弟はともに強い絆で結ばれています。

結果を伴わない原因はありません。ゆえに結果は、ある意味において、原因の原因といえます。弟子なくして師もありません。弟子とは師の出現を助けるものであり、師が道を進むのを助ける存在でもあると思うのです。

池田　仏法でも、弟子を「因」と捉え、師を「果」と捉えています。「師弟」の焦点は、実は弟子にあり、「一切は弟子で決まる」のです。そして、師弟は一体不二です。

したがって、弟子の勝利が師匠の勝利であり、師匠の勝利は弟子の勝利です。これが甚深の方程式であり、「師弟不二」こそ仏法の真髄です。

牧口初代会長と戸田第二代会長の師弟のあいだにも、人格的な出会いと、〝共戦〟という精神的な絆が強くありました。その絆を通じて牧口会長は、日蓮仏法を基盤とした思想の深化と展開を戸田会長に伝えておられます。

私も、戸田会長との出会いと、弟子としての戦いのなかで、戸田会長が獄中で覚知した妙法の現代的展開を詳細に教えていただきました。

こうして、三代の出会いと思想の継承は、仏法を基調とした民衆運動に生き生きと脈打ってきたのです。

ガリソン　第二の要素は師に関わるものです。

創価学会の用語に即していえば、宇宙の生命力をつかさどる「妙法」が、常に究極の「師」の立場に当たります。

他方、デューイにおいては、学生が「自然」を経験することが、そのまま「師」の存在となります。この「自然」の経験においては、教師と学生がともに探究し協力し合いながら進むのです。私はここに、デューイと貴会との思想の類似性があると思っております。

池田　私どもが信奉する日蓮大聖人にとって、その信仰と思想を築き上げる直接の師となったのは、まさに永遠不変の「法」でした。

仏典には「法とは諸法なり師とは諸法が直ちに師と成るなり森羅三千の諸法が直ちに師と成り弟子となるべきなり」(『日蓮大聖人御書全集』〈創価学会版〉七三六ページ。以下『御書』と略す)

ともあります。

牧口会長にとっても、その信仰の深化は「法」の探究と実践のなかにあったのです。ともに、一般的に師弟には、人格的な一対一の「実存的体験」の継承という要素がありまです。著作として後世に伝える場合も、内容から、この実存的体験が欠けてしまえば、本来の師の思想も言葉だけの形式となり、生気を失ってしまう。

しかし、「法」の探究と実践の深化がないまま実存的体験という要素だけを強調しすぎると、物理的・時間的な理由で師と直接に出会えなかった人々に、師の本当の教えが届かなくなってしまう。

この緊張関係は、歴史上、さまざまな師弟関係に共通する難題かもしれません。

その意味においても、世界百九十二カ国・地域に広がった私どもの創価の連帯――仏法を基調とした平和・文化・教育運動の真価が発揮され、検証されていくのは、いよいよこれからだと思っております。

ガリソン　デューイは、「メンター」（師）ではなく、「マスター」（主人）を語る人々には賛成できないとしていました。

「師弟」の関係と、「主人としもべ」の関係は、はっきり区別しなければなりません。

会長が述べられた課題は、デューイが「マスター」と呼ぶ存在について抱いた懸念と同じものです。「マスター」は、自分だけが超自然的なものや、天国あるいは涅槃に到達できるとか、自分だけが神やブッダの意思を知ることができると思っています。そして、ひとたびそのような境地に到達するか、少なくとも他の誰よりも近づくことができれば、自分は独自の教えを会得したと思い込むのです。彼らにとって、弟子が師から学ぶとともに、師も弟子から学ぶという考え方は、まさに〝考えられない〟ものでしょう。

その意味で、日蓮正宗宗門の僧侶は、あたかも「マスター」のようです。彼らが望んだのは「主人としもべ」の関係であり、求めたのは、ただ黙従するだけの弟子だったのです。

一方、牧口会長は、日蓮仏法を見いだしたとき、日蓮と同じように、その教えを民衆とともに探究することを望みました。牧口会長、戸田会長、池田会長は、まさに真の意味での「師弟の関係」を築いてこられました。創価学会は、日蓮正宗宗門と力を合わせようと試みたものの、ある意味で、創立の当初から、宗門とは袂を分かつ運命だったのかもしれません。

池田 誠に鋭い、また深い深いご理解に、重ねて感謝申し上げます。

あとに続く人々を自分以上に育む

ヒックマン　デューイは、彼に大きな影響を与えたウィリアム・ジェームズにならって、信念というものは、それが個人的ニーズと客観的状況の要求（物理的に実行可能か否か、など）の双方を満たして初めて本物になる、という原則を掲げていました。

この原則は、数学や自然科学などの、より抽象的な人間の営みと同様、師弟という関係にも当てはまります。思うに、この考え方は、池田会長が洞察の源泉としての「人格」と「法」の関係について述べられたことと響き合うものです。

池田会長が述べられたバランスは、大学のレベルにおいては、とりわけ重要です。教授は、研究と授業のバランスを取らなければなりません。研究に重きを置き過ぎると、学生との交流や、彼らから学ぶことで得られるであろう多くの重要な洞察を遮断してしまうことになります。

他方、日々の授業に傾きすぎると、教室の外の現実世界への体系的な探究が疎かになってしまうでしょう。教師には、エネルギーを充電し、新たな探究の道を歩む時間が不可欠なのです。

デューイが次の文章を著したとき、彼の頭にあったのは、「人格」と「法」の真のバランスだったと思うのです。

すなわち、その最も完全な意味における「経験」とは「個々の人間が周囲の環境——とくに人的環境と自由に交流し、物事のありのままをより深く知ることで、そのニーズや願望を発展させ、満たすことである」[10]と。

このような経験の促進こそ、私たち教師が自分たちのためだけではなく、学生たちのためにも努力しなければならないことなのです。

そして私が、創価学園や創価大学に厳然と見いだすのが、まさにこのような意味における「経験」なのです。

池田　デューイ哲学の真髄を継承される博士から、そのような深い次元からの評価を頂き、創立者としてこれほど嬉しいことはありません。

ダイヤモンドは、ダイヤモンドによってしか磨かれないように、人間もまた人間によってしか磨かれないものです。

普遍の真理をともに探究し、ともに切磋琢磨しながら、先達はあとに続く人々を、自分以上に育んでいく——ここに新たな価値の創造があり、人類の進歩がある。そして、教育の真髄があります。

デューイ博士がまさに、「一人の人間が、或は、一群の人々がなし遂げたことが、それに続く人々にとっての、足場となり、出発点となる」[13]と述べたとおりです。

ガリソン　実は、ヒックマン博士も私も、デューイの故郷であるバーモント州のバーリントンには、何度も足を運んだことがあります。

デューイが卒業したバーモント大学の古い図書館の外には、デューイの墓標があるのです。その墓標には、まさに今、池田会長が紹介されたデューイの著作『誰でもの信仰』の最後の部分が刻まれています。この箇所は、池田会長もお好きだと伺っています。

「文明のなかで、最も大切なものは、私たち自身のものではない。それは、私たちが一員であるところの、たゆみなき人間社会の営みや辛労の賜物として存在するのである。私たちの責任は、受け継いだ遺産としての価値を守り、伝え、改善し、大きくすることである。そして、あとに続く人たちが、私たちが受け継いだときよりも、さらに確かなかたちで、その価値を受け継ぎ、さらに多くの人びとのあいだで、豊かに分かち合えるようにすることである」[14]

私たちは、受け継いだ遺産を、次の世代に引き継がねばなりません。私たちが「マスター」のような態度であれば、単に遺産を渡すだけで終わってしまうでしょう。

けれども「師匠」のような優れた指導者であれば、私たちは次の世代の人たちとともに、その遺産を改善したり、新たな価値を加えたりする探究の道を歩むことになります。

これこそ、真の「師弟の不滅性」と呼ぶべきでしょう。そこでは、師は弟子とともに、同じ探究の道を歩み、さまざまな価値を維持し、是正し、あるいは創造するのです。デューイの墓標に刻まれた精神も、まさにそこにあります。そして、それを完全に成し遂げているのが創価学会なのです。

4　よき師、よき友、よき人生

プラグマティズムの魅力

池田　「人間は、苦悩のなかにあっても、幸福を見いだすことができる。もしも、勇敢で平静な精神をもつならば、不愉快な経験が続くなかでも、満ちたりて快活でいられるであろう(15)」――これは、私が心に刻んできたジョン・デューイ博士の人生哲学です。

「哲学」というと難解なイメージがありますが、デューイ博士の哲学は決して抽象的なものではありません。あくまでも人々の生活に即した、人間の幸福のための哲学です。

それは、気取りのない〝普通人の哲学〟です。雄々しきアメリカの開拓精神に燃え立つ民衆の〝生活の哲学〟です。そして、生き生きと人生を生き抜く〝行動の哲学〟です。

このデューイ博士の哲学こそ、まさに二十一世紀に要請される知恵と活力の宝庫です。

ではこの哲学が、どこから出発しているのか――今回は、その基本的な点から進めていきたいと思います。

　デューイ博士の哲学は、一般的に「プラグマティズム」（実用主義）と呼ばれています。これは、何に由来するのでしょうか。


ガリソン　「プラグマティズム」という言葉は、「行為」「行動」などを意味するギリシャ語の「プラグマ」（pragma）に由来しています。チャールズ・パースは、カントの思想に触発を受け、それを再構築して、実生活の行動をより強調した「プラグマティズム」を創始しました。

　カントが提唱した「真・善・美」の価値体系を「美・利・善」に置き換えた創価教育の創始者・牧口初代会長も、デューイと同じように、「正しい行為」が何よりも重要であると考えていたのではないでしょうか。

　もちろん、「真」（真理）は「正しい行為」に大いに役立つものです。しかし、二人の哲学は「行動の哲学」でした。ゆえに「真」は、中心的な概念にはならなかったのです。

池田　おっしゃるとおりです。「正しい行為」によって価値創造の人生を開いていく――これが人間にとっての根本です。そのために、哲学には何ができるか。この問いに、まっすぐに答えようとしている――ここにプラグマティズムの魅力があります。
　牧口会長は『創価教育学体系』のなかで、教育の目的は〝子どもの幸福〟にあると宣言しております。教育は子どもの成長と発展を〝幸福な生活〟のなかに実現するものでなくてはならない、と訴えたのです。

そして、その傍証として、〝生活〟そのものを教育の中心に位置づけたデューイ博士の哲学を紹介しております。(16)

〝生活〟を根本としたこの牧口会長の思想は、信仰者としても一貫していました。

宗教は、あくまでも現実の生活のなかにおいて、人間を成長させ、民衆を幸福にし、社会の平和と発展に寄与するものでなければならない——そう考えていたのです。

私ども創価学会は、この精神を受け継ぎ、信仰の実践を通して、民衆のなかに「幸福と平和の哲学」「価値創造の哲学」を生き生きと発現させてきました。

以前も申し上げましたが、私自身、既存の価値観の崩壊した戦後に青春時代を過ごし、「正しい人生」のあり方を懸命に模索した一人です。

その探求のなかで、戸田先生と巡り会ったのです。初めての出会いの日、私は真っ先に、こう伺いました。

「正しい人生とは、いったい、どういう人生をいうのでしょうか」

先生は、「これは難問中の難問だな」と言われながら、誠実かつ明快に答えてくださり、最後に、こう言われました。

「正しい人生とは何かと考えるのもよい。しかし、考える間に日蓮大聖人の哲学を実践してごらんなさい。青年じゃありませんか。必ずいつか、自然に自分が正しい人生を歩んでいることを発見するでしょう。私は、これだけは間違いないといえる」

その言葉を信じて、私は戸田先生の弟子となり、仏法を実践することにしたのです。

ヒックマン 素晴らしい師弟の出会いとともに、素晴らしい問題提起をしてくださいました。デューイの哲学の核心を突く問題です。

彼は「プラグマティスト」として、哲学を〝単なる洗練された考察や知的な難問への没入を超えたもの〟と捉えていました。自ら「空疎な抽象概念」と名付けたものを、厳しく批判したのです。

デューイの方法は、まず実際に経験したさまざまな困難に始まり、そこから安定状態を取り戻すのに必要な道具（手段）を適用することで達成されるものです。

池田 デューイ博士が、自身の立場を「プラクティカル」（実用的）と言ったのは、このことですね。

哲学は、あくまでも「手段」であって、「目的」ではない。人間の向上と成長のためのもの

ヒックマン博士、ガリソン博士と歓談する池田 SGI 会長（2008 年 8 月、長野）
© Seikyo Shimbun

である。この一点が、明快でした。

ヒックマン　そのとおりです。しかし、それぞれのケースでの、この方法の真の目的は、単に別個の問題の解決だけにあるのではありません。むしろ各個人が、自身の人生の意味を深め、豊かにすることによって、それぞれの社会環境のなかで成長しゆくのを促すことに目的が置かれているのです。

そして、これが功を奏したときに初めて、そこに価値が生まれたといえるのです。こう考えると、牧口会長の価値論とデューイの成長の概念は、明らかによく似ていると思われます。

池田　おっしゃるとおりですね。

牧口会長は、「生命の伸長に力を与えるも

のを価値ありとする」[16]と論じています。

人間的にも、社会的にも、一人一人の生命そのものを成長させ、豊かにしていくことを第一義としたのです。

「自他共に、個人と全体との、共存共栄を為し得る人格に引き上げんとするのが教育である」[16]――これが、牧口会長の信念であり、哲学でもありました。

ガリソン　デューイは、確かに高度な抽象概念を扱う哲学の大家ではありましたが、哲学を難解で深遠な学問として研究することを好まず、それが自分の生来の性向であると自認していました。

デューイは、有名な著作の一つである「哲学の回復の必要」[17]などで、哲学は哲学者の教材であることをやめて民衆の教材となり、生活のための生活の疑問のための教材となるなら、必ず自己回復を遂げるはずであると述べています。

彼にとっては、また創価学会にとってもそうでしょうが、哲学として重要なことは、苦悩を解消し改善することです。

デューイの哲学は「生きた哲学」です。彼のプラグマティズムは「生活のための哲学」であり、「社会変革のための哲学」です。そして、その目指すところは結局、「成長」なのです。

デューイは、「成長」こそが教育の目的であり、人生の目的であると明確に述べています。デューイにとって、人生の意味は、より大きな〝意味〟を生み出すことにありました。それは「人生の意味は常により大きな価値を生み出すことにある」と言うことと、ほぼ同じことです。つまり、この点において、創価学会の目指すものと、きわめて似通っているのです。

よき師との出会い

池田　深く賛同します。教育も哲学も、本来の使命は、そこにあるのではないでしょうか。

デューイ博士は、八十歳のとき、あるインタビューで、〝不安で問題の多い世界にあって、あなたは、どう生きてきましたか？〟という質問に、こう答えています。

「私の人生哲学は本質的には単純な言葉だが辛抱強く頑張るところにある」(18)

「プラグマティズム」という哲学は、まさにデューイ博士が述べられ、自身が体現されたとおり、「辛抱強く」生きて、自他ともの幸福を勝ち取るための「価値創造の哲学」であるといえるかもしれません。

こうしたデューイ博士の哲学が確立される過程には、さまざまな人々の影響があったと思われます。とりわけ、彼の人格を高める、よき師との出会いがあったことは見逃せません。

バーモント大学時代に教えを受けたH・A・P・トーリー*教授、哲学論文の発表の場を与えてくれたウィリアム・T・ハリス*博士、さらにジョンズ・ホプキンス大学で公私ともにお世話になったジョージ・S・モリス*博士など、学問や人生の師といえる人物がいますね。

ガリソン　ええ。デューイは文字どおり、トーリー教授とモリス博士の教え子であり、いわゆる「弟子」でした。デューイは、彼らを師として探究の道をともに歩んだのです。デューイはそのことに、大いに感謝していました。

　トーリー教授には、ジョンズ・ホプキンス大学の大学院へ進むよう励まされました。

　デューイは、自伝的な著作「絶対主義から実験主義へ」の中で、トーリー教授に関して遠回しにこう述べています。

「トーリー教授は、元来内気な性格で、自分の考えをはっきりと表明することがなかった。もっと意見を述べていたら、きっと偉大な仕事を残しただろう。だが時折、たった二人きりで語り合うことがあると、教授ははっきりと物を言うのだった(9)」

　これは、非常に熱心で有能な弟子が、実際に「恩師」の進む道に力を貸すことができるという、大変興味深いケースであると思います。

　しかし、デューイが語っているように、トーリー教授は本質的に内気な性格で、その奥ゆかしさが進むべき道の障害となりました。そのことをデューイは、きわめて優しい言い方で評しているのです。

それは明らかに、彼がトーリー教授を尊敬し、恩義を感じていたからです。デューイは決して「恩知らずの弟子」ではなく、デューイの言葉は事実でした。

また、モリス博士が比較的、若くして急逝したとき、デューイは追悼文を書いています。ここでも彼は、モリス博士の卓越した精神力とともに、その人格を讃えています。さらに、モリス博士にとって、〝詩の精神と哲学の精神は同じである〟とも述べています。

ヒックマン デューイは、ペンシルベニア州オイルシティの高校で二年間教壇に立ったのち、故郷のバーリントンへ戻り、再びトーリー教授に教えを請うています。

また、ハリス博士の助言や後押しがなかったら、デューイは哲学の専門家としての道を歩むこともなかったでしょう。ハリス博士は、アメリカ初の哲学専門誌の創刊者であり、のちに教育局長官になった人物です。

そしてモリス博士は、デューイがジョンズ・ホプキンス大学の大学院生だった頃の主任教授でした。デューイが、一八八四年に博士課程を修了したとき、モリス博士は彼にミシガン大学の教職の地位を用意してくれました。

そのモリス博士が一八八九年、キャンプ旅行中に四十八歳の若さで不慮の死を遂げたとき、デューイは、恩師モリスの教える哲学は、まさに師の人格に相応しいものであったこと、そして師が生涯美しいものを愛し続け、深い思いやりに溢れた人であったことなどを書き残しています。

さらにデューイは、恩師が教えた哲学の内容――つまり、従来、分離していると考えられていた自然と超自然の関係についてのより深い真理――（人間としての最も崇高な洞察と志向においては）自然と精神的なものは一体であるという真理を明らかにすることにも心を砕きました。

そしてデューイ夫妻は、一八九二年に生まれた第三子に、「モリス」という名をつけました。デューイの妻アリスもミシガン大学でモリス博士に師事していましたので、二人とも恩師であるこの素晴らしい人物に、心からの親愛の情を表したかったのです。

ここに挙げた三人の恩師は、デューイが哲学を専門の仕事とするうえで大きな役割を果たしています。しかし、それだけにはとどまりませんでした。デューイは元来、どこから見ても、とても内気で引っ込み思案の、いかにも自信のない若者でした。三人の恩師の支援は、まぎれもなく、彼が専門家としての軌道を確立する手助けとなりました。私が思うに、それはまたデューイの人格的な特質を培うのにも大きな助けとなったに違いありません。それは、きわめて広範囲の人々――とくに学術界以外の人々と協働するうえで必要不可欠なものでした。やがてデューイは、教育改革の立役者という立場で、これらの人々と遭遇していったのです。

深き友情の絆は人生の宝

池田　実に重要な点を指摘してくださいました。デューイ博士が、恩師の深い啓発と支援に、いかに感謝し、また尊敬の心を抱いておられたかが、しみじみと伝わってきます。とくに、デューイ博士の人格的成長に大きな影響を与えた点は、誠に深い示唆に富んでいます。

デューイ博士は、「威張らない人」として、学者や学生だけでなく、労働者から社会運動家、子どもから女性まで、実に幅広い人々と気さくに交流を重ねました。そして、深い友情の絆を結び、自らの思想と哲学を高めていった。

ジョージ・ハーバート・ミード*やジェームズ・ヘイドン・タフツ*など、深い信頼で結ばれた研究仲間との共同作業を通して哲学を発展させています。

エマソンの言葉に、「聡明にして実り豊かな友人とともに過ごせば、この人生は二倍にも十倍にも豊かになる」(19)とあるとおりの足跡でした。

よき友人をもつことは、それ自体が尊き宝であり、人生は、より豊かで価値あるものとなる。

友との打ち合いを通して、自身の才能もさらに大きく伸ばし、開花させていけるのです。

仏法では、仏道をともに求める同志を「善知識」――すなわち「善友」と呼び、善友に親近すれば、信仰も深まり、智慧も豊かになっていくと説いております。

デューイ博士の哲学の背景に、こうした善き友人のネットワークがあったことは、非常に注目すべき点であると思っております。

ヒックマン　ご明察のとおり、デューイは、親しい友人たちからの支えにも恵まれました。

その代表的な人物がミードとタフツです。わけてもミードとは、大変深い友情で結ばれていました。

デューイとミードは、ミシガン大学での教員仲間でした。そして一八九四年に、デューイがシカゴ大学へ移ったとき、ミードもともに移っています。

シカゴ大学時代、二人は心理学における実験証明の共同研究を続けました。そして、この友情と共同研究は、一九三一年のミードの死まで続いたのです。

一九二五年に発刊された代表作『経験と自然』で、デューイは、「対話」（コミュニケーション）の重要性を訴えていますが、彼の考え方は、その多くがミードとの議論のなかから生まれたものであるといってよいと思います。

池田　若い学究者の皆さんにも、大変に参考になる話ですね。

深く信頼する友との実りある対話によって、互いの哲学は鍛えられ、磨かれ、そして成熟していった――二人の真摯な語らいは、人類の新たな知的世界を開きました。

仏法の実践も、対話（コミュニケーション）です。「仲間が、仲間にたずねるように」――これが基調です。

創価学会は、ともどもに仏法の哲理を学び、互いの信仰体験や人生について語り合い励まし合う毎月の「座談会」を、最も大切にし伝統としてきました。

この「座談会」は、牧口初代会長が「大善生活実験証明座談会」として始めたものです。自らの実践する信仰が、自分の人生や家族や社会に、どのように利益をもたらしているか――その体験を発表し合い、実験証明する場としたのです。

牧口会長は、『学校と社会』をはじめデューイ博士の著作を学び、深く共鳴していました。「実験証明」と「対話」の座談会の着想も、デューイ博士の哲学に近いものがあります。この点も、今後の研究がまたれるところです。

ガリソン　それは、楽しみですね。

デューイと「同じ道を歩んだ同志」の例を挙げれば、エラ・フラッグ・ヤング*やジェーン・

アダムズ、そしてデューイの妻のアリス夫人を挙げねばなりません。アリス夫人は、知的な面でデューイに大きな影響を与えています。これは重要な点です。デューイが女性から影響を受けたのは明らかです。

一般に女性は結婚後、男性に大きな影響を与えるものですが、私たちはお互い妻をもつ身ですから、それはよく分かりますね（笑）。

池田　それも、全面的に賛同します（笑）。

これまで多くの指導者とお会いしてきて感じるのは、偉大な男性の側には、必ず偉大な女性がいるということです。

現代化学の父であり、偉大な平和の闘士であられたライナス・ポーリング博士*も、ご自身が平和運動に取り組むようになったのは、エバ・ヘレン夫人のおかげであると明言されていました。

「私は、核兵器反対の立場をとりましたが、その決断を促す決め手となったのは、妻から変わらぬ尊敬を受けたいという私の願いでした」[20]——こう博士は語られていたのです。

ともあれ、人々の幸福を心から願い行動する勇気ある女性の声には、時代を動かし、社会をも変革しゆく大いなる力があります。

ヒックマン　ここでデューイの、師（メンター）としての役割も述べておかなければ、いささかバランスを欠くことになるでしょう。

デューイは、その生涯にわたって膨大な数の手紙類を受け取っており、できるだけ返事を書くようにしていました。『ジョン・デューイ往復書簡集』（邦訳仮題）には、二万二千通あまりの手紙などが収録されています。

一九一六年のこと、デューイを尊敬していたマートル・マグロー*というアラバマ州の十代の少女が、一通の短い手紙を彼に送りました。これに彼が返事を書いたことから、二人のあいだで長年にわたる文通が始まったのです。

デューイはこの女子高校生を、心理学を勉強して身を立てるよう励ましました。やがて彼女は、コロンビア大学で学位を得たのち、ニューヨーク市の産婦人科病院に勤務して、有名な研究者になったのです。

忘れえぬ恩師の思い出

池田　麗しいエピソードですね。
ひと言の励ましが、どれほど大切か。どれほど、かけがえのない心の種となって未来に大きく育っていくことか。

優れた指導者や教育者に恵まれた人は幸せです。その出会いを通して、自らの才能を大きく開花させ、発揮していくことができるからです。

ガリソン博士、ヒックマン博士にとって、忘れえぬ恩師といえば、どのような方や出来事を思い起こされますか。

ガリソン　最初に思い出す私の恩師は、高校三年生のときの女性教師グード先生です。

当時、私は、先生が教える歴史の科目で〝C〟の評価しかもらえませんでしたが（笑）、グード先生がいつも強調していたのは、勉学に喜びを感じることの大切さでした。

その年の授業も終わろうとする頃、先生はクラス全員の前で私を見つめ、「ジム、このクラスで本当に勉学の喜びに溢れているのは、あなただけですよ」と言ってくれました。

彼女は、この私が、出来のよい生徒ではないながら、読書家であるのを知っていました。私は、よく友人たちと読書をしては、読んだ本について語り合っていました。

実際に、授業をさぼって図書館で本を読んでいたのを見つかったこともありました（笑）。

現代の学校教育――教育そのものではありません――は概して生徒を、いわゆる「欠陥モデル」（人間として未熟なもの）とみなす教育になっています。つまり病理学的で、まるで治療医学のように、常に生徒のどこか悪いところを、見つけ出そうとしているのです。

私の悪いところは誰が見ても明らかでしたが、グード先生は私のよい面に目を向けてくれたのです。彼女は私にとって、いつも大好きな先生でした。

池田 心温まるお話です。グード先生が見事な手本を示されているように、「ほめること」は人を伸ばし、育てる力になりますね。

子どもたち、生徒たちの長所を見いだそうと努力することが大事です。そして、よいところを見つけたら、その場で率直に「ほめること」です。

法華経の会座にも、「善き哉、善き哉」という讃歎の言葉が満ち溢れています。仏は、衆生をほめ讃えることによって、その人の生命に内在する仏性を引き出し、強めようとするのです。

生徒の成長を願い、聡明にほめ励ましていく教育者の心は、この仏の心にも通じていくと私は思ってきました。

学校の先生方には、私も多くの思い出があります。私は、終戦直後、リウマチで働けない父に代わって家計を支えるため、印刷会社で働きながら東京の東洋商業（現在の東洋高校）の夜間部に通っていました。

そこでも、素晴らしい先生との出会いがありました。例えば、私が苦手な「珠算」の科目で、悪い点数を取ったときのことでした。一人の「そろばん」の先生が、そっと呼んでコーヒーをご馳走してくださったのです。

そして「池田君は、ほかの科目の成績はいいのに残念だろう」――叱るのではなく、上手にねぎらい励ましてくれました。私が苦学していることも、よくご存じでした。

当時の私にとって、それがどれほど嬉しかったことか。その温かくも真剣な真心を、今でも忘れることはできません。

教師の役割が、どれほど大きいか。多くの人が、それぞれの忘れえぬ思い出や体験をもっているのではないでしょうか。

ガリソン　本当にそうですね。

もう一人、私の大学院時代の恩師で、大変有名な分析哲学者ジャーコ・ヒンティカ教授の名前を挙げたいと思います。教授は、科学技術分野の思想家であると同時に、数理哲学者でした。

教授は、「頭に浮かんだことは、どんなに突拍子のないことでも、とにかく考えてみることだ。それから、その着想をもう一度考え直してみて、それでも駄目だったら捨て去ればよいではないか」とアドバイスしてくださいました。

さらに、私にとっての真の人生の「師」といえば、それはジム・マクミラン教授です。私とはまったく対照的な方でした。

教授は、英国のハロルド・マクミラン首相を一九五〇年代に輩出したマクミラン家のごく近縁に当たる名家の出で、身長が六フィート三インチ（百九十センチメートル余り）もあり、風采や身のこなしも貴族のように上品でした。

私はといえば、ご覧のとおり身長も低く、風采も育ちも、まったく貴族的なところはありません。そんな私に、教授は上流社会での振る舞い方を教えてくれ、家族の一員のように扱ってくださったのです。

マクミラン教授は、きわめて高名な教育哲学者で、伝統的な分析哲学の権威でした。ですから、私が分析哲学から離れてプラグマティズムへ傾倒していったとき、教授はそれを認めようとはしませんでした。しかし、私を非難もしませんでした。

実際、教授は、このことに関しては一切、何もおっしゃいませんでした。これこそが「師」（メンター）の姿勢であり、「主人」（マスター）と大きく異なるところです。

もしもマクミラン教授が「主人」であったら、私は見捨てられていたでしょう。弟子が独自の道を歩みながら、その人ならではの可能性を実現していけるよう心を配る――教授が示したこの姿勢こそ、「師」が「弟子」に与え得る、大いなる究極の贈り物といえるでしょう。

「従藍而青」が創価教育の特色

池田　まさに、そのとおりですね。

牧口会長は、『創価教育学体系』にも、こう記しています。

「おれが如く偉くなれ、というような傲慢の態度を示して、子弟を率いるのではなくして、余が如きものに満足してはならぬ、更に偉大なる人物を目標として進まねばならぬ、という謙遜の態度を以て子弟を導き、それが為には余と共に余が進みつつあるが如くに進めと、奨励することそ、教師のなさねばならぬ正当の途である」(21)

教育のみならず、いかなる分野であれ、一流の人は、皆、謙虚です。謙虚でなければ、成長を続けることはできません。もうこれでいい――そう思ってしまえば、その瞬間から停滞が始まる。「進まざるは後退」です。それでは青年の心に情熱の火を灯し、理想に向かって、ともに向上の道を歩むことはできないでしょう。

ヒックマン　私もまた、研究者としての人生で幸運に恵まれ、何人もの優れた、よき指導者に出会うことができました。それぞれの師が、私の人生のなかで、まさに適切な節目に現れたように思います。

その一人である博士論文の指導教官イグナシオ・アンジェレッツリ教授は、哲学の歴史の魅惑的な複雑さと、驚嘆すべき国際的な学問の世界へ、私の眼を開いてくれました。

アンジェレッツリ教授は、スペイン語、イタリア語、ドイツ語、ラテン語、ギリシャ語、ポーランド語、そしてロシア語など、幾つもの言語に精通していて、私にさらに語学をしっかり学ぶよう励ましてくれました。そして、「博士論文を仕上げる頃には、君が選んだテーマの知識にかけては、世界で君の右に出る者はいなくなるぐらい頑張りなさい」と言ってくださったのです。

池田 力強い激励ですね。また、ヒックマン博士は、その期待に応えて見事に実証を示されました。

私も、恩師の戸田会長から言われました。

「勉強だよ。勉強だ。智慧を磨かなくては、これからの使命は果たせない。社会全般のことは無論だが、全世界の運命のなかに、自分というものを置いて、すべての発想をすることが、必要な時になっている」

多くの世界の識者と対話を重ねてきて、この師の言葉の重みを、今、あらためて痛感します。

ヒックマン博士の恩師アンジェレッツリ教授、またガリソン博士の恩師であるマクミラン教授もそうですが、グローバルな視野から青年を励まし、高い理想の峰を指し示すことのできる教育者は、まさしく未来の世界を創る力をもっています。

ヒックマン　そのとおりですね。また私的な面での恩師といえば、一九六〇年代にテキサス州オースチン市で出会った、進歩的なバプティスト派の牧師のことも、お話ししなくてはなりません。その頃、オースチン市では、公共施設のほとんどが人種隔離の対象になっていました。

このリー・フリーマン牧師は、人種差別の撤廃と男女平等の擁護者であると同時に、アメリカの東南アジアへの軍事介入に反対する名だたる論客でもありました。

私は、このフリーマン牧師の書斎で、そうしたさまざまな問題や、私の関心事だった厄介な神学上の諸問題について、何時間も話し合ったものです。このときに、彼が示してくれた忍耐強さと支援は、私の思考や人間としての成熟にとって、きわめて重要なものとなりました。

このフリーマン牧師とアンジェレッリ教授が教えてくれた最大の教訓の一つは、弟子が師の業績をさらに超えていけるような基盤を、師が築いていくことの大切さです。

二人の恩師は、いずれも確固たる自我を持った人物でした。たとえ教え子のなかから自分を超える業績を残す者が出ても、あるいは別の道を歩む者が現れても、あるいは自ら弟子をもつ者が現れても、一向に動じることはありませんでした。

むしろ二人は、そうした結果が生まれることこそ、師としての成功の証である、と捉えていました。

私自身も、およそ教師たるものは、学生に対して、このような姿勢を持つことが大切と考え、この二人の恩師の模範に倣うよう努めてきました。

池田　お二人の先生の偉大な恩師のお話を伺い、心から感動しました。

弟子を自分以上の人材に。弟子に自分以上のよき人生を――真実の指導者には、この尊き慈愛の精神がなくてはならない。

東洋には、「出藍の誉れ」「従藍而青」*という言葉があります。古来、青色の染め物は「藍」という植物の染料から作られてきましたが、何度も染め重ねるうちに、やがて藍よりも鮮やかな青色になっていくといいます。

すなわち、弟子は努力を重ねることで、師匠を超えていくことができる――その譬えとして、仏典などにも用いられてきました。

牧口会長は、「〝青〟は藍より出でて藍より青し。これが、創価教育の特色なんだ」と、常々、語っていました。

師匠から弟子に受け継がれた思想と精神が、さらに新しく蘇生し、発展を遂げ、人間の幸福に貢献していくためには――すなわち、限りなき成長のためには、この「従藍而青」の精神こそが、大切ではないでしょうか。

5 戦争に抗し、平和の哲学を実践

誤った思想と教育は国を滅ぼす

池田　私の恩師・戸田第二代会長が、鋭く指摘していたことがあります。

それは、アメリカの社会はデューイ博士の哲学を基礎として目覚ましく発展していった。一方、かつての日本は、国家神道を拠り所にして無謀な戦争まで起こし、人々を悲惨のどん底に陥れてしまった。いうなれば、戦争の勝敗は誰が見ても戦う前から決していたと洞察していたのです。

恩師は敢えて、この一点に着目することで、アメリカの「プラグマティズム」を基盤とした民主社会の活力を浮き彫りにしました。

その一方で、誤った思想と教育の狂いが、どれほど恐ろしいか。一国さえ滅ぼし、民衆を不幸にしてしまうことを厳しく洞察していました。

ガリソン　私たちは対談の冒頭で、デューイと牧口初代会長が、もし出会っていたなら、二人は何を話しただろうかと語り合いました。おそらく、日本の軍国主義や社会階級の構造などが最も重要な話題になっていたでしょう。

デューイも、牧口会長や戸田第二代会長と同じく、人間の生命や存在が軽んじられていたことに、きわめて深い懸念を示したのではないでしょうか。

ヒックマン　牧口初代会長は、日本政府が一九三〇年代から四〇年代にかけて標榜した軍国主義に真正面から反対しました。これはきわめて勇気のいる行為でした。その勇敢さは、現代に生きる私たちには十分には理解できないほど、類い稀なものであったでしょう。

牧口会長が、日蓮やデューイの著作のなかに見いだした教訓は――それは牧口会長が命を犠牲にしてまで実践したものですが――私たちの経験を評価する基準は、あくまでも人間としての実践そのものにあるということでした。

池田　まさに、ご指摘のとおりです。

戦前・戦中の日本では、「治安維持法」という悪法のもと、言論の自由や信教の自由は奪われ、国民の基本的人権は徹底して抑圧されました。

その帝国日本の思想的な支柱となったのが、国家神道を中心とする国家観です。

一九三七年（昭和十二年）、日本が軍国主義へとさらに傾斜していくなかで、文部省（当時）が編纂した『国体の本義』には、万世一系の国家観が象徴的に記されています。

一方で、「西洋近代文化の根本性格」については、「個人を以て絶対独立自存の存在とし（中略）個人が一切価値の創造者・決定者であるとするところにある」(22)として、その個人主義を厳しく指弾しました。

『国体の本義』は、当時の師範学校の必須科目の教材とされ、その思想は小学児童の「修身」の教科書に至るまで徹底されていきました。日本が太平洋戦争に突入する頃、思想統制はますます激しさを増していきます。軍部政府は、教育を道具とすることで国民を戦争に駆り立て、「滅私奉公」させようとしたのです。

牧口会長が戦ったものは、まさにこうした軍国思想であり、人間の「自由」と「尊厳」を否定する教育でした。

ヒックマン　デューイは、一九一九年（大正八年）に日本を訪れた際、日本の教育の現実を見て愕然としました。彼は、まさに牧口会長と同じ危惧を抱いたのです。

とりわけデューイが驚いたのは、教師たちが学問に対して誠実であるよりも、むしろ天皇への忠誠を重んじていたことです。

そして彼は、当時の日本社会には、個々の家庭と国家の最高権力とのあいだに、官民を問わず何の制度や組織も存在していないようだと観察しています。

池田　民主主義社会であれば、国民の基本的人権が守られ、国家権力と個々の家庭のあいだに、さまざまな民間の組織が存在します。そうした国家に依存しない自発的な民衆の連帯こそが、権力の暴走を監視し、抑えていく力となります。ところが、全体主義社会では、それらがすべて国家の側に取り込まれ、民衆一人一人が抑圧されてしまう。

事実、あの戦時中、さまざまな団体が、結果として軍部政府に加担しました。日蓮正宗も、国家権力に迎合して、牧口会長に神札の受容を強要するに至りました。その神札を拒否したことが弾圧を決定的なものにし、牧口会長は治安維持法違反と不敬罪の容疑で逮捕されたのです。あのような狂った社会は、二度とあってはならない。その意味でも、正しい教育が大事です。

ヒックマン　デューイは教育を、しばしば戦争をもたらす極端なナショナリズムや偏狭な思想、そして不寛容などを克服する最も強力な手段の一つであると考えていました。

デューイは、当時の日本の教育制度に、きわめて批判的でしたが、それはあまりにも権威主義的であると感じたからでした。彼は日本の学校が、国家を近隣諸国への軍事的侵略へと駆り立てる勢力の支配下にあることを目の当たりにしたのです。

彼は、そうした現実に不快感を露わにし、日本政府が旭日章*の叙勲を申し出たとき、これを拒否して抗議の姿勢を示しました。

池田　誤った教育ほど、恐ろしいものはありません。私自身も十代の頃、お国のために命を捨てて働かねばならないと思い詰めていた時期がありました。そして、両親に黙って少年航空兵（予科練*）に志願したのです。

しかし、志願を知った父は猛反対しました。我が家では、すでに四人の兄が徴兵されていました。父は、我が子を戦争にとられることには、もう耐えられなかったのです。普段は寡黙な父が烈火の如く怒り、それはそれは厳しく叱られ、私は断念しました。

当時、入隊していれば、やがて特攻隊として出撃していたかもしれません。戦争の末期、飛行機を離陸させることはできても、着陸する技術を習得していない多くの少年航空兵までが出撃し、犠牲となりました。

戦時中にデューイの哲学を宣揚した牧口会長

ヒックマン　池田会長ご自身にも、デューイが述べているような経験があったのですね。デューイと牧口会長が出会っていたら、そのような困苦にある家庭を支援する組織が必要である、そして学校こそ、PTAや社会事業活動などの組織を生み出し、また学生や生徒による民主的な活動を促す理想の場である、といった内容が語り合われたに違いありません。

ガリソン　多元的でコミュニケーションを重視する民主的な教育のみが、一人一人の個性と可能性を開花させ、その人にしかできないかたちで社会に貢献できるよう成長させることができる——これが、デューイの教育哲学の根幹です。

その意味において、池田会長が掲げる〝人間革命〟の思想、すなわち一人の人間における内発的で前向きな変革は、その人をとりまく環境をも変革できるという哲学は、系統的に制度化された学校教育においても、また池田会長が戸田会長と常に行動を共にするなかで受けられたような自発的な教育においても、重要な目標となるものです。軍国日本が求めたものは、あらかじめ決められた意図に添う無分別な洗脳と服従と犠牲であり、誤った教育の最たるものです。池田会長のお父様が激怒されたのも当然のことでしょう。

軍国主義国家は、一人一人の個性と可能性を解放し、自他ともの、より大きな善のために創造的な貢献をさせることなどできません。国民の能力を十分に活用できないため、結局は変化する状況に適応することも、進化することもできないのです。

池田　デューイ博士は、一九一九年の来日の際、東京帝国大学（現・東京大学）で有名な連続

◇昨日春洋丸で着いた◇

デューイ博士來朝

米國哲學界の權威

人種的差別は聯盟を結んだ後漸次に撤廢

デューイ博士の初来日（1919年2月9日）を報じる新聞記事（「東京朝日新聞」大正8年2月10日付）

講義を行っています。博士の来日は、大きな反響と期待をもって迎えられました。しかし、講義の内容に対する日本のアカデミズムの反応は、非常に低調なものでした。

もし当時の日本の社会が、デューイ博士の思想をもっと深く謙虚に学び、より広く受容していたならば、日本の現代史は変わっていたかもしれません。

暗い軍国主義的、排他主義的な思潮が社会を覆うなかで、牧口会長はデューイ博士の哲学に鋭く注目し、その思想の卓越性を宣揚したのです。

デューイは、有名な『学校と社会』のなかで、学校教育の理念について、「生活することが第一である。学習は生活することをとおして、また生活することとの関連においておこなわれる[23]」と記しています。

牧口会長は、こうしたデューイの哲学を、創価教育学会が目指す「大善生活」——日蓮仏法を根幹とした生活改革の実践にも取り入れました。

そして、創価教育学会の機関紙である「価値創造」にも、「大善生活」の是非は実際の生活のなかで、生活によって実証されなければならないと記しています。

この文章が掲載されたのは、一九四一年（昭和十六年）十二月五日、日本軍の真珠湾攻撃によって太平洋戦争が勃発する三日前のことでした。

さらに翌年、すでに日米開戦から一年近くたった、一九四二年十一月に行われた創価教育学会の総会でも、牧口会長は同様の発言をしています。

「生活法は生活して見なければ分るものではない。米国の実用主義の哲学者ジョン・ジュウイの生活法は生活に於て生活によって解る（旨意）というのは、疑うべからざる真理である[24]」と。

敵国の思想と哲学を賞讃することなど到底考えられない時代に、牧口会長は大衆の面前で堂々と訴えたのです。これが当時、どれほど勇気ある行為であったか。今では想像もできない、困難なことでした。

ヒックマン　私たちが何らかの外的な権威に従属させられるとき、それが政府の命令であれ、神の代弁者を名乗る者であれ、あるいは外部から押し付けられた規範であれ、私たちの人生の意義は大きく損なわれます。

私たちが成長し、価値創造を続けられるのは、ひとえに私たちを取り巻く環境——自然環境や社会環境を含めた環境——との自由で開放的な相互作用があるからです。

いつの時代であれ、いずこの地であれ、自己の利益のために人間の知的成長を妨げようとする輩がいるものですが、そうしたとき彼らに対抗する稀有の人物が現れて、自ら多大な犠牲を払いながら時代を正しい方向へと導いていくことが、しばしばあります。

牧口会長や戸田会長は、まさにそのように我が身を犠牲にして権威主義の鉄鎖に抵抗した人物であり、その精神を私たちが賞讃するのは当然のことです。

「平和の大学」の挑戦

池田 二十世紀の歴史の教訓に思いを馳せるとき、私はあらためて教育の重大な使命と責任を考えざるを得ません。なかんずく、グローバル化する現代社会においては「世界市民教育」の意義は、ますます高まっています。デューイ博士は、こう述べています。

「人種の異なった生まれの人々や肌の色の違う人々を我慢するような、たんに受け身の寛容を養うために、われわれの学校は今何をしているか、と問うのではなく、民主主義社会に欠くことのできない理解と善意を育てるために、積極的に、前向きの姿勢で、しかも建設的にわれわれの学校は現在何をしているか、と問うことである」(25)

デューイ博士の躍動する精神が伝わってくる言葉です。積極果敢に「理解」と「善意」の人々を育み、連帯を広げ、さらには平和な社会の創造に貢献していく。そのはち切れるような生命の息吹を教育者は漲らせていきたい。そこにこそ、学校と教育の崇高な使命を遂行するエネルギーは生まれるからです。

西洋における教育の歴史を振り返れば、「児童中心」を提唱し、平和を志向する「世界市民教育」の系譜は、一瞥すれば、コメニウス*に始まり、ルソー*、カント、ペスタロッチ*、ヘルバルト*などの成果を経て、デューイに至ります。

牧口会長は、カント、ペスタロッチ、ヘルバルトについても、自身の著作で最大に重視していました。

これらの教育思想は、人類の知性の柱です。さまざまな次元から論じられますが、とくに戦争を食い止める力としての「世界市民教育」の重要性について、お二人は、どのように考えられますか。

ガリソン　私は、平和勢力としての世界市民の存在の重要性は、どれほど高く評価してもしきれないと申し上げたい。

デューイは、一九一九年からほぼ二十年間にわたり、「戦争非合法化運動」の中心的な知識人であり続けました。この運動の当初の意図は、戦争を国際犯罪とすることにあり、それはまた、戦争に関する人々の考えを根本的に転換することでした。

そしてデューイは、それを実現するのは教育の役割であることに気づいたのです。

確かに、私たちは「戦争」についてはよく知っていて、語ってもきました。アメリカには、ペンシルベニア州カーライル米国陸軍大学、ロードアイランド州ニューポート海軍大学校、アラバマ州マクスウェル空軍基地米空軍戦略大学など「戦争の大学」はありますが、「平和の大学」はないという事実からも、それは明らかです。

「平和的」に考え、「平和」について思考をめぐらすことのほうが、ずっと難しいのです。平和について強い説得力をもって語れる修辞や言語がないために、市民が平和について知的で思索を深める話ができるよう教育するだけでも、大変な労力を要するのです。

池田　「平和の大学」――なんと希望に満ちた響きでしょうか。この難事業に、いかに挑戦していくか。ここに、二十一世紀の命運がかかっているといっても過言ではありません。

そのためにも、草の根の対話と啓蒙運動が不可欠です。私どもＳＧＩも、ヒロシマ・ナガサキの被爆者の証言集の出版や映像化をはじめ、千三百万人を超える反核署名や核廃絶を訴える展示会、さらには平和講演会の開催など、世界の各地でさまざまな平和活動に取り組んできました。

今年（二〇一〇年）は青年たちが、五月の「核拡散防止条約」（ＮＰＴ＊）の再検討会議に向けて、「核兵器禁止条約」の制定を求める署名運動も進めています。「平和大学校」の名称で自発的な学習を重ねている婦人部の方々も多くいます。

実際の行動や対話のなかで戦争の悲惨さを学び、非暴力の精神を体得していくことは、世界市民教育の大切な要素であると思っております。

ヒックマン　問題は、世界市民を教育することの重要性をどう捉えるか、ということです。池田会長は今、教育者が担うべき最も重要な任務の一つを明らかにしてくださいました。

私はこれまで、世界の各地を訪れ、さまざまな文化的背景をもつ若い人たちと語り合うなかで、彼らの素晴らしい理想や寛大な精神に触れてきました。

彼らは自然の発露として、他の国の文化や民族に大きな関心をもっています。インターネットには明らかな欠点や問題も多々ありますが、今後、異文化間の理解を深めるうえで大きな力を発揮するに違いありません。

今日では、インターネットのおかげで、人々は政治的な境界線を越えて特定の目的を実現する組織をつくり、各種の支援団体をつくることも可能になりました。
また大学レベルでは、いや高校レベルでさえ、平和研究の未来は、ひとえに「留学プログラム」の成否にかかっていると確信しています。

池田 今、さまざまな教育機関で、異なる文化や多様な価値観を学ぶ教育の試みがなされていますね。
アメリカ創価大学（ＳＵＡ）でも、学生全員が、三年次に一学期間、外国へ留学し、中国語、スペイン語、日本語のなかから一言語を選び、その言葉が話される国で実際に生活し、人々と交流を行っています。（＝二〇一三年度よりフランス語も開始）
この留学体験は、とくにアメリカ出身の学生の多くにとって驚きの体験となるようです。
文化や伝統の違い、貧富の格差などを目の当たりにして、「それまでの自分の常識が、いかに限られていたかを痛感した」「もっと広い視野に立って、世界の人々のために貢献したいと思うようになった」と語る学生もいました。

ヒックマン ＳＵＡの留学プログラムは、平和勢力としての世界市民を育成する見事な模範となっていますね。ＳＵＡの学生たちは、世界の各国から集まっています。そこでは学生たちが、ともに生活し、ともに学び、ともに楽しんでいます。

彼らが築く友情と絆は、やがてそれぞれが母国へ帰り、政財界や教育界のリーダーとなった後も、長く続くことでしょう。

SUAをはじめ、同様のプログラムを重視する諸大学で築かれる国際的な交流のネットワークは、今後、何十年にもわたって効果を発揮していくに違いありません。

ガリソン 私も、これまでに何度かSUAを訪れていますが、毎回、その国際的な対話への取り組みに感銘を受けてきた一人です。

池田 ありがとうございます。両先生との語らいは、学生たちの啓発の光となっています。

ところで、デューイ博士の生誕から百五十年を経て、博士の哲学は、現在のアメリカの社会では、どのように学ばれ、生かされているのでしょうか。

アメリカ社会に深く広い影響を与えたデューイ

ガリソン デューイについての研究は、今なお、さまざまな視点からなされていますが、その思想は今日のアメリカ社会に広く根付いています。しかし、デューイの影響力はあまりに深く広範囲に及んでいるため、往々にしてそのことが認識されていないのです。

つまり、デューイから大きな恩恵を受けているはずの人々が、その恩恵を実感していないことが多いのです。

皮肉なことに、デューイを敵視している人たちのほうが、彼の影響力の重要性を知っています。ある観点からいえば、敵に重視されているかどうかが、実は大きな意味を持つのです。例えば二〇〇五年、保守系の「ナショナル・コンサーバティブ・ウィークリー」というオンライン誌は、デューイの『民主主義と教育』を〝過去二百年における最も有害な書物の十傑〟の第五位に挙げ、マルクス*の『資本論』よりも上位にランクしました。

彼らは、このようなランキングの必要性を感じたのであり、それは逆に、いかにデューイの文化的影響力が大きいかを、いみじくも示しています。

また言うまでもなく、デューイは、彼が創設に手を貸した機関、例えば「米国自由人権協会」や「米国大学教授協会」など、我が国の市民生活のなかに生き続けています。

これ以外にも、「ニュースクール・フォー・ソーシャル・リサーチ」（現在のニュースクール大学）などデューイが関与した機関があり、それらは今なお重要な遺産として、アメリカ社会に寄与しています。

ヒックマン 今、アメリカでは、デューイ哲学への関心が再び高まりつつあるといえます。

デューイの哲学思想は、冷戦時代の実証主義や実存主義や、他のムーブメントによって一時的に輝きを失いましたが、再び蘇りつつあるのです。デューイの影響力は、今や各方面――例えば社会哲学、政治哲学、公共計画、行政、医療倫理、環境倫理、農業倫理、さらにはアメリカの現政権の政策などにも感じられます。

一九九八年から二〇〇一年までクリントン大統領の最後の首席補佐官を務めたジョン・ポデスタ氏が運営したシンクタンク「アメリカ進歩センター」(CAP)では、私の友人や同僚が何人か働いていますが、CAPは、オバマ政権への移行と新政権構想の決定に影響力を発揮しました。私の同僚たちは、それぞれ生物医学倫理と環境倫理にデューイの思想を積極的に取り入れています。

つまり、「アメリカ進歩センター」には、デューイの業績に精通した人材が集まっているのです。同僚の話によりますと、このセンターから多くの人が、オバマ政権の発足時に参画しています。

池田 非常に興味深いお話です。デューイ哲学は、アメリカ社会の宝ですね。

オバマ大統領は、来日の際(二〇〇九年十一月)、東京でアジア政策をめぐる講演を行いました。この席に、私も招待を頂きましたが、残念ながら日程の都合で、どうしても出席できず、代理に参加してもらいました。

オバマ大統領の核兵器廃絶への果敢な取り組みや、多様な文化や民族を調和させて結びゆこうとする挑戦は、多くの日本人も強い共感を抱きながら、成否を見守っております。

その意味でも、デューイ博士の哲学に精通した人材が政権に集まっているとのお話を、心強く思います。

「真実は最大の弁明なり」

ヒックマン　デューイは、一生涯、政治的右派からも左派からも、多大な批判の的とされました。

今日の批判の多くは、極右、とりわけ宗教原理主義者からのもので、デューイは今なお、ヒトラー*やスターリン*に、なぞらえられています。インターネットで、「デューイ」の名前を打ち込むと、彼の思想がいかに誤解され、恐れられてさえいるかが分かります。

例えば、ホームスクーリング（在宅教育）を主張するキリスト教原理主義者のなかには、デューイは一種の〝無制限の相対主義〟、あるいはすべての考えの等値化の信奉者であるとみなす人々がいますが、それはナンセンスです。デューイが主張したのは、自分たちにとって最も大事な規範でさえ、それ自体は抽象概念であり、あくまで状況に応じて生かされるものであるということです。

池田　それは、デューイ博士の偉大さの証明です。歴史を見ても、時代を変革する新しい運動には、必ず大なり小なり理不尽な非難中傷があるものです。

日蓮仏法においても、「賢聖は罵詈して試みるなるべし」（『御書』九五八ページ）、「愚人にほめられたるは第一のはぢなり」（『御書』二三七ページ）と教えております。

私や創価学会も、これまで数多くの無理解な誹謗を受けてきました。これは、人間の幸福と尊厳を脅かす〝悪〟と断固として戦い抜いてきた結果であり、むしろ私たちの平和運動への誉れの勲章と思っております。

私は若き日より、「笑う者、笑うがよし。勝手に誹るがよい。嘲る人よ、また、自由に嘲るもよかろう」との気概で、信念の道を貫いてきました。

ヒックマン　これまで池田会長が、いわれなき誹謗中傷にもかかわらず信念を貫いてこられたことは歴史として明らかであり、賞讃されるべきことです。

デューイは偏見や批判に対して、時に非常に直接的に反論することもありましたが、最善の対応は自身の思想を実践に移し、模範の人生を生きることであることを知っていました。

ガリソン　私も、そう思います。デューイが最も重視したのは「生きる現実」であり、「日常生活の現実的な要求」でした。

創価学会の哲学も、デューイの哲学も、認識志向の哲学ではなく行動本位の哲学です。この点は、よく誤解されます。

正しい行動には、もちろん知識も必要ですが、その知識よりも正しい行動のほうが、いっそう重要なのです。このことをよく理解しているところに、デューイの実用主義哲学の長所があります。知識だけでは、正しい行動には至りませんから。

池田　「真実は最大の弁明なり」です。真実ほど強いものはない。

デューイ博士の人生そのものが、それを証明しています。偉大な人は皆、そうです。

ガリソン　そのとおりだと思います。

デューイの卓越した業績の一つは、個人を社会に調和させ、両者の最善の部分を引き出したことです。

彼は、一方では——少なくとも西洋にみられるような——社会から断絶した、現代風の独りよがりで利己的な人間は受け入れませんでした。その一方で、「本物の個人は、社会に貢献することで本物の人間になる」と考えました。

デューイは、独りよがりで利己的な個人を排除しつつ、同時に「創造できるのは、ただ個人だけである」と個人の重要性を主張したのです。個人に備わる社会性と、個々の独自性とのバランスをとろうとしたところに、政治的右派・左派の双方から、一方でデューイは人間の個性を否定していると非難・攻撃され、また一方では社会の重要性を軽視しているといわれた原因がありました。

池田　よく理解できます。

デューイ博士は、人間の尊厳を否定する国家主義、全体主義に対しても厳しい態度で臨みました。一九一九年、日本政府からの叙勲を辞退し、抗議の意思を示したことは、先ほどヒックマン博士が紹介してくださったとおりです。

博士は、その後、中国を訪問し、日本の侵略政策をあらためて目の当たりにして、日本には「徹底的な革命」が必要であると綴っています。

博士は『民主主義と教育』の中で、「権勢の座に在る少数の者」が、人々の「知的奴隷状態」を必要とする理由は、彼らが大衆を社会に適合させるためである。そしてそれは、「民主的であろうと欲する社会にはふさわしくない」と喝破しています。[26]

博士は、まさに日本社会の中に、そうした危機を感じ取ったのではないでしょうか。

その後の日本がアジアの国々を侵略し、どれほど深い傷跡を残してしまったか。そうした過去の歴史を、私たちは断じて忘れてはならない。二度と悲劇を繰り返さないためにも、平和のための世界市民教育が大事であると思っております。

平和を創造する教育の力

ヒックマン　デューイの著作を読めば分かりますが、彼が戦争を好まなかったことは明らかです。デューイは教育を重んじ、教育こそが戦争を防ぐ最良の道であると信じていました。

もしデューイが生きていたら、池田会長の意見に大いに賛同したでしょう。戦争に対するデューイの態度は、きわめて明快でした。戦争が起これば、誰もが多くを失うのであり、得る者などいません。これに反して、活発で力強い教育からは、誰もが多くを得るのです。

ガリソン　デンマークで講演したときのことですが、ある朝、学生たちが歌を歌っていて、その詞はデンマークの教育者グルントヴィ*によるものだと聞かされました。

講演会の主催者が、お気に入りの一節を、次のように訳してくれました。「神は、私たちを蟻のごとく行列をつくらせる精神から守り給う」と。ともすれば、人間は思慮分別を失い、戦争という機械の歯車になりかねないのです。

デューイの教育の概念は「個人と社会の成長こそが教育の目的である」という、きわめて機能的かつ有機的なものでした。その唯一の究極的な価値は「生命そのもの」でした。

その対極にあるのが、「戦争とは殺すこと」というあからさまな現実です。戦争がもたらすのは「分断」であり、物や人々の「破壊」であり、関係性の「崩壊」なのです。

池田　先ほど話題になった、デューイ博士らが進めた「戦争非合法化運動」は、第一次世界大戦後、アメリカの民衆のなかに広がっていきます。

そして、世論の力が大きな〝うねり〟となって、政府に「不戦条約」（一九二八年）の締結を決断させていきました。

「不戦条約」については、さまざまな評価がありますが、条約の締結・批准にあたり、アメリカ史上最大規模の平和デモが繰り広げられ、二百万人の署名が上院に寄せられるなど、平和を願う民衆の声が議会を動かしたことは、まぎれもない事実です。

戦争は、あらゆる意味で人間の尊厳を奪い、生命を破壊する最も醜悪な行為です。ゆえに、その戦争という人類社会の〝悪〟と戦うために、私たちも生命尊厳の仏法の哲理を基調として、平和・文化・教育の民衆の連帯を世界に広げてきました。

第二次世界大戦の最中の一九四二年の八月、デューイ博士は、〝新しい時代には、新しい平和のあり方が必要である〟[27]と綴っています。私も、新しい平和の力を創造しゆくには、新しい人間主義の思想を基盤にした新しい教育が、今こそ不可欠であると思っております。

インドの非暴力の闘士マハトマ・ガンジー*は、語っています。

「もし私たちが、本当に世界の平和を実現したいと願うなら、それは子どもたちから始めなければならない[28]」

第2章

教育の使命

1 教育思想の共通点と現代の教育課題

教育の目的は「子どもの幸福」

池田　教育は、二十一世紀の焦点です。教育の前進こそ、社会の前進です。人類の希望です。

「わたしたちは、子どもの側に立ち、子どもから出発しなければならない(1)」とは、デューイ博士の不動の信念でした。そして、未来に贈る不滅の指針です。

牧口会長も「被教育者をして幸福なる生活を遂げしめる様に指導するのが教育である(2)」と強く主張していました。

デューイ博士も、牧口会長も、「子どものために」という視点から出発した先駆的な教育者でした。私たちは常に、この「何のため」という原点に立ち返る必要があります。

ヒックマン　おっしゃるとおりです。

デューイは、「教育はそれ自体が目的である」と考えました。ところが痛ましいことに、時として学校や大学が、国家の一時的な目的や利益に供するために、この理想を捨て去るという事態が生じます。

そうした事態は、例えばアメリカでは第一次世界大戦中に起こりました。一九一八年、アメリカの各大学は事実上、国家の統制下に置かれ、十八歳以上のすべての健康な男子学生は、実質的に兵士となったのです。

また、デューイが教職に就いていたコロンビア大学では、彼の近しい同僚の何人かが解雇されました。アメリカの戦争介入に疑問を投げかけたことなどが、愛国心に欠ける活動だとされて免職になってしまったのです。

そして周知のように、デューイは一九一九年、日本において、これと似た状況に遭遇しています。デューイが、日本の各学校で目撃した天皇崇拝の実態に対して、きわめて批判的だったことは、これまでにもご紹介したとおりです。

ガリソン　世の中には「快楽」や「成功」を、「幸福」と取り違えている人がたくさんいます。「快楽」や「成功」は、牧口会長やデューイが考えた「幸福」とは異なります。

「デューイの幸福観」を研究してきた私の二人の友人——スティーブン・フィッシュマンとルシール・マッカーシーが、最近、私に語ってくれました。

彼らによれば、デューイは、「幸福」とは道徳的勇気や冷静沈着さを伴う人間的成長の安定的な状態であると考えていました。つまり、幸福な人とは、その人に具わった独自の能力を発揮して、物理的、生物学的、社会的な状況に適応し、意味や価値を生み出せる人のことをいうのです。

また、教育の目的は「個人の成長」にありますが、それは〝独自の能力を顕在化させて、安定した、勇気のある、冷静沈着な人格を築き、社会に対してその人にしかできない独自の貢献ができるようになること〟です。

池田　おっしゃるとおりです。「幸福」は、物質的な満足や豊かさだけで決まるものではありません。

デューイ博士は、すでに十九世紀末に、学校教育について、こう鋭く洞察していますね。

「その目的は（中略）社会的な力量と洞察力を開発することにある。狭い功利的な考え方から解放され、この人間精神の可能性が開かれていることこそが、学校におけるこれらの実践的活動を芸術の盟友とし、科学と歴史とを学ぶ拠点たらしめるのである」[1]と。

誠に広々とした、教育の地平が展望されています。牧口会長も、功利的な考えに偏ることのない、健全で心の開かれた全人教育を目的としていました。

ガリソン　デューイは、教育の効用に関しても、牧口会長とよく似た考え方をしていました。遠く距離を隔てた二人が、このように同様な教育理念を抱き、共通する洞察をしていたという事実は、二人が見いだした真理がいかに深く、そして不変のものであるかを物語っていると思います。

人間は皆、それぞれ独自の、また共通する社会的・生物学的ニーズや、欲求や目的をもっています。生徒たちは、自分たちの能力を創造的に発揮して障壁を乗り越え、自らの環境を変革することで、価値創造をしながら学び成長していきます。このようにして、彼らは健全な修練を身につけていくのです。これは、生徒たちを受動的な存在と捉え、彼らを行動させるには外的な動機づけが必要と考えるような権威主義的な教育とは、まったく異なるものです。

つまり生徒たちは、配慮の行き届いた監督のもとで、自己の能力を聡明に活用することを学びながら、自主性を身につけていくのです。

池田　牧口会長も、権威主義的な教育が主流であった当時の日本において、人間精神の無限の可能性を開花させ、豊かに育みながら、その力を生き生きと発揮させていくことを教育の主眼としました。

デューイ博士も、牧口会長も、すでに一世紀も前から新たな時代を展望し、「子どもの幸福」

を根本とした「人間教育」の創出の必要性を強く訴えられていたのです。

二人の哲学は、教育を国家に従属させたり、経済活動の一部とみなしたりするような教育観とは、まさに対極にありました。

健全な食生活は教育の土台

ヒックマン　まったく、そのとおりです。

今、歴史の分岐点にあって、教育に携わるすべての人が、その点を認識することが重要です。ここで、きちんとした舵取りのできる人がいるかどうかが、将来を大きく左右することになります。

今、アメリカでは、学校が企業などの経済的目的に大きな影響を受けるようになっており、これが教育全般に難しい問題をもたらしています。

例えば、バージニア大学のウェブサイトの最近の報告書によれば、同大学への州政府からの補助額は、一〇パーセントに届きません。州立大学経営者協会（ＳＨＥＥＯ）によりますと、アメリカ全体で州の補助が減っているといいます。一九八七年の学生一人当たりの補助金額は約八千五百ドルでしたが、二〇一二年は、六千ドルを下回り、三〇パーセント近くの減額になっています。

このことは、アメリカの各大学が、運営資金をますます企業や産業界、また軍事産業などに依存していることを意味していますが、こうした分野の利害が、健全な教育の利害と一致することなど、とうていありえません。

この背景には、授業料が高騰して、子弟を大学に送り出そうとする低所得層の家計を、いっそう圧迫しているという事情があります。

現状では、とくに小・中学校のレベルで、企業の利益が良質な教育の利益に優先することがしばしばで、例えば児童の健康や栄養の問題があります。一部の学校給食では、少ない予算でやりくりするために、従来の健康食に代えて、ファストフード・チェーンの商品で昼食をまかなっているという実態もあるのです。

今日、アメリカの児童は、十年前と比べて著しく肥満になっています。このような状況は、他の国々でも起こり始めています。効果的な教育を施すには、子どもたちの適正な栄養が不可欠であり、その適正な栄養を保つためには、学校が利益の配分をあてにしてファストフード業界と妥協することなど断じてあってはなりません。

池田　子どもたちの健康管理に直結する食事の問題は、実に重要なことですね。

日本でも、子どもの食生活が大きな問題となり、二〇〇五年には「食育基本法」*が制定されました。「食」を「知育」「体育」「徳育」の基礎と位置づけた「食育」の推進や、学校給食の充実と工夫が期待されています。社会全体が危機意識をもって、子どもの「食」を充実させるためにサポートしていくことが大切です。

近年、日本の学校では、「早寝、早起き、朝ごはん」を合言葉に、規則正しい生活と食事の大切さを訴えるようになりました。これは、適度な睡眠と朝食を摂ったかどうかが、子どもの集中力や気力、そして学力や体力にまで大きく影響することが、統計的にも分かってきたからです。

仏法では、「食には三つの働きがあり、第一には生命を継続させ、第二には体や顔の色つやを増し、第三には心身の力を盛んにする」(『御書』一五九八ページ、通解)と説かれています。「食」を大切にすることなくして、子どもの健全な発育はありません。

実は、一九二〇年代初頭のことですが、牧口会長も三笠小学校の校長時代、経済的な理由で弁当を持参できない子どもたちのために、ご自分のお金で芋や豆餅などを用意され、温かく励まされています。

また、篤志家から寄付を募り、パンとスープの無料給食を用意したことが、日本を代表する新聞（『読売新聞』一九二一年十二月八日付）にも紹介されています。これは当時、シカゴ郊外の学校で実施されていた、ペニーランチ＊を参考にしたようです。

牧口会長は、子どもたちが不自由なく学校に通い、楽しい学校生活を送れるよう心を砕き、さまざまな試みを行っていました。食事一つをとっても、教育には子どもたちへの深い愛情が根底になくてはならない。そのことを、あらためて感じます。

ガリソン　子どもたちの健康について、池田会長が実に多くの示唆に富む考えをおもちであることを知り、大変に嬉しく思います。

デューイも、彼の教育理論のみならず、美学や論理学においても「生活」や「生き物」の重要性を強調しました。アメリカ哲学会で会長としてスピーチをした際、彼は抽象的で哲学的な傾向性をもつ理想主義者たちを、次のように論破したことさえありました。

我々は頭脳と消化器の両方を具えた存在であるからこそ、現実に影響を及ぼすことができるのだと分かったとき、君たちは一体どうするつもりなのか――と。(3)

デューイの教育哲学には、「心」と「体」を対立したものとして区別しないという重要な考え方があります。そのような考えに立ち、体育・知育・道徳教育を捉えれば、それらがすべて一つの有機的な統合体を構成する副次機能であることが理解できるのです。

また、規則正しい運動や食生活を含めた健全なライフスタイルが、適切な成長や発達には不可欠であることにも気づくでしょう。したがって、こうしたことも正しく優れた教育のために重要なのです。

ヒックマン　アメリカの学校教育の問題点として、もう一つ指摘すべき点は、テレビに関することです。最近、一部の小学校が、いわゆる「教育的な」テレビ局から支援を受けるようになりました。これは「チャンネル・ワン」と呼ばれるテレビ局ですが、子どもたちの学校生活に割り込んでコマーシャルを流すようになったのです。アメリカの子どもたちは、教室以外でも、毎日、溢れるテレビ広告に攻め立てられています。教室にコマーシャルが入り込む余地などあってはなりません。

さらに、もう一つの問題としてテストがあります。近年、テスト熱が質のよい教育に取って代わろうとしていますが、心ある教師たちは、背後にそれを煽っている各種のテスト会社の利害があると見ています。この見解は、幾つかの証拠によって立証されています。こうした企業の利害は、必ずしも各学校や、子どもたちとその両親、あるいは教育プロセスの利害と一致するものではありません。

デューイの教育実験と創価学会の教育実践

池田　なるほど。こうした現代的な課題は、一見、個別の課題のようであって、実は社会全体に通底する要因を抱えていますね。

私はこれまで、教育提言などを通して、「社会のための教育」というパラダイム（思考の枠組み）を転換し、「教育のための社会」の構築の重要性を一貫して訴えてきました。社会を挙げて、未来を担う宝の子どもたちを、ともに育てていこうと力を合わせていくことが大事です。それは結局、現代の社会が抱える課題を解決する道を開くことになるのです。

ところでデューイ博士は、十九世紀末、当時の伝統的な教育手法に疑問をもち、子どもの主体性と個性を重視した教育手法に挑戦していきます。

シカゴ大学の付属小学校の責任者となり、教育実験を試みたことは、よく知られていますね。

ヒックマン　教育実験というのは、まさにデューイの教育実践の特徴をなすものですが、これは、あくまでも子ども自身が最も重要であり、机上の空論など意味がないというデューイの理念を端的に表すものです。

池田　子どもは、一人一人が個性をもった人格です。本来、それを出来合いの鋳型にはめることなどできないものです。教育の真剣な関わりは、必然的に一人一人の個性や特性と向き合うことになります。

創価学会の教育本部では、長年にわたり、現職の教師のメンバーが「教育実践記録」を作成してきました。授業での創意工夫や、子どもたちの問題行動の解決のために、たゆみない取り組みを続けた教師の挑戦を綴った尊い記録です。その一つ一つに、子どもたちの成長と蘇生のドラマがあります。すでに四万事例を突破しました（二〇一三年現在、六万五千事例）。内外を問わず、多くの教育関係者の感動を呼び、貴重な資料としても、高い評価を得ております。

教育にとって何が大切か――実践記録が教える一つの共通したポイントは、「子どもの可能性を信じること」です。そして、子ども自身が立ち上がって能動的に解決に向かうように大人が関わることにあるといえるようです。

デューイ博士も、子どもたちの能動性について「子どもたちは活動する瞬間に、みずからを個性化する」[1]と述べていますね。

ヒックマン　創価学会教育本部の「教育実践記録」について伺い、とても嬉しい気持ちです。

こうした記録は、教室での問題解決にとって非常に貴重な事例研究（ケース・スタディー）となるのではないでしょうか。もし、まだ発刊されていないのなら、適切に編集して世界各地

全国各地から寄せられた「教育実践記録」の一部　© Seikyo Shimbun

の教師たちにも読めるよう出版していただきたいと思います。

池田　ありがとうございます。

これまで日本では、数多くの実践記録が出版され、教育誌などでも紹介されてきましたが、長年、この問題に取り組んできた教育者の皆さんにとっても、大いに励みになるお言葉です。

ヒックマン　池田会長は、生徒一人一人の記録がユニークであることを強調されましたが、それは非常に嬉しいことです。

デューイは、教育におけるテストは「健康診断」のようなものであるべきだと信じていました。各種のテストは、各個人に合ったものでなければならず、テストの目標は、生徒一人一人の教育経験が向上することでなければなりません。

テストを利用して、生徒たちを比べるようなことがあってはならないのです。

ガリソン 教師の仕事というのは、多くの人が誤解しているように、コンピューターのような受動的な頭脳に情報を詰め込む作業ではないのです。

そうではなくて、教師は生徒たち一人一人を観察し、実験を試み省察して、彼らのことを学びながら、あくまでも思いやりのある深い共感を持たなければなりません。

よき教師は、生徒たちと一緒に学ぶことを、また生徒たちについて学ぶことを、大いに楽しむものです。創価学会の教員の方々による「教育実践記録」は、きっとそのような観察の宝庫であるに違いありません。

池田 教師も、子どもと一緒に学び、成長しながら得たことを、また次に生かしていく。そうした教育現場の貴重な経験や知恵を、次の世代に引き継いでいくこともきわめて重要です。そのたゆみない繰り返しこそが、教育の確かな前進を可能にしていくのではないでしょうか。

ところで、大学の教壇に立っていたデューイ博士が、初等教育を重視された理由を、お二人は、どのように考えておられますか。

初等教育を重視したデューイ

ガリソン　デューイは精神と肉体の二元論を排し、身体的・社会的・道義的な発達を、精神的発達と等しく重要なものと考えました。実際、これらは人間の機能として不可分なものであることを知っていたのです。つまり、限りなき「成長」を究極の目的とする発達教育に深く関わっていたため、幼児期の重要性を理解できたのです。彼は、マートル・マグローなどが行っていた幼児の発達研究の資金調達も支援していました。

今日では、出生前の胎児期の発達も重要であることが知られています。

ヒックマン　大学の教授であったデューイが初等教育に注目した理由の一つは、デューイ自身が常に我が子に目を配る面倒見のよい父親だったからだと思います。

デューイと妻アリスのあいだには、サビーノを含めて七人の子どもがいました。このサビーノは、一家のヨーロッパ旅行中に息子のゴードンが腸チフスで亡くなった後、養子に迎えられたイタリア人の少年でした。

デューイ夫妻には経済的な苦労が絶えませんでしたが、アリスは年長の子どもたちを、しばしばヨーロッパ旅行に連れていき、各地の文化に触れさせていました。

ヨーロッパへの旅行は、デューイ夫妻にとっては決して贅沢なものではなく、教育上、必要なことだったのです。夫妻は、子どもたちを他の文化や言語、他の世界観に親しませることを必要不可欠と考えていました。

池田　非常に示唆に富んだお話です。

　子どもたちに、早くから世界のさまざまな文化に目を開かせようとされたのですね。私が創立した創価学園でも、海外からの来客をお迎えして交流する機会を大切にしてきました。そうしたデューイ家の教育方針は、アリス夫人の考えでもあったのではないかと推察します。デューイ博士は、家庭では、どういう父親だったのでしょうか。

ヒックマン　父親としての彼の一面を物語る例を挙げますと、一八九四年にアリスと他の子どもたちがヨーロッパ旅行に出かけたとき、デューイは二歳の息子モリスの世話をすっかり任されています。

　これは当時の社会では、きわめて稀な出来事でした。夫が、これほどまで子育てに関わったり、家事を妻と分担したりすることなど考えられない時代だったのです。

　ここで付言しておきたいのは、デューイが社会における男女平等の推進にも大きな力を注いでいたことです。女性の大学への入学許可も、さらには大学院への進学も、ともに強く提唱していました。その頃はまだ、そうした慣行に賛否両論があり、激しい論争が引き起こされた時代でした。

池田　重要な歴史ですね。女性教育については、あらためて論じたいと思いますが、牧口会長も、日本における庶民の女性教育の先駆者の一人でした。

最盛期には二万人以上の女性が学ぶ通信教育を推進し、また女性の自立のために実業教育の女子学校も手掛けていたのです。

ヒックマン　そうでしたか。二人の数々の共通点が明らかになるにつれ、ますます驚きを禁じ得ません。

もう少し続けさせていただきます。

デューイが初等教育に注目した第二の理由は、彼が実験主義者だったことが挙げられます。デューイは、物理学や化学の学部に実験室があるなら、教育学部にも実験室があってよいはずだと考えました。とはいえ、デューイの実験学校は、他の学校のモデルとなるよう意図されたものではありません。

その実験学校は、創価学会の教育本部の方々の「教育実践記録」と同じように、教育学上のアイデアを試し、洞察を深め、それを教育のプロセスに生かそうというものでした。

第三には、デューイが学校を〝社会変革の実験室〟と考えていたことです。学校は、民主主義の理想を植えつけ、社会的な美徳を培い、古い思想を変革し、再構築できる場であると考えたのです。

「価値を創造する力」を引き出す

池田　いずれも大切な視点ばかりです。

実は、牧口会長は、医学と教育は〝人間の生命を対象とする姉妹科学〟であると考えていました。

そして「医学や医術が日進月歩の発達をしているように、教育技術も進歩し、教育者は教育技術で立てなくてはいけない。たのしく、わかりやすく、能率的な指導ができなければならない[4]」と訴えていたのです。

デューイ博士も牧口会長も、科学的な眼と社会的な責任感をもって、教育の向上と改革を探究し、模索していたことがよく分かります。

牧口会長の真摯な眼差しは、人間の内なる生命の世界にも向けられていました。人間のもつ無限の可能性と創造性を信じ、新たな価値創造のために精魂を傾けていったのです。

「創価」とは「価値創造」の意義ですが、それは人々を幸福にし、社会を発展させ、善の方向へと導くためのものです。

困難な環境であればあるほど、新たな可能性を見いだして開花させ、成長と前進を勝ち取っていく喜びは大きい。幸福とは価値創造の人生のなかにある——この牧口会長の教育者・学者としての洞察に、哲学的・実践的な根拠と確信を与えたのが仏法との出合いでした。

ヒックマン　今日の問題点は、学生たちが多くの教育環境において、「価値を引き出す人」となるようにばかり教え込まれ、「価値を創造する人」になるようには教えられていないことにあります。人間や人間以外の生命にとって〝生きることの意味〟をより豊かにする——この考え方こそ、牧口教育学とデューイ教育学の中核をなすものです。

これに関連して私は、オーストリアの心理学者ヴィクトール・フランクル*が著した、素晴らしい本を思い起こします。

フランクルは、ナチスの強制収容所で生き残った人物です。その彼が自著『夜と霧』で強く主張したのは、私たち人間は個人として、ありとあらゆる環境にあって——どれほど醜悪でひどい環境にあっても——生きる意味を見つけ出し、その気になれば価値を生み出すこともできる(5)、ということでした。

ガリソン　私は、創価教育に関する牧口会長の理念を研究するなかで、多くのことを学ばせていただきました。今では、牧口会長は、デューイに匹敵する、そして時にはデューイを凌駕する貢献をされたと思っています。

米国教育研究学会（American Educational Studies Association）のジャーナル『教育研究』特別号*には、池田会長ご自身が素晴らしい序論を書いておられます。この論文のおかげで、私は牧口会長の業績への理解を深めることができました。

デューイは、すでに民主主義への道を順調に歩みつつあった国で研究を進め、きわめて有利な環境にいましたが、これに反して牧口会長は、軍国主義という背景のなかで、実に見事な教育理論を構築されたのです。

池田　深い深いご理解に、牧口会長もさぞかし喜ぶことでしょう。価値を創造する力は、すべての人間に具わっているものです。大切なのは、いかにこの力を引き出すかです。そのための環境づくりです。

学校でいうならば、まず「教師」の役割がきわめて重要でしょう。学校教育の成否は、何よりも教師自身の力量に大きく左右されます。

教師が自ら努力して、自分の内面に獲得した精神文化を子どもに伝えていく――そうした深い心の交流を通してこそ、子どもは自身の偉大な力に気づき、目覚め、はつらつと活動していくことができるのです。これこそ、まさに人間教育の真髄ではないでしょうか。

幼児期における環境の重要性

ガリソン　デューイは、人間は〝環境〟という媒介を通して、間接的にしか教育できないと考えました。誰であれ、人の頭の中に直接、学習内容を入れ込むことはできません。人間は何かに向き合い、能動的に応答することによってのみ、学ぶことができるのです。教師の役割は、何よりも生徒たちが各自の能力の範囲内で、さまざまな障害に創造的に対処し、それらを乗り越えられるような環境を生み出していくことです。

　教師は、個々の生徒のニーズや欲求、関心、目的を注意深く観察し、彼らの身体的・精神的な能力にも目を配りつつ、あくまで生徒中心の姿勢をもって働くことが重要です。

　さらに教師は、生徒たちの特性に合わせて、環境を機能的に整えてあげなければなりません。牧口会長の著作は、教師にとって、ひときわ優れた実用的な指針を提供してくれるものです。創価学会の「教育実践記録」に見受けられるような鋭い洞察力をもって観察すれば、生徒の能力と環境を調和させるための、詳細を把握することができるでしょう。

ヒックマン　教育は「狭い功利的な考え方」から解放されなければならない、というデューイの呼びかけは、まさに学校教育における教師の役割の核心を突くものです。

私の考えでは、社会道徳の教育は、幼稚園の段階から始める必要があると思います。どんな子どもも、同じように独自性をもつ個人の集まりのなかで、自分もまたユニークな存在なのだという自覚を深められるよう、手助けをする必要があります。

加えて私たちは、「テスト」に合わせて高度に組み立てられた教育課程を捨て去るべきです。こうした課程が、今やアメリカのみならず、世界各地の初等・中等教育で影響力を振るっています。

池田　重要な問題提起です。

トインビー博士も、私との対談で、「人格の決定的な形成がなされるのは、五歳まで」[6]と強調し、幼児期における環境の重要性を訴えておられました。

これまで私は、日本をはじめ、香港、シンガポール、マレーシア、ブラジル、韓国に創価幼稚園を創立しましたが、豊かな愛情に恵まれた幼児教育の大切さは、いくら強調しても強調しすぎることはありません。

幼児期の環境が、人間の一生に与える影響がいかに大きいか、近年の研究でも、ますます注目されています。ともあれ、教育の目的と意義について、今、私たちは、あらためて真摯に問い直す必要に迫られていることを確認しておきたいと思います。

2 学校教育のあり方と、いじめの問題

東西の創価学園を訪れて

ガリソン　かつて、東京の創価学園を訪れた際、二人の高校一年生が、私に話しかけようと駆け寄ってきた姿が、今もまぶたに焼きついています。

生徒が、私たちのような訪問者にも親しく語りかけてくる。そのこと自体が、創価学園の民主的な気風を表していると感じたのです。

ヒックマン　私も幸いなことに、これまで創価教育の各学校を何度か訪問したことがあります。最初に申し上げたいのは、創価学園の東西両校が、それぞれに個性豊かであることです。これこそ学校の、本来あるべき姿です。例えば東京校には、関西校とはかなり違った雰囲気があります。

しかも、それぞれの学園の生徒たちは、単に知識を受動的に吸収するのでなく、各々が独

自の勉学に能動的に取り組んでいると感じました。その結果、両校のカリキュラムは同じでも、その実施においては独自の個性が表れていました。

もちろん、それぞれの地域の文化的価値観や慣行に合わせた調整は必要ですが、牧口・デューイの健全な教育理念に基づいた創価学園を、初等・中等教育に携わるすべての人々に、模範の学校として、喜んで推奨したいと思います。

池田　ありがとうございます。何よりも嬉しいお言葉です。偉大な人間教育者であられるお二人の博士をお迎えできたことは、創価学園の教職員にとっても大きな啓発となりました。多くの学園生にとっても、生涯の忘れえぬ金の思い出として、深く心に刻まれています。創立者として、重ねて感謝申し上げます。

創価学園に、何かアドバイスなどがあれば、是非、お願いいたします。

ヒックマン　分かりました。他の学校にもいえることですが、私からのアドバイスとしては、次の三点を提示したいと思います。

一点目は、子どもたちは何でも試してみようとする生来の〝実験者〟であり、本来、彼らにとって〝学ぶことは楽しいことだ〟という事実を尊重することです。

二点目は、テストを過度に強調してはいけないということです。とりわけ、この生徒とあの生徒、またこの学校とあの学校を比較するようなテストは避けるべきでしょう。

三点目は、教育プロセスの実験をやめてはならないということです。デューイが指摘したように、よき教育の規範とは、教育理論の抽象的な論議を無理矢理、実践に結びつけようとするところから生まれるのではなく、教育の実践そのものから生まれるものだからです。

池田 いずれも、今の教育現場において、大切なポイントですね。

人間は生来、誰しも〝学びたい〟という意欲をもっています。学ぶ喜び、学ぶ楽しさは、人生にとって大いなる充実をもたらすものです。それを引き出し、触発することが教育の出発点といえるでしょう。

子どもの個性と才能を、いかに生き生きと伸ばし、いかに開花させていくか――優れた教育者は、教育現場でのたゆみない実践を通して、知恵と経験を積み重ねて前進していきます。

教育に「これで完成」というものはありません。時代は変化します。子どもたちを取り巻く環境も、子どもたちの気質も常に変化していきます。当然ながら、教育そのものも、常に成長し、発展していかねばなりません。

仏法では「随縁真如の智」*と説きます。変化する現実に即応していく智慧が、教育には要請されます。

関西創価学園の生徒たちと交流するヒックマン博士（2007年6月）

ヒックマン　そうですね。あるときデューイは「知性を実際的なものにする哲学者」、つまり「抽象概念を現実世界に応用させる哲学者」として紹介されたことがあります。

これに対してデューイは、自分は実践を知的なものにしようと願う者である、と述べました。

デューイが言いたかったのは、〝人間の知性は、教育を含め万事において、現実の状況下で、現実の人々の必要や利益に根差すものでなければならない〟ということでした。

ところで私は、創価学園や創価大学、アメリカ創価大学の各校で出会った生徒や学生たちに大いに感銘を受けました。

彼らは学ぶ意欲と熱意に満ち、集中力が

あります。このため、教える側にも、学ぶ側にも、喜びが溢れているのです。創価の生徒たちの勉学に対するあの真摯な姿勢は、創立者の精神を反映しているともいえましょう。カリキュラムと教育プロセスの実施能力もまた、群を抜いています。

また創価教育の教員の皆さん方は、生徒との交流の大切さをよく理解され、そうした交流を通して生徒から学ぶことの重要性もご存じです。私が創価学園の各校で観察したところ、生徒たちは学ぶことは楽しいものだ、また楽しくあるべきだという、強い自覚をもっているようです。こうした学びに対する真摯な姿勢は、私たちが初等教育や中等教育の過程だけでなく、生涯持ち続けるべき姿勢であると思うのです。

生活と経験に根差した教育

ガリソン　先ほど、創価学園の生徒たちが、とても気さくに話しかけてくれたことをお話ししましたが、以前、ご紹介したように、アメリカ創価大学でも、学生たちが互いに、あるいは職員や教員の方々と有意義に語り合う姿に出会いました。

創価教育の各校は、そうした校風のなかで、新たなアイデアを試み、さまざまな実験の失敗や成功から学び続けるかぎり、健全な成長を遂げていくことでしょう。

東京の創価学園を訪れ、生徒たちの歓迎を受けるガリソン博士（2009年3月）

池田　重ね重ね、恐縮です。両博士の温かい励ましのお言葉に、学園生も、また教職員も、さらに奮起すると思います。

ガリソン博士が語ってくださったように、我が創価の学舎に「対話の文化」ともいうべき気風があるとすれば、一段と伸ばしていきたい。

ヒックマン博士が触れてくださった生徒の自主性と意欲も大切なポイントですね。思えばデューイ博士も、学校について、旧来の権威的な教育の方法、つまり暗記と試験による受動的な学習の場ではなく、子どもが主体的な興味をもって、活動的な社会生活を営めるような場であるべきだと述べていました。

そして「教科と呼ばれるものは、算数、歴

史、地理、あるいは自然科学の一つであれ、どのようなものであってもその発端は、日常の生活経験の範囲内にある材料から引き出されなければならない」(7)と論じられました。つまり、一人一人の生活と経験に根差した教育の重要性を強調したのです。それは、知性や情操の健全な啓発となるものでしょう。

こうした鋭い警鐘が鳴らされて、一世紀が経ちました。残念ながら日本の教育は、依然として〝知識の詰め込み主義〟から、なかなか脱却できないという指摘があります。

ヒックマン 日本の学校に蔓延しているといわれた、知識の詰め込み主義や過度の競争は、アメリカの教育現場でも現実となりつつあります。私たちアメリカ人は、日本の教育制度の悪い部分を取り入れていながら、その制度が日本でうまく機能していない事実には目をつぶってしまっているようです。

池田 日本も、知識の詰め込み主義への反省から、いわゆる「ゆとり教育」も試みられましたが、なかなか思うようにいかず、試行錯誤が続いているようです。

近年では、インターネットやテレビゲームなどの影響も心配されています。それらに熱中するあまり、外で遊ぶよりも、部屋に籠もっている時間のほうが多くなり、子どもの健全な身体や人格の成長を阻害しているのではないかと懸念されています。

もちろん、現代の情報化社会に、インターネットは欠かせないツールとなりつつあります。これからの学校教育では、そうした技術もうまく使いこなしながら、仮想世界に没入しない知恵や工夫がさらに求められます。

ヒックマン　私も、子どもたちの自由時間の過ごし方を心配しています。とくに、インターネットやテレビゲームとの付き合い方です。

確かにインターネットのおかげで、私たちは多くのことを学ぶ素晴らしい機会に恵まれています。しかし、時間と才能の浪費としかいえない落とし穴もあります。テレビゲームそのものが、絶対によくないというわけではありません。視覚と手の連動能力を伸ばすという利点もあります。けれども人生には、もっと重要なことがたくさんあるはずです。

池田　人間の成長にとって重要なことは、自らの力で考え、豊かな価値を創造しゆく、知性と人格の力を培うことです。その意味で、子どもたちが楽しく生活しながら、そうした力を自然のうちに身につけることのできる学習の場が、学校でなくてはならない。

デューイ博士は、こう述べておられます。

「学校は子どもが実際に生活する場所であり、子どもがそれを楽しみ、またそれ自体のための意味を見出すような生活体験が得られる場所であることが、最も望ましいことであろう」(1)と。

牧口初代会長も、当時の教育の弊害について「日本人の頭脳の大部分は、その間違った教育法の病弊のために頑固となり、学問と生活とが全く隔離してしまい、二元的のものに吾々の生活は分裂したのである」(8)と指摘しておりました。

生活と知識がばらばらに分離していると、学校で身につけたはずの知識が実生活で役に立ちません。

ゆえに牧口会長は、当時、「半日学校」を提唱し、一日のうち半日は学校で学び、半日は勤労するという制度を主張しました。そして、社会との結びつきを深めていくなかで、学問を生かしていくことを志向したのです。

学校と地域社会との交流

ヒックマン　牧口会長の「半日学校制」の提唱は、学校での授業を知識面と実践面、つまり、どちらかといえば狭い学問的な抽象的側面と、毎日の実生活における具体的側面とに立て分けて、その両方を教育するという考え方ですね。

デューイも同じように、子どもたちに校外学習も体験させ、教育者たるもの、学校と地域社会の関係をもっと風通しよくすべきである、と考えていました。

池田　ガリソン博士は、学習と生活が遊離しないために、学校教育ではどのような点が大切だとお考えでしょうか。

ガリソン　そうですね。幼い子どもたちは、日常生活のなかで、自身の好奇心を満足させてくれる活動からは、すぐに何かを学び取るものです。最初は、大人の行動を遊び半分に真似るだけですが、学校に通い始める前から、家族や地域の人たちが従事する組織だった仕事や活動に簡単なかたちで関わり始めます。

デューイの主張によれば、最善の教育は、仕事（職業）の「ため」ではなく、仕事を「通じて」なされます。なぜなら、仕事とは道具を使うことを含めて、本質的に社会的な作業であるからです。

人間は、組織化された行動によって、さまざまな目的を満足させます。また私たちは、何かの仕事をするとき、社会的な状況のなかで、自分の行動を他者と関係づけながら進めることを学びます。他の人たちと一緒に働くには、彼らと直に連係しなければなりませんし、一人で働くときでも、他の人たちが作った材料や道具を使って、他の人が使う何かをつくるのです。

デューイによれば、よい仕事とは、決してその遊びの側面を失わないことでした。彼は、学校と地域社会の障壁を取り除くことが必要であると考えました。地域のいろいろな職業から学ぶなかで、子どもは社会に溶け込み、地域社会の生産的な成員になっていきます。しかし、単に社会に溶け込むだけでは、民主主義にも社会正義にも寄与することはできません。したがって、子どもたちが職業を通じて学ぶなかで、それらの職業をどう評価すべきかも学び、それらを再構築していこうという積極的な姿勢を身につけることが重要なのです。

池田　おっしゃるとおりですね。牧口会長の「半日学校」の思想と響き合う哲学です。

社会のさまざまな仕事を通し、社会のあり方を学ぶことで、学校での学習をより深く身につけることもできる。さらに、人々のため、社会のために積極的に関わり、そのなかで喜びを見いだしていく生き方を学んでいくことが大切ではないでしょうか。

近年、日本でも、小・中学生に職場訪問や職業体験を積ませながら、社会との接点を意識して学習させる取り組みが行われるようになってきました。また、地域の大工さんや花屋さんなど、さまざまな技能をもつ人々が、学校支援のボランティアとして特別授業を行うなどの試みも始まっています。試験だけでは学べない貴重な体験学習や、地域の人々との交流の大切さが見直されています。こうしたことも大事ですね。

ガリソン　ええ、まったくそのとおりです！

私たちは、地域のなかで、他の人々が巧みに日々の仕事や娯楽にいそしむ姿に触れることで、単に抽象的な概念ばかりでなく、実に多くのことを学ぶのです。体験学習の成果は、思考だけではなく、感情や行動、幸福という領域において、私たちがどれだけ成長したかで判断されるのです。

学校の試験では、人間の働きのうちの、わずかな認識領域しかテストできません。学校の試験の及ばない領域は他にもありますが、とくに問題なのは、心の知能*、身体的な能力、社交性、創造的な才能、冒険心、徳育的な人格の形成が、完全に無視されていることです。

私は、「幸福」と「成長」は多くの点で同じであり、「幸福」は「成長」のなかにあるのみならず、「成長」そのものでもあると思っています。

一般的には「幸福」と「成長」は区別されていますが、自身のユニークな能力が十分に発揮されなければ「幸福」は感じられません。また、そのユニークな能力も、他の人々と互いに学び合う社会に参加し、貢献しなければ発揮することはできません。この意味において、「幸福」とは「成長」のことなのです。

池田　非常に重要な視点です。

この「成長」という点についていえば、子どもたちに、友達と切磋琢磨すること、そして、よい意味で競い合い、お互いに学び合いながら、ともどもに伸びていく喜びを教えることも大切ですね。

その意味において、博士は教育における健全で創造的な競争のあり方は、どのようにあるべきだとお考えでしょうか。

すべての人が勝者となる創造的競争

ヒックマン　教育上の「競争」という問いかけは、現在、非常に重要性を増しているテーマです。ここで真に問われているのは、その競争が「適切な」ものかどうかという点です。これは誰もが知る実状ですが、不適切な競争が学習者のエネルギーを奪い、無用な緊張感や不安を生んで、勉学を困難なものにしています。

しかし、どの学生も、生きていくうえでは、さまざまな事柄をめぐって競争せざるを得ないものです。私たち教育者は、そうした競争にいかに対処していくべきか、自分の弱みや強みをわきまえつつ、いかに潔く勝敗を決していくべきかを学生に教える責務があります。

一例を挙げれば、スポーツ競技は、適切に実施されるなら、競争を学ぶ素晴らしい経験になるはずです。より学術的な面でも、議論を戦わせるディベート選手権など、競争を通じて自信を与えることができます。

ただし学生たちは、知性にも多くのタイプがあることを理解しなければなりません。人間には、ある分野の競争で十分に才能を発揮できなくても、他に成功できる分野が必ずあるのです。

ガリソン　私たちは往々にして「競争」を、ゲーム理論家たちが「ゼロ・サム・ゲーム*」と呼ぶものと同じように考えがちです。この考え方は、例えばトランプのポーカーのように、一人が勝てば他の人々は負け、勝者が得をした分、敗者は損をするというものです。

しかし、人道的な競争においては、全員が勝つことが可能です。別な言い方をすれば、あなたも私も成長することができるのです。

デューイは、社会がその機会を与えなければ人間は成長することができない、と明言しています。

また彼は、〝人間は自分と異なる他者に会わないかぎり、自己の能力（素質）を発揮できない。なぜなら、ちょうど私の存在があなたの潜在能力を開花させるように、あなたの存在が私の潜在能力を開花させてくれるからである〟と指摘しています。

大切なのは、精神的な平等です。例えば、相手のほうが身体的に優れているとか、知的に優れているとかいう場合もあるでしょう。一方で自分が、相手にはない優れた社会的技能を備えている場合もあるでしょう。あるいは、数学や何かで相手に劣るかもしれません。

しかし、人道的な競争においては、それぞれが互いの得意な分野、優れた〝何か〟を、見いだすことができるのではないでしょうか。自分の成長は、相手の成長にかかっている。けれども、その成長の仕方はそれぞれ違うはずです。

池田　おっしゃるとおりですね。

仏法には「桜梅桃李」という考え方があります。桜は桜、梅は梅、桃は桃、李は李の姿のまま、それぞれの個性を発揮しながら、精いっぱいに咲き競っていく。それが、美しい花園を形づくっていくというのです。

桜は、どんなに美しくても、桃にはなれないし、なる必要もない。人間もまた同じです。それぞれの個性を開花させながら、自分らしく咲き切っていけばよいのです。誰かが勝てば、誰かが負けるというのではない。互いの個性を尊重し、それぞれの課題に挑戦していけば、そこには「それぞれの勝利」がある。「自分の力」を最高に引き出すための競争です。

そして、ガリソン博士がいわれたように、「精神的な平等」、つまり生命の尊厳性を教え、他者を信頼し、協力し、支え合うことの大切さを教えることですね。そこに、多彩な人間共和の花園を広げていく道があります。

ガリソン　デューイは〝私たちは、競争によって自分の得意なものを見つけることができ、各人が自分の可能性を発揮できる〟と語っています。それでいて、その競争は「ゼロ・サム・ゲーム」ではないのです。仮に、数学の競争で負けたとしても、社会的技能の競争では勝つかもしれません。結局のところ、誰もがそれぞれに独自の潜在的な能力や重要な才能を見いだし、独自の社会貢献をすることができれば、勝敗は問題ではないのです。

もし、あなたが自分の素質を開花させ、私が自分の素質を開花させるならば、私たちは、それぞれかたちは違っても、精神的には平等であり、等しく幸福なのです。

ただし、心に留めておくべき重要なことがあります。それは、ある種の「成長」は制限すべきであるという点です。

庭に草花を育てようとするならば、雑草取りをする必要があります。人を育てる場合も、事によっては、きちんと制御し、適切に対処しないと、致命的な事態を招くこともあります。

いじめを助長する「傍観者」の存在

池田 例えば、「いじめ」のような問題ですね。子どもたちの間違ったエネルギーを放置すれば、いじめもエスカレートして、手がつけられなくなる場合があります。

本来、学校は、子どもたちが安心して学び、生活できる場所であるべきです。ところが残念ながら、必ずしもそうならない場合がある。その原因の一つが、いじめです。いじめは、子どもの人格を深く傷つけます。日本では、生徒がいじめを苦にして、自らの命を絶ってしまう悲劇も起きています。

アメリカでは、この問題は、どのように捉えられていますか。

ガリソン　キリスト教系やロックフェラー系など、多数の公益信託（トラスト）が支援した「いじめの防止は犯罪の防止」という調査報告書によると、アメリカの生徒たちが報告する諸問題のうち、いじめはストレスに次いで二番目に多い問題となっています。中学校で頻繁にいじめをした男子生徒のうち六〇パーセントが、二十四歳までに少なくとも一件、有罪の刑事判決を受けています。(9)

いじめっ子は、弱いと見定めた子どもをいじめます。それが肉体的なものであれ、感情的なものであれ、知的なものであれ、いじめは〝社会的暴力〟の一つの形態であり、個人によるいじめも、集団によるいじめも、恒常化してしまうものです。

ヒックマン　いじめの問題は、きわめて不快な話題ですが、こうしてその話題を切り出してくださったことを嬉しく思います。いじめに関する文献は驚くほどたくさんあり、その数はますます膨らむばかりです。そのいずれもが両親や教師、あるいは補助スタッフがどう対処すべきかを、さまざま論じています。数々のサポートグループ（支援団体）が、インターネットでもサイトを開設しています。

アメリカには、「全米青少年暴力防止資料センター」（NYVPRC）という非営利団体（NPO）があり、いじめがどのようなかたちをとるか、それにどう対処すべきかなどの豊富な情報を提供しています。その報告内容は、きわめて広範囲にわたるもので、リポートはすべての教師や学校運営者の手にも渡っているはずです。

また、こうした非営利団体とは別に、営利型の団体もあり、各学校に専門のカウンセラーを派遣し、学校運営者や教師、生徒や地域社会のリーダーと協力して、いじめ問題の減少に努めています。

池田　日本の場合、いじめは教師の見えないところで、しかも集団化して行われるために、非常に困難な課題の一つとなっています。

しかし、いじめを放置したり、結果として黙認したりすることなど絶対にあってはなりません。まして「いじめられる側にも何か問題がある」という発想など間違いです。いじめは悪であり、いじめる側が百パーセント悪い――教師や大人たちが、いじめは絶対に許さないという断固たる強い意思を子どもたちに示すことが、何よりも重要であると思っております。

その上で注意したいのが、いじめを助長する「傍観者」の存在です。傍観者は、本人が気づかないうちに、加害者になっている場合が多いのです。

ヒックマン　きわめて多岐にわたる要素をもつこの問題のなかで、私が一番注目するのも、傍観者の与える影響です。どの学校でも、傍観者の数が大部分を占めているわけですから、その影響力は実に大きなものがあります。

傍観者たちは、教師や親たちの助力を得て、仲間同士で情報発信したり、いじめの実態の報告をしたりすることもできるはずです。

池田　いじめという悪を見ながら、それを止めることができない。漠然と遠巻きに見たり、自分に累が及ぶことを恐れるなどの理由で、見て見ぬふりをしたりする。その結果、多くの場合、いじめを助長させることになります。それを見て、胸を痛め、心が傷ついている子どもたちもいます。逆に、こうした傍観者が――全員でなくとも、何人かが仲裁する側にまわるとき、いじめがなくなっていったという例も報告されています。それが難しい場合には、誰か一人でも、いじめられている子を陰で支えてあげるだけで、最悪の事態は避けられるのです。

こうした傍観者が一歩踏み出すためには、どのようなことが大切だと思われますか。

ヒックマン　仲間である生徒の取り成し（調停）は、興味深いものですが、半面、難しい問題も伴います。一般論としては、この種の取り成しの手法を、カリキュラムに含めるべきではないかと思います。

けれども、これは慎重に行う必要があります。というのは、現場での仲間による取り成しが、時に報復を招くケースもあるからです。

多くの調査結果が示すところでは、仲間同士の取り成しは慎重に、それぞれの事例に即して行われなければなりません。

私の個人的な体験を申し上げますと、実は十四歳の頃、私はどちらかといえば痩せぎすで、本好きの子どもでしたから、ある教師の息子に、いつもいじめられていました。しかもその子は、私だけではなく他の生徒もいじめていて、そのいじめ方はあまりにもあからさまなものでした。私は、彼の母親が、なぜ我が子のいじめに気づかないのか、なぜやめさせないのか、不思議でなりませんでした。もし、傍観者の誰かが取り成しに乗り出していたら、彼は、今度はその子を次の標的にしたに違いありません。

いじめに対して、教師が見て見ぬふりをしたら、それこそ悲劇です。教師のそうした姿勢は、学習の妨げになると同時に、不信感を生み出します。

繰り返しますが、いじめの現場での仲間の生徒たちによる調停は、大切ではあるものの、報復を避けるためには細心の注意を払ってなされるべきです。

池田　教師や親は、子どもたちが発する小さなシグナルを見逃さずに声をかけていきたい。また、相談すれば周囲の大人がきちんと対応してくれる――。この信頼感があってこそ、子どもたちは傍観者の立場から、一歩踏み出す勇気をもつことができます。子どもの傍観は、大人社会に対する不信と不可分の関係にあるともいえるのです。

いじめを許さない大人の対応

ヒックマン　そのとおりですね。傍観者は実際、暴力の煽動者にもなりえます。だからこそ、教師をはじめ、生徒や補助スタッフなど、全員を対象とする総合的な「いじめ対策」のプログラムが必要なのです。

どんなに善意ある傍観者であっても、その行動が逆効果を招くことがあります。ですから大切なことは、学校のすべての関係者が、先に挙げた全米青少年暴力防止資料センターが出しているような、有効活用できる情報に精通していくことではないでしょうか。

いじめの問題を悪化させる三つの要素があります。第一は、いじめを煽ること。第二は、不適切な取り成し。第三は、無関心です。

しかし問題は、結局、適切な対処がなされるかどうかだと思うのです。つまり、同級生たちが、またもちろん教職員や学校運営者たちが、しっかり対応できるかどうかです。

ガリソン　私は、いじめを防ぐことは、一種の平和教育であると思います。いじめと対決するには、個人にも国家にも〝道徳的勇気〟と〝知力〟が求められます。

いじめを防ぐ最善の方途は、デューイや牧口会長が理解していたような「幸福のための教育」を実践することです。いじめを黙認することは、いじめを助長することになります。

いじめを受けた者は、大人に告げるべきです。また、友達をつくったり、クラブに入ったりするのも有効な手段でしょう。いじめを目撃した生徒は、大人に告げて力を貸すべきです。大人たちは、いじめの兆候を見逃さず、生徒たちと話をし、生徒たちのネットワークづくりを助けねばなりません。

つまるところ、健全な民主主義を促進することが、健全な校風を創ることになるのです。

池田　きわめて大切なポイントですね。

私は、創価学園の「永遠五原則」として、①生命の尊厳　②人格の尊重　③友情の深さ・一生涯の友情　④暴力の否定　⑤知的・知性的人生たれ、との指針を贈りました。

創価学園では、暴力やいじめなど卑劣な行為は絶対に許さないと、厳しく指導しています。

私も学園を訪問するたびに、生徒たちに繰り返し訴えてきました。こうした健全で、人の苦しみを我が苦しみとし、人の喜びを我が喜びとする思いやりに満ちた教育環境――校風を創り出すことが、教育の大切な一歩と考えております。

牧口初代会長は「悪人の敵になり得る勇者でなければ善人の友とはなり得ぬ(10)」「消極的の善良に安んぜず、進んで積極的の善行を敢然となし得る気概の勇者でなければならぬ(10)」と繰り返し訴えていました。創価教育では、そうした勇気ある〝善の心〟を育むことを大切にしています。

そして、同時に私たちは、子どもたちの姿が、大人の社会を映し出す「鏡」であることを忘れてはならない。子どもたちの問題は、そのまま大人の社会の問題でもあるのです。その解決なくして根本的な解決にはならないことを、深く銘記すべきでしょう。

3 家庭教育の役割と人格の尊重

子どもは尊重すべき一個の人格

池田 ここでは、人間教育の出発点である「家庭教育」の話題から始めたいと思います。

私どもSGIは、デューイ博士の孫娘に当たるアリス・G・デューイ博士と、かねてより交流を結ばせていただいておりました。創価教育への期待も寄せてくださっていました。

そのアリスさんが、祖父であるデューイ博士の教育観について、こう語っておられました。

「子どもを、尊重すべき人格を備えた存在として尊敬の念をもって対等に接する。しかし、一個の人格者であるからには、子どもといえども、きちんとした権利の意識、責任感等を正しく身につけなければならない。

そうした対等で、しかも社会的な責任感をもった存在として子どもを扱い、育むことによって、子どもたちは人間としての成熟度、創造性を急速に開発していくことができる――祖父は、そのような教育信念に生きた人です。

実際、孫として祖父と接した私の少女期の体験で、最も強く印象に残っているのは、祖父が私を、常に一個の人格として接し続けてくれた、という点です(11)」と。

誠に示唆深い回想です。子どもが幼いからといって、下に見るのでもなく、また甘やかすのでもない。孫娘のアリスさんも強調されていたように、一個の人格として、深い愛情と責任と尊敬の念をもって接することで、子どもは大きな自信と安心を得て、自立への確かな一歩を踏み出すことができるものです。

こうした大人の「人間尊敬の心」が、子どもの成長と学びにとって、何よりも大切な教育環境となるのではないでしょうか。

ヒックマン　おっしゃるとおりですね。

子どもに安心感を与え、よき学びの環境をつくることが親の重要な役割です。子どものために安全な環境を整え、子どもの能力を伸ばすだけでなく、子どもの教育プロセスにも積極的に関わっていくことが必要です。教師と定期的に話し合いをもち、宿題についても協力し、子どもと会話をしながら、必要に応じて上手にサポートしてあげることが大事です。

池田　子どもへの具体的な関わり方について、日本でも多くの親御さんが悩んでいます。デューイ博士夫妻には、七人のお子さんがいましたが、「家庭教育」のあり方について、どのように考え実践されていたのか。多くの読者のためにも、この点についてお聞かせいただけますでしょうか。

ヒックマン　ジョン・デューイとアリス夫人は、子どもたちの行動を注意深く観察していました。夫妻は、デューイ自身が「詰め込む」及び「(子どもに自由に話させるなどして、思っていることを) 引き出す」と呼んだところの両極端な教育方法は避けるようにしていました。当然ながら、今では多くの親が疑いもなく受け入れている「詰め込み型」の家庭教育は行っていませんでしたが、一方で、両親の指導なしに「引き出される」ものにも、あまり価値はないと考えていたのです。

デューイ夫妻は、子どもたちが家の中にいるときも、遊んでいるときも、その様子に目を向けて、彼らの集中力や熱中ぶり、そして気まぐれな行動などを観察しました。そして、子どもたちの持つこれらのエネルギーを、それぞれの才能や興味に沿って伸ばすことに、ともに取り組んだのです。

夫妻はまた、子どもの〝学校〟と〝家庭〟での活動は、断絶することなくひと続きのものであるべきだと考えていました。そこで、子どもたちと一緒に教育を目的とした旅行にも行き、子どもたちが本物の自然と直に接する機会も積極的につくりました。また、家庭生活を豊かにするためのきわめて実用的な技術なども、子どもたちに教えました。「家庭科」の勉強は娘たちだけではなく、息子たちにも必要だと考えていたのです。

ガリソン　デューイにとっては、家庭が常に教育の出発点でした。家庭でのさまざまな役割を担うことで、子どもの好奇心が刺激され、そこから自分を取り巻く世界の探究が始まるのです。家庭や家族は、子どもが初めて協力することを学び、自身のニーズや行動を他者のニーズや行動に照らす場となります。そこは協力や勤勉、また責任感といった気質が最初に育まれる場所なのです。

デューイの有名な言葉に、次のようにあります。

「最もすぐれた、最も賢明な親がわが子に望むところのもの、まさにそれをこそ社会はそのすべての子どもたちのために望まねばならぬ。われわれの学校には、これ以外のいかなる理想も狭隘であり、好ましくない。これ以外の理想にしたがうならば、それはわれわれの民主主義を破壊する」(12)

デューイにとっての「よい学校」の基本とは、彼が考える「よい家庭」の基本と同じでした。

デューイの家庭教育についての考え方の多くは、彼が学校教育について語っている内容から容易に推論することができます。

つまり、家庭と学校が、まったく分離していてはいけないのです。学校および教師や管理者、食堂のスタッフ、校長、秘書などの職員は、生徒の両親、そして多くの場合、祖父母やおじ・おば、さらにその他の世話をする人たちと緊密に連携をとる必要があります。

これは大変なことかもしれませんが、子どもの成長にとって、きわめて大事なことであり、うまくいけば誰もが互いに学び合うことができ、とてもやりがいのある取り組みでもあります。

親と子が一緒に何かに挑戦する

池田　子どもの健全な成長のためには、「家庭」が重要であると同時に、家庭と学校のあいだにも連続性がなくてはならない——このデューイ博士の思想は、今日の教育のあり方を再考するうえで、常に立ち返るべき基本であると思います。

牧口会長も、『創価教育学体系』のなかで、多くの親が子どもを、何の目的観もないまま学校に入れてしまっていることに大いに疑問を呈しています。(2) 未来の宝である子どもを、どのように育てていきたいのか——その根本の理念と目標を、学校と親が共有し、協力して子どもたちを育んでいくことが大切ではないでしょうか。

もう一つ、親はともするとついつい子どもに対して「……はだめ」とか、「……しなさい」など否定的・命令的な言葉かけをしてしまいがちです。

大人自身が、仕事の忙しさやストレスで疲れてしまい、イライラして子どもの人格を尊重するどころか、全面的に否定するような言動をしてしまう場合さえあります。また、夫婦の不和が絶えない家庭もある。これは、いつの時代でもそうですが、大人の世界が殺伐としていると、子どもの感受性豊かな心は深く傷つけられてしまいます。

最近の日本では、子どもの自尊感情が低いとの指摘があります。残念ながら、「自分に自信がもてない」「自分が好きではない」と感じる子どもが増えているようです。

ガリソン　自尊感情や自信は、適切な独立心から生まれます。よき教師と同じように、よき親は子どもたちとともに学び、子どもたちについて学ぶことを楽しむものです。

ちょうど教師が学校で生徒と関わるように、親たちも家庭のなかで子どもたちを注視し、各々に適した仕事を生み出しながら、温かな配慮と慈愛をもって、それぞれの個性や能力を伸ばせるよう手助けをしてあげなければなりません。

池田　そうですね。親と子が、ともに何かに挑戦し成し遂げていく――そうした経験をもつことも大事です。

親子で一緒に、スポーツや趣味を分かち合うのもいいでしょう。また、家事や家業を手伝うことも、親の苦労を知るよい経験となり、社会勉強となります。

我が家は、海苔の製造業を営んでいました。少年時代には、収穫の最盛期の冬場、身を切るような寒さのなかでも、早朝から起きて仕事を手伝ったことが忘れられません。

丹精込めてできあがった海苔を背負って問屋に持っていくのも私の仕事でした。海苔の出来具合によって買い取りの値段が決まるのですが、「うちのは、いい海苔ですよ」と言うと、問屋さんが「分かっているよ」（笑）と答えてくれたことも懐かしい思い出です。

ともあれ、労苦を分かち合い、ともに成長していくなかで、心の通い合う、より豊かな関係を築いていく――そのようにして親子の心の絆を深めていくことは、子ども自身が一人の人格として独立し、成長していくための確かな土台となっていくのではないでしょうか。

私は、かつて日本のある婦人誌から寄稿の依頼を受けて、新しい時代の家族のあり方などについて所感を綴ったことがあります。

その際、親も子も互いに啓発し合い、聡明に価値を創造しながら、ともに成長しゆく「創造家族」「成長家族」の大切さを訴えました。

そのことを、ヨーロッパ科学芸術アカデミーのウンガー会長夫妻と会見した折に申し上げると、モニカ夫人も深く賛同され、「私は母親として二十数年間、子どものために生きてきましたが、犠牲になったと感じたことはありません」と笑顔で語っておられました。

その時、私も「『子どもの犠牲になった』と思う親のもとでは、実は『子どもも犠牲になっている』のではないでしょうか」とお答えしたことがあります。

確かに子育ては大変ですが、子どもの成長を見る喜びは、それにも増して大きい。聡明に知恵を働かせ、周囲の協力も得ながら、朗らかに子育てに挑戦してこそ、自身もさらに成長していけるのではないでしょうか。

親の姿を通して子どもに教える

ガリソン　私もそう思います。

社会的にも、自己犠牲を前提とした思いやりであってはなりません。

一方、自身を支えていくためには、自分を取り巻く地域社会や環境、大切な存在の人々や親しい人たち、これまで結んできた友情、その他すべてを大切にする必要があります。そうしなければ、私たちは生きていけないのです。

このことは、例えば環境問題にも当てはまります。私たち人間は水を飲み、食物を食べ、空気を吸って生きています。ですから、生きていくためには水資源を保全し、土壌汚染を防ぎ、大気を清浄に保たねばなりません。

自分を大切にするためには、他者を大切にする必要があり、他者を大切にするためには自分を大切にする必要があるのです。これは「行為の循環」というべきもので、自分の行動はすべて、やがて自分に返ってくるのです。

池田　おっしゃるとおりですね。

日蓮大聖人の教えにも、「人のために火をともせば・我がまへあきらかなるがごとし」（『御書』一五九八ページ）とあります。人のために尽くしたことが、実は自身の進む道を照らしていくという道理です。

さらにまた、大聖人の主著の一つである「立正安国論」には、「一身の安堵を思わば先ず四表の静謐を禱らん者か」（＝一身の安泰を願うなら、まず世の静穏、平和を祈るべきである。『御書』三一ページ）とも記されております。

人と人が支え合ってこそ、人間は初めて生きていくことができる。また、自分は社会の一員であるという自覚を育んでいくことも大切です。

子どもたちには、こうした人間関係の根幹についても教えていきたいですね。それも、親が率先して人々や地域のために貢献していく姿を示し、子どもたちに自然のうちに教えていくことが大切でしょう。

アメリカの大科学者ライナス・ポーリング博士との語らいについては前にも紹介しましたが、ご子息であり医学者であるポーリング・ジュニア博士から伺った言葉が忘れられません。

ポーリング・ジュニア博士は、ご両親が東西冷戦時代、激しい非難や中傷をはね返して自らの信念を貫き、平和運動を推進されたことを誇らかに振り返られながら、家庭教育について、こう述べておられました。

「子どもたちは、自然に家庭のなかで、親の考え方や思想を継承するものです。言葉で伝える場合もあるし、無言のうちに伝わっていく場合もあります。親は常に、心のなかに、〝平和を推進する〟という強い信念をもって行動することが大事ではないでしょうか」(13)と。

ガリソン　それに関連して申し上げれば、デューイも、自我のもつ社会的な性質を深く理解していました。

「他者との関係に忠実な行為を通して育まれる自我は、他者の目的やニーズとはまったく無関係に、あるいはそれらに対抗して形成される自我と比べて、はるかに豊かで大きなものとなるであろう。対比的にいえば、寛容で幅広い興味をもった生き方から生まれる自我は、それだけで自我の発達や完成をもたらすことができる。一方、そうでない生き方の場合は、自我は成長に必要なさまざまな関係性から切り離されてしまうため、本来の成育が阻まれ、餓死してしまう[14]」

現代の家庭においては、経済的理由から、子どもたちが親との触れ合いの少ない孤独な状態に置かれることが、あまりにもしばしばあります。親は、子どもに対して誠実に接しなければなりません。他者のニーズや目的に、寛大な心と関心をもって応えることを、子どもに教えなければなりません。また、子どもの側も、親が自分たちの幸福のために多大な努力を払ってくれていることを認識する必要があります。

人は皆、平和と安心を強く求めています。教育は家庭から始まりますから、子どもが家庭のなかに平和を見いだすことができなければ、社会で平和を見いだすことは、さらに困難になります。彼らが安定した家庭を築き、保持する方途を学ばなければ、それを社会のなかに求めることも困難になります。

平和教育は大事ですが、まず家庭において、子どもに基本となる最初の平和体験の機会を与えることが、平和教育の最良の第一歩です。こうした実体験は、言葉よりもはるかに効果的なのです。

池田 そうですね。長年にわたり、青少年の非行や不登校、薬物や自殺などの問題に、まさに命懸けで取り組み、多くの子どもたちを救ってこられた、水谷修*先生という人間教育者がおられます。

夜の街を歩いて若者たちに語りかけ、その更正に尽くす行動から、敬愛を込めて「夜回り先生」とも呼ばれています。

この二月（二〇一〇年）、水谷先生が、創価学会婦人部が主催したセミナーで講演してくださいました。その折、こう指摘しておられました。

――本来、最も心安らぐ場所であるはずの家庭が、絶え間ない夫婦喧嘩などで、ギスギスと荒れてしまう。それが幼い子どもたちの心を、どれほど傷つけていることか。家庭のなかに、そうした「イライラ」や「悲しみ」が入ってきていることに、今、子どもたちが生きる力を見失っている原因があると見ている、と。

そして「子どもに勉強させたかったら、親が勉強するのです。お年寄りに優しい子にしたかったら、日々、自らがお年寄りに優しく生きるのです。正義に生きる子にしたかったら、親自らが正義に生きましょう。生き方というのは語るのではなく、見せるべきものなのです(15)」と語

家族と語らうデューイ博士　© AP/アフロ

られました。

これまで、幾多の失意の子どもたちの心に寄り添い、励まし、笑顔を取り戻してこられた〝行動の人〟の言葉であるだけに重みがあります。

子どもの心を健全に育み、伸びやかに成長させていくためには、大人自身が真摯に生き抜き、挑戦の姿を示していく以外にありません。

ヒックマン　私も〝よき範例〟を示すことが大切だと感じています。デューイは、アリストテレスにならって、正しい文法に則った弁論家の話術を聞き、その範例にならうことで、よき文法を身につけるがごとく、私たちは、よき行動によって、よき人間になるのだと主張しました。

彼はまた、道徳的な行為は、習慣化することで、より実行しやすくなる。それでもなお、慎重な道徳的熟慮を要する新たな状況が常に生じるものだ、とも主張しました。

母親の社会進出と父親の家庭への関わり方

池田　そうですね。そのために学校教育の現場でも、大人が子どもたちに〝よき道徳的範例〟を、行動で示す努力が不可欠になります。

この点、牧口初代会長は訴えておりました。

〝教師は、自身が尊敬の的となる王座をくだって、王座に向かう者を指導する公僕となり、手本を示す主人ではなく手本に導く伴侶とならねばならない〟[10]と。

それから、もう一つ、家庭教育を考えるうえで、踏まえておくべき点があります。それは、多くの母親が社会で働くようになり、家庭のあり方が大きく変わってきたことです。

近年、日本でも、その傾向が顕著になってきました。結婚の条件として「男性が家事をできること」を第一に挙げる女性も増えてきたと聞きました。

そうした意味では、今後ますます、母親の社会進出と父親の家庭への関わり方が、家庭教育を考えるうえで、きわめて重要な課題になると考えられます。

この点については、いかがでしょうか。

ヒックマン　家庭や職場における女性の役割が変わりつつありますが、これもきわめて重要な興味をそそる話題です。

ご指摘のとおり、この問題は教育に多大な影響をもたらします。一九六〇年代から七〇年代に欧米諸国で勢いを増したフェミニズム運動*は、新たな経済状況を生み出すとともに、その経済状況の変化にきわめて興味深いかたちで反応しました。結果として、欧米諸国の社会構造は大きく変わりました。

私は、一九七三年にドイツでの二年間のポスト・ドクトラルフェロー（博士課程修了後の特別研究員）としての生活を終えて、アメリカに帰国したときのことを思い起こします。空港から我が家へ向かう車中、私は道路の建設現場で作業中の一団を見かけましたが、そのなかに女性労働者がいたのです。

私がアメリカを発った一九七一年には、そんな光景は想像もできないことでした。私は留守中に起こった変化の大きさに、本当にびっくりしました。

でも、それは氷山の一角にすぎませんでした。ほんの二年ほど国を離れていたあいだに、「これが、今まで私が住んでいたところか？」と思うほど社会全体が変わっていたのです。

池田　日本でも最近は、人々の意識が変わり、父親が育児休暇を取るなど、若い父親が積極的に子育てに参加する傾向が増えてきました。幼児期の子どもへの、絵本の読み聞かせに取り組む父親も増え、父親向けの育児雑誌なども刊行されています。

ガリソン　池田会長には、お子さんたちとの触れ合いのなかで、そうした体験は、おもちでしょうか。

池田　そうですね。私も、まだ子どもが幼かった頃、たまたま早く帰宅できた日があり、『童話集』を読んで聞かせたことがありました。

まあ、なかなかうまくいかずに、子どもたちは「ママのほうが上手だよ」と遠慮がない（笑）。今の若いお父さんたちは、もっと上手だと思いますが（笑）。

あの時代、私自身はあまりにも多忙で、実際の子育ては妻に任せきりでした。ただ、子どもたちが、〝父親もしっかりと見守ってくれている〟と安心できるように心がけてはきました。

海外に出た際には、子どもたち一人一人に絵葉書を送ったこともあります。誕生日のプレゼントも、妻が用意してくれていて私が渡すという連係プレーで、かろうじて父親の存在感を示しました（笑）。

ともあれ、たとえ一緒に過ごせる時間は短くとも、思い出を作ってあげることはできるものです。子どもの教育にあたって妻と話し合ったのは、「人のため、社会のために生きること」「すべての人に誠実を尽くすこと」の大切さを、教えることでした。

たとえ幼くても、真摯に語りかけていくなかで、こちらの思いは心のなかに染み込んでいくものでしょう。

今日、仕事と家庭の時間的バランスを見直す「ワーク・ライフ・バランス」という考えも注目されており、働き方や家庭との関わり方を、あらためて考えようという動きも出てきています。この点、アメリカでは、父親は家庭にどのように関わっているのでしょうか。

ライフスタイルの変化が家庭内の子育てを困難に

ガリソン　池田会長は、お子さんたちの人生にとって、とても大きな存在だったのですね。それが実は、大事なことです。

香峯子夫人にお目にかかり、会長が夫人を深く尊重し、賞讃されているご様子を拝見して、夫人が会長のライフワークをともに担い、大きく貢献されていること、そしてそのすべてを理解しておられることがよく分かりました。

だからこそ香峯子夫人は、池田会長が不在のときでも、お子さんたちに「父親が自分たちのそばにいてくれている」と感じさせることができたのです。また奥様が、会長が人々の幸福のために働いておられることを深く理解されていたからこそ、お子さんたちにも、その心が伝わったのでしょう。

こうして、お子さんたちは、会長のことを身近に感じ誇りに思うとともに、会長が献身される創価の世界に、さらには世界平和や万人の幸福という大目的に連なることができたのだと思います。その結果、会長のご家族全員が、ともに幸せを見いだすことができたのですね。

牧口会長も述べられていたかと思いますが、どの家族も心から望めば、他者への「善」の価値を創造することによって、自身の幸せと「利」の価値を同様に見いだすことができるはずです。

こうした家庭教育の問題をお話しするにあたっては、アメリカの子どもの三人に一人が、実の父親と同居していない、という現実に触れざるを得ません。

幾つかの資料[16]によりますと、アメリカではこの五十年間で、シングルマザーの家庭の数が、八パーセントから少なくとも二四パーセントに跳ね上がっています。人口統計局によると、シングルマザーの子どもは、十人のうち七人が貧困あるいは低所得世帯に分類されています。それでいて、アメリカ人の多くが、この重大な問題を認識していないか、不運な母親を非難の的にしているように思えるのは驚くべきことです。

「全米父性イニシアティブ」のある調査[17]によりますと、一人でも子どもを持つ男性で、自分は初めから父親になる心構えが十分にできていたと思う人は五〇パーセント余りで、今は準備ができていると感じている人は七八パーセントでした。

また父親たちは、子育ての最大の障害は仕事で、二番目は収入であるとしています。結婚している母親たちは、外に出て働くことで家計を助けることができるものの、今度はその労働が母親にとっても問題になります。

もちろん、彼女たちには家庭でも重労働が待っています。社会的に認められず、また報われることのない家庭での労働——家事は、それ自体が社会問題なのです。

池田会長とは違って、ほとんどの男性が、そして、ますます多くの女性が、この家庭内の労働に価値を認めなくなっているように思います。家庭にあっても社会にあっても、男性も女性も等しく報われることが実感できる社会にならなければなりません。

ヒックマン　実は、女性が家庭の外に出て働くことが増えているという現実は、教育のプロセスに新たな負担を加えています。例えば、一日中フルに仕事をした後で、家で子どもの宿題の面倒を見るといった、積極的な役割を果たすのはかなり大変なことです。けれども、そのような親の関わりは、とても大切なのです。

アメリカ人には、歴史的にも、自分たちは逞しい個人主義者だという自負心があります。デイケア＊や就学前教育の改善など、ソーシャルサービスへの必要が高まっている陰には、実は多くの家庭で両親が共働きをしており、また世帯主がひとり親であるケースが多いという事実があります。

池田　日本では、親族が近隣にいない核家族や母子（父子）家庭などが増加するとともに、夫婦が共働きをしている家庭も増えてきました。

かつては、三世代の同居や、親族や地域の絆を通して、子どもを育てる知識や知恵がごく日常的に伝えられてきました。しかし今日では、住宅事情やライフスタイルの変化など、さまざまな理由で三世代の同居が難しく、多くの家庭が若い夫婦と幼い子どもだけで住んでいます。そのため親たちは、しばしば子どもをどう育てていいか分からず、育児書などに頼らざるを得ないという現実があります。

日本の各自治体でも、親になるための準備を進める「母親学級」「父親学級」などを開催し、さまざまな努力を重ねています。しかし、社会の急激な変化に対して、それらがすべてを補えているとは言い難い状況があります。

地域の教育力向上への取り組み

ヒックマン　アメリカでは、一部の宗教社会学者たちが、プロテスタントの「メガ・チャーチ」（何千人もの参列者を擁する巨大教会）の台頭は、こうした新たな状況から生まれたものと見ています。

これらの教会の多く――決して全部ではないのですが――では、かつての非妥協的な神学的ドグマに取って代わって、ソーシャルサービスの提供を強調するようになっています。ここでいう〝ソーシャルサービス〟とは、子どもや大人へのデイケアや支援グループ、ソーシャル・ネットワーキング（知人・友人の輪づくり）などのことです。

これらの教会の多くには、依然として残念なことに、偏狭で絶対主義的、原理主義的な圧力が残っていますが、希望の光もあります。今後、こうした硬直的な神学から解放される傾向が、ますます強くなると私は期待しています。もしそうであるなら、それは歓迎すべき現象です。硬直的なドグマは人々を分断させがちですが、ソーシャルサービスは人々を結びつけるからです。

日本の社会でも、夫婦共働きの家庭や、ひとり親家庭の数が増えるにつれて、各方面からソーシャルサービスへの需要が増大することでしょう。

池田　確かに、そうした傾向は強くなってきています。差し迫った問題として、保育所や託児所の整備をはじめ、高齢者向けのホームなど、各種サービスへのニーズが高まっています。

また、さまざまな団体が、子育て支援をテーマにした活動を展開しており、今までの日本社会には見られなかった非営利団体の活動も生まれ、多様化が進んでいます。

創価学会の教育本部でも、全国三十四カ所に教育相談室を開設しています。経験豊かな先生方が、多くの親子の多様な悩みに親身に対応してくれています。一九六八年の開始以来、のべ三十五万人（二〇一三年末現在、三十八万人）の方が来談されました。

さらに、子育てセミナーの開催や、地域での若いお母さんたちによる〝読み聞かせ運動〟の推進など、さまざまな角度から活動を展開しています。

「社会のための教育」ではなく、「教育のための社会」を実現していくためには、社会全体が協力して、未来の宝である子どもを育てることに、もっと知恵を出し合い、力を尽くすべきだと考えます。

ヒックマン　私は、SGIが、教育の機会をはじめ、男女の機会均等に力を注いでいることに、拍手を送りたいと思います。

日本での滞在中に拝見したことから、私には創価学会が、日本社会の進歩的変革を最前線で提唱しているように感じられました。これは困難なことでしょうが、どうしても必要な仕事です。

教育の危機が叫ばれる一方で、それを素晴らしい変革へのチャンスと捉える人もいます。例えば、ペンシルベニア大学地域連携センターのイラ・ハーカビー所長は、近隣の学校内に各種のソーシャルサービスの窓口を設置しました。

生徒の親たちが、食料配給券の手続きや、電気・ガス・水道料金の支払いのためにやってくると、もっと子どもの学校生活を知り、担任の教師にも会うように促されます。そうやって親たちを子どもの教育に、より積極的に関わらせるようにしたのです。フィラデルフィア市内の低所得者層を対象としたハーカビー所長の計画は、目覚ましい成功を収めています。

池田　示唆に富む素晴らしい取り組みですね。子どもたちのために、地域の教育力を、なんとしても向上させていこうという情熱を感じます。

「教育のための社会づくり」は、創意工夫によって、まだまだ大きく前進していく可能性があります。

これからの時代は、各家庭が子どもたちにとって健やかな成長と学びの場となるよう、地域社会が若いお母さんやお父さん方を応援していくことも、ますます必要でしょう。

「家庭」を、子どもの心安らぐ〝希望と喜びの港〟としていけるかどうか――「社会のための教育」から「教育のための社会」への転換といっても、その出発点は、よりよき「家庭」環境の創造にあることを忘れてはならないでしょう。

4 次代の知性を育む大学の使命

大学教育の意義

池田　この地上にあって、いずこにもまして開かれた「知性と精神の広場」こそ大学です。それは「真理」に開かれ、「未来」に開かれています。

私はこれまで、デューイ博士にゆかりの深いコロンビア大学、欧州最古のボローニャ大学、またモスクワ大学、北京大学、そして北米最古のハーバード大学など、数多くの最高学府を訪れ、講演を重ねてきました。

伝統ある世界の名門大学からみれば、創価大学は〝孫〟のような、あるいは何世代も隔てた子孫のような存在ですが、首脳の方々と有意義な意見交換を行い、大学のあり方についても語り合いました。キャンパスでの学生との懇談も心躍るひとときでした。現在では、多くの大学との学術・教育交流も進んでおります。

大学教育の役割については、時代の変化とともに、さまざまな議論がなされ、その理想像も大きく変わってきました。とくに近年は、情報化時代の到来やグローバル化（地球一体化）など、大学を取り巻く環境も大きく変わってきています。

そこで、現代における高等教育のあり方について、何点か伺っていきたいと思います。まず、現在のアメリカ社会において、大学は人々からどのような役割を期待されているのか。また果たそうとしているのか――最前線でリーダーシップを発揮してこられた両博士は、どのように考えておられますか。

ガリソン　かつて学生たちは、大学での教育を〝個人としての成長と社会全体の発展のために、自分たちのユニークな潜在能力を伸ばしてくれる本質的に価値あるもの〟と考えていました。

ところが、ここ三十年ほどのあいだに、アメリカの高等教育は、学生たちが購入する「私的財産」とみなされる傾向が強まり、今では多くの学生にとって、単なる「交換価値」になり下がってしまいました。つまり、よりよい仕事や、より高い収入、社会的地位と交換すべき付加価値に堕しているのです。こうした学生は、〝より多くをもつこと〟と〝より大きな人間に成長すること〟を混同しているのです。

ただし学生たちのあいだにも、ここ数年は、より価値創造的な教育を求める兆が再び見え始めています。もっとも、まだそれほど大きな効果が現れるまでには至っておりませんが。

こうした背景もあり、大学院の研究課程に主眼をおく大学では、学生の研究に報償を与える制度を設けており、それらは主に補助金を財源とする研究成果の出版のかたちをとっています。政府が税金による支援から手を引きつつある現在、このような報償制度は、ますます必要になっていくでしょう。

大学は教員で決まる

池田　なるほど。日本ではこれまで、有名大学に進学すれば就職に有利に働くことから、大学受験までは懸命に勉強しても、合格すると学ぶ目的を見失い、学問への意欲が弱まってしまう場合が多いと指摘されてきました。

一方、大学で学ぶことの意義を見いだすといっても、入学したばかりの十八歳頃では、自分の将来を見通すことは難しい。試行錯誤もある。だからこそ大学では、教員がいかに学生に知的刺激を与え、関心や探究心を伸ばしてあげられるかが問われます。

デューイ博士は、「大学の教育コース――そこから何を期待すべきか」と題する一文のなかで、「大学教育の永続的かつ有意義な帰結は、人間性の陶冶になくてはならない」と明快に述べていました。(18) これこそ、古くて新しい大学の課題です。学生一人一人が、学問への挑戦と大学生活を通して、その人間性を磨き、いっそう輝かせていけるよう、教員は工夫し努力していかねばなりません。

ヒックマン　私には、日本の大学の哲学科や教育学科に知り合いの教授が何人かいますが、今、述べられたような状況は、彼らもよく語っています。

日本の大学生には、いったん大学に入ってしまうと勉学を怠ける傾向があるようですが、これは一つの悲劇といえるでしょう。せっかくのチャンスを、みすみす逃すことになるからです。

池田会長が述べられたように、大学生活の理想は、人間的成長を求めて高度な対話を重ね、新たなアイデアや可能性を見いだすことにあります。

私たち教員が大学で果たすべき役割は、学生たちの心に、人生のなかでその時期がいかに貴重であるか、そして大学生活のさまざまな機会を活用することが、いかに大切であるかを刻みつけてあげることです。

大学の教職員は、幅広い見識をもつと同時に、学生の知的・精神的成長に、もっと力を注ぐべきです。そして、おそらく最も重要なことは、学生たちに教えるだけでなく、学生たちからも学ぼうという姿勢ではないでしょうか。

池田　誠に重要なご指摘です。私も常々、「大学は教員で決まる」と、創価大学の教員に語ってきました。

今年（二〇一〇年）四月の入学式でも、重ねて「教員は、学生を我が子以上に大切に」と訴えました。教師は、学生が人間として、また学問の探究者として成長していくための得難い手本となり、励ましとなるべき存在です。

「学は光」「学は人格」「学は勝利」「学は幸福」です。ともに学び合いながら、学生の一人一人の才能を引き出し、伸ばし、十全に開花させていくことは、教員としての崇高な使命であり責務です。

ヒックマン　まったくそのとおりです。アメリカの大学生が、どのような目的や動機をもっているのかを一概に論じるのは容易ではありません。それは高等教育機関のタイプが、多岐にわたっているからです。

いわゆる「研究大学」もあれば、リベラルアーツ*の単科大学や総合大学もあり、コミュニティー・カレッジ*や、ほとんどインターネット上だけで機能しているような大学もあります。

さらには、例えばニューヨークの「ジュリアード音楽院*」のように、特定の分野に特化した大学もあります。この音楽院では、主にダンスや演劇、音楽を教えています。

魅力ある教員となるために

池田　そうですね。これだけ多様化した社会ですから、さまざまな志向性がある。教育もそれに応えて、さらに新しい可能性を開いていかねばならない。

もう一点、魅力ある教員となるためには、やはり自身の研鑽の深化が不可欠です。

とくに教員は、学生に対する教育と、自身の研究活動をどう進めていくべきか――この点については、どう考えられますか。

ガリソン　私は個人的には、「教育活動」と「研究活動」のあいだには、何の隔たりもないと思っています。両者は互いに高め合うものです。私の授業では、学生たちの自主的な探究を重視しています。

もし学生が、私が十分に答えられないような質問をしてきた場合、私も学生と一緒にその課題を研究し、ともに学ぼうと努力しています。そうすることで、学生は独自の思考を身につけられますし、私自身も教科内容をより深く学ぶとともに、学生たちのことをよりよく知ることができます。

もちろん、よき研究活動と、よき教育活動のためには、教員が教科の内容について高度な知

バージニア工科大学キャンパスでのガリソン博士

識を持ち、かつ畏敬の念と謙虚な心を備えていることが必要不可欠です。

ヒックマン　研究と教育の相互関係、そして学生との共同研究の重要性については、私もガリソン博士と同意見です。

修士論文や博士論文の指導教官は、もちろん一般的には、学生に必須の、あるいは推奨する文献リストを渡します。確かに私もそうするのですが、私の場合、さらに学生にこう聞くことにしています。「私が読むべき文献のリストはありますか？　あなたが読んでいるもので、私が知っておくべきもの、それから私たちが一緒に参考にできるものはありますか？」と。

最近は、非常に限定された、専門的な分野

においてさえ、日々、新しい書籍や論文が出て溢れかえっていますので、もはや一人の人間がすべての文献をフォローすることなどできません。ですから学位論文は、共同作業にならざるを得ないのです。

これは、学部生の論文にも当てはまります。私としては、学生が何を読んでいるのか、インターネットでどういうことをしているのか、さらには余暇をどのように過ごしているのかさえも知りたいですね。そういうことのすべてが、効果的な教育の支えになると思っています。

池田 感動しました。ガリソン博士、ヒックマン博士のような教育者のもとで学べる学生は幸せです。

この点について、思い起こされるのは、ポーリング博士が私に語ってくださった、教育者としての信念です。

通常、著名な大学教授というのは、専門性の高い大学院の学生などを優先的に教えると思われがちですが、ポーリング博士は、本当に力のある教授こそが、むしろ新入生を教えるべきであると、常々、訴えておられました。

新入生の教育に全力で取り組むことで、学生も大きな啓発を受ける一方、教員も新しい発見をし、多くのことを学ぶことができる。ポーリング博士は、そう考えておられたようです。

遺伝子工学の世界的権威である、インドの科学者カティヤール＊博士と語り合った際も、このことが話題となりました。

博士は「私も、新入生の講義をもたせてもらいましたが、いろんな質問が出ました。それによって、結果的に私のほうが、彼らから多くを学ぶことができたと思います」と、ポーリング博士の卓見を高く評価しておられました。

ガリソン　ポーリング博士は、師弟の関係というものを深く理解されていたにちがいありませんね。仏教において、師弟が妙法の智慧を求めてともに努力するように、教員と学生もまた専門である化学の法則を学び抜くために、ともに努力しなければならない、と。

また、デューイがしばしば述べているように、教員が効果的な指導をするには、学生のことをよく知ることが不可欠です。そして、学生たちのことをよく知ったならば、今度は自身の専門科目の知識を彼らのニーズに合わせて再構築できるよう熟達していかねばなりません。

したがって、教員が専門科目を教える際には、学生たちを理解するだけでなく、彼らと自分自身との関係も理解する必要があるのです。そして最終的には、専門科目をよき教育のための手段として自由に再構築できる力量を備えなければなりません。このようにして師匠と弟子、また教員と学生は、意味と価値をともに創造していくのです。

「教育」と「研究」は不可分の関係

池田　非常に重要な視点ですね。ともに価値創造――ここに教育の真髄があります。

トインビー博士は、私との語らいのなかで、必ずしも研究者が同時に教職者である必要はないとされながらも、研究に没頭しているだけでは、人間生活全般の流れから孤立してしまい自らを隔絶してしまうことになる、と鋭く指摘されていました。

そして、「最も創造性豊かな学者」というのは、常に研究を他の活動と結びつけてきた人々であり、それらの体験から「洞察力と英知」を引き出すことができた人々であると語っておられました。(19)

「教育」といっても、「研究」といっても、本来、不可分の関係にあります。これは、どの大学でも直面する課題でしょう。

モスクワ大学のサドーヴニチィ総長*も、「モスクワ大学では、研究員にも教壇に立つ機会を設けるとともに、教員も研究の時間が取れるように、授業数をできるかぎり調整しています。運営上は、なかなか難しい課題ですが、これ以外の方法はないと思っていますので、努力しています」と語っておられました。

アメリカ創価大学で講義するヒックマン博士（2009年2月）

こうした具体的な工夫も、大学改革には不可欠な視点ですね。

ヒックマン　そのとおりですね。

それから、もう一点、ある程度、自信をもっていえることですが、学生たちの向学心を動機づけるものとして、私は、親からの〝強力なサポート〟と〝よき指導〟も大変に重要であることを指摘しておきたいと思います。

親は、子どもを金銭的に支援するだけでなく、できればそれ以外でも、大いに〝励まし〟という助力を与えるべきだと思うのです。

アメリカの社会学者たちは、子弟の成績が優れている家庭の例として、しばしばアジア系アメリカ人の家庭を挙げますが、こうした子どもの教育の成功例では、家族や友人たちの励ましが、明らかに大きな役割を果たしています。

池田　アジア系アメリカ人の家庭が教育に熱心であることは、私も実感してきました。そうした家庭に育った優秀な青年たちを数多く知っております。

家庭などの〝支援〟や〝励まし〟の力が大きいという点は、大切なご指摘だと思います。

以前にも指摘しましたが、日本では高度成長期に若い働き手が地方から都市部に流入したこともあり、夫婦と子どもだけで暮らす家庭が増えて、核家族化が進みました。そして、昔の大家族にあったような家族間の交流が希薄化しました。

地域の人々の結びつきも弱まり、大人たちが自然のうちに地域の子どもたちに触れ合い、励ましてあげる機会も少なくなってきました。

その意味で、子どもの教育の向上のためには、家庭や地域で励ましを送りゆく、豊かなコミュニケーションを構築するための創意工夫が、ますます重要であると考えております。

ガリソン　デューイは、『公衆とその諸問題』という有名な著作のなかで、次のように述べています。

「連携とか連帯による活動は、ある共同体を創出するための条件である。しかし、そうした活動それ自体が物理的・有機的なものであるのに対して、共同生活は精神的な要素を含むものであり、感情や知性や意識からの強い働きかけを受ける[20]」

彼のこの所見と、以下の叙述は、深遠かつ哲学的な手がかりになると思います。

「最も深く豊かな意味において、共同体とは常に顔と顔を突き合わせての交わりでなくてはならない。だからこそ、さまざまな欠陥があろうとも、家族や近隣が常に養育や育成の主要な場所なのである。それらを通して、子どもの気質が安定的に培われ、人格の根っことなる思想や理念が養われていくのである[20]」

しかしデューイは、この著作のなかで「〝顔と顔を突き合わせた共同体〟を再構築できるかどうか——その見込みについては、我々の考察の範囲外である[20]」と認めています。

つまるところ、これらの具体的な問題については、地域共同体の人々が自分たちの経験を通して、自分たちで解決の道を見つけ出さねばならないのです。さらに、ある共同体ではうまくいくことも、他の地域ではうまくいかない場合もあります。とはいえ、問題意識をもった地域の人々が相談できる、十分に訓練を積んだ専門家はいるものです。

今、新たに台頭しつつある「共同体の形成」という研究分野は、今後、大きな貢献が期待できます。この分野の専門家たちは、家庭や共同体、そして地域全体と意思の疎通をはかり、各家族の重要性とともに、その地元の伝統的な信条や価値観を学ぶことがきわめて大切であることを心得ています。彼らはまた、倫理や精神性が、とりわけ大事であることも知っています。

銃乱射事件の背景

池田　教育の発展のみならず、地域の再生を考えるうえでも、家庭や地域の共同体が十分に意思疎通をはかり、協力していくことは非常に重要ですね。

この地域の問題と関連して、大学教育が直面する課題について、社会的側面から、もう一歩踏み込んで考えてみたいと思います。

日本では昨今、大学を舞台にした犯罪や暴行事件や不祥事が相次いでいます。とくに、大学生への薬物汚染の広がりは深刻さを増しています。

さらには、他者とのコミュニケーションがうまく取れずに、「うつ」や「ひきこもり」になる学生も増え、大学は学生たちのメンタルケアにも対応していくことが要請されています。

ガリソン博士が教壇に立たれているバージニア工科大学では、二〇〇七年四月十六日に、あまりにも痛ましい銃乱射事件が起きました。

〈二十三歳の男子学生が、大学の構内で銃を無差別に乱射し、学生や教員など三十二人を殺害。その男子学生も自殺した〉

この凄惨な事件に、世界の人々が震撼し、大きな衝撃を受けました。

これからの教訓のために、この事件について、敢えて尋ねさせていただいてよろしいでしょうか。

ガリソン博士は、事件が起きたとき、どこにおられ、第一報を、どのように聞かれましたか。そして、現在、あの事件については、どのように考えておられますか。

ガリソン　事件当日、私は地元を留守にしていて、全国放送のニュースで、初めて事件のことを知りました。もし現場にいたら、多くの同僚がそうだったように、私も研究室の窓から事件を目撃していたことでしょう。

あまりにも身近な風景のなかで起きている事件でしたので、その様相はテレビを通して見ていても、ぞっとするほど凄惨なものでした。

バージニア工科大学で起こった悲劇の深奥部には、アメリカ社会の本質的な問題が内在しています。

つまり、アメリカ人はあまりにも孤立し、個別化して個人主義へと走った結果、明らかに深刻な精神障害と認められる者が出てきても、社会福祉などの行政サービスでは対応できなくなっているのです。

バージニア工科大学の英語学科主任だったルチンダ・ロイは、そのことを彼女の近著『沈黙は間違いだ』*（邦訳仮題）に綴っています。

沈黙していることは、いじめであれ大量殺戮であれ、暴力の最大の味方となってしまうのです。

池田　そのとおりですね。人々がもっと協力し、互いに積極的に関わり合う社会を築くことが必要です。人々が互いに無関心な社会は、それだけ危険で脆弱な社会になってしまいます。

ガリソン　実はロイは、この事件が起きる前に、世界的に有名な詩人ニッキ・ジョバンニ教授から、乱射事件の犯人の男子学生をクラスから除外するように命じられていました。

しかし彼女は、その後も、男子学生への一対一の指導を続けていました。彼が周囲の人にとって、そしてたぶん彼自身にとっても危険な存在であったことは、彼の書いたものや日頃の行動から容易に推測できたことでした。

その後、男子学生はカウンセリングを受けるように裁判所から命じられましたが、それを見届ける者はなく、本人も命令に従いませんでした。

ロイの見解によれば、これは文化的な悲劇であるばかりか、制度的な悲劇でもありました。

現代の大学は、あまりにも複雑化し、技術偏重に陥っていて、大学の運営も経済効率や技術効率を重んじるあまり、さまざまな問題に十分な目配りができず、危機に際しても心のこもった対応ができなくなっているのです。

池田 非常に深刻な問題であり、大学教育への重大な警鐘でもありますね。

大学として、その後、さまざまな対応がなされたと思いますが、どういう点が変わっていきましたか。

ガリソン あの悲劇が起こってからというもの、治安や情報伝達、そして精神衛生面のサービスなどは改善されました。

しかし現実には、連邦や州の法律によって、個人の権利への干渉はきわめて困難です。例えば、バージニア州議会では、全国的な「銃」の擁護団体の圧力により、銃器所持取締法を改正する法案は阻まれました。

アメリカという国家は、多くの近代国家と同じく、憲法上、個人の「責任」ではなく「権利」に基づく国家なのです。合衆国憲法の最初の十の修正条項は、よく〝権利章典〟と呼ばれますが、そのうちの六つは、明確に「諸権利」あるいは「……の権利」という文言を使っています。その他の修正条項においても、少なくとも六つが、明らかに「権利」に言及しています。「責任をもつ」あるいは「責任」という言葉は、修正条項のどこにも見当たりません。

大学と地域の交流

ヒックマン　バージニア工科大学での悲劇的な事件の後、私の南イリノイ大学でも、新たにカウンセリングと安全策が強化されました。

一般論として明らかなのは、各学校や高等教育機関には、しっかりとした精神面のセーフティーネットが必要であること、また学生たちにも、友人たちの精神面での健康の危機について注意の払い方や報告の方法を教える必要があるということです。しかし、誠に遺憾なのは、アメリカの立法府の議員のなかには、こうした悲劇を利用して自分たちの政策を推し進めようとする者がいることです。

例えば、私の故郷のテキサス州では、州議会がカウンセリング・サービスの財源を強化するどころか、大学のキャンパスで護身用に武器を隠し持つことを許すという法案を提出しました。これは誤った方向への一歩であるといっても、まだまだ控えめな表現にすぎないでしょう。なにしろ、多くのキャンパスでは、アルコール類が乱用されているという現実があるのですから……。

ガリソン　前向きな動きを挙げれば、バージニア工科大学には、新たに「平和研究・暴力防止センター」が設けられました。このセンターの中心者は、あの四月十六日（二〇〇七年）の事件当日に、夫人を亡くされた教授です。

また新たに、「学生参加・地域提携センター」も創設されました。このセンターは、地域社会のニーズに合わせて、多種多様な才能をもつボランティアを臨機応変に手配し、適切な助言も与える機関です。

池田　一つ一つ具体的に取り組んでいくことが大事ですね。大学と地域が、よりよい協力関係を築くことは、学生の健全な成長と、地域社会の活力ある発展のためにますます重要です。

日本の創価大学でも、数年前から学生たちが自主的に大学周辺の地域で防犯・安全を呼びかける活動などを始めるようになりました。それによって学生たちの絆も深まり、地域の方々からも大変に感謝されているようです。また、一般市民を対象にした公開講座や地域に開かれたイベントも活発に開催しています。

アメリカ創価大学でも、地域の多様な文化の交流の祭典である、インターナショナル・フェスティバルの開催をはじめ、地域の人々との触れ合いを大切にしています。

地域に開くことで、大学も地域のもつ伝統や文化の力を、より幅広く取り入れることができます。そして、市民との交流の幅を広げることもできるでしょう。地域の人々にとっても大きな啓発と刺激となって歓迎されるはずです。

創価大学としても、さらに地域との交流を深めていきたいと思っております。

5　二十一世紀の大学の使命

「ヒポクラテスの宣誓」

池田　誓いを貫き通す人生は尊貴です。荘厳な夕陽のような輝きを放ちます。

パグウォッシュ会議*の議長として、長年、「核兵器の廃絶」のために尽力された物理学者のロートブラット*博士が、まさにそうでした。

博士が、アメリカ創価大学での講演をはじめ、さまざまな機会に訴えておられたことがあります。

それは大学に学び、科学など専門知識を身につけた者は、「ヒポクラテスの宣誓」*を行って卒業していくべきである、との主張でした。

学問を修めた者は、その知識を自らの倫理と責任に基づいて、人類や社会のために正しく用いていくことを誓うべきである――博士の叫びには、「核兵器」を生んだ〝倫理なき科学〟への痛恨の思いが込められていました。

歴史家のトインビー博士も、「知的職業の訓練を受けたすべての者が『ヒポクラテスの宣誓』を行うべきです(19)」と強調されていました。

お二人は、この点については、どのようにお考えになりますか。

ヒックマン　「ヒポクラテスの宣誓」のような誓いを立てることは、科学に携わる者にとって、自身の研究や仕事が、社会の〝価値〟と深くつながっていることをあらためて認識させてくれる素晴らしいきっかけになると思います。

残念なことに、教育者でさえ、いまだに多くの人が〝科学とは事実のみに関わるもの〟と考えています。しかしもはや、そのような考えは許されない時代になっているのです。

科学の法則とは、〝その実験的確証が再現可能かつ検証可能なもの〟という意味において客観的であるとの考え方は堅持すべきですが、科学者自身が、しばしば最重要の価値判断を迫られることも事実です。

ですから学生たちが、〝倫理面における訓練は、自身の専門分野にとって、単に関わりがあるだけでなく、むしろ不可欠な部分である〟と認識することがきわめて重要です。

ガリソン　ロートブラット博士とトインビー博士の洞察は賢明であると思います。また私は、

ロートブラット博士と会見する池田 SGI 会長（2000 年 2 月、沖縄）

池田会長が世界的な規模で核兵器の廃絶を唱導されていることもよく存じております。

「ヒポクラテスの宣誓」は、あらゆる学問の分野で尊重されるべきでしょう。

一番目は、〝この医術を私に教えた人を我が親のごとく敬う〟という誓いです。弟子は常に師匠を敬うべきであり、それは師匠が常に弟子を尊重すべきであるようにです。

二番目は、〝いかなる人にも害となる治療を施さない〟ことを医術者に訴えています。

もし、芸術や科学などあらゆる分野の実践者が、すべて同じようにこの原則に基づいて誓いを立てたならば、そのときこそ世界の平和を実現できるでしょう。

教養教育の特質

池田　この「ヒポクラテスの宣誓」が求めている人間の資質――その大きな土台を育むものが、「教養教育」ではないかと、私は思っております。

真の「教養」とは、より人間らしく生きていくための基本的な力です。「自分自身を、より人間らしく変革するために学ぶ」のが教養教育です。

学問の知識は、即知恵ではない。知識を使いこなす知恵があってこそ、豊かな価値を生みます。知識とともに知恵を育んでいくのが「教養教育」の目的です。それは、人生と社会に新しい価値を創造する力となるでしょう。

アメリカ創価大学は、リベラルアーツ・カレッジ――教養大学として出発しました。これは、専門知識に限定するのではなく、他の学問との関係性を深め、より総合的に学ぶことを目指しています。開かれた心と、より高い倫理観、そして優れた教養と知恵を身につけた全体人間を育てていくためのものです。

ヒックマン　池田会長は、リベラルアーツ教育の長所を実に見事に表現されました。私としては、これ以上、何かを付け加えるのは難しく感じます。

私自身、リベラルアーツの大学に学び、また三十五年にわたり哲学科で教えてきました。その間の素晴らしい経験と成長の機会に、私はいつも感謝しています。

ある調査結果によれば、リベラルアーツ・カレッジの卒業生は、限られた専門分野の訓練を受けた学生より、いち早く頭角を現す傾向があります(21)。

さらにいえば、「哲学」のようなリベラルアーツの学問は、その後に学ぶ「法学」など、専門分野の研究において成功を収めるための最高の土台となっているのです。

デューイは、そのことをよくわきまえていました。リベラルアーツの教育には、単なる訓練以上のものがあります。

「リベラルアーツ」とは「学び方を学ぶ」ものであり、生涯学習にとって必要な知的基盤をいかに伸ばすかを学ぶ教育なのです。

池田　牧口会長も「教育は知識の伝授が目的ではなく、学習法を指導することだ。研究を会得せしむることだ。知識の切り売りや注入ではない。自分の力で知識することの出来る方法を会得させること、知識の宝庫を開く鍵を与えることだ(10)」と主張しました。

大学教育というと、専門課程に目を奪われがちですが、私は「教養教育」に、まずその特質があると考えています。

文豪ゲーテは「あらゆる偉大なものは、われわれがそれに気がつくやいなや、われわれを形成する」[22]と言いました。彼のいう「形成する」は、ドイツ語の「bilden（ビルデン）」で、名詞形の「Bildung（ビルドゥング）」は「教養」を意味します。この言葉も、教養教育の大切さを象徴するといってよいでしょう。

デューイ博士は、〝学生は大学に学ぶことで、自分が興味を惹かれるもののなかで、何が価値をもち、何が優先され、どのようなバランスを保つべきかを学ぶのだ〟と大学教育を位置づけました。[18]

「人生における最も大切な価値は何か」「その判断基準は何か」ということを考える土台となるのが「教養」です。教養教育が衰退し、教養が単なる飾りになってしまうことは、この基礎が手抜き工事であるのと同じです。

そうなれば、人間も社会も、根本とすべき価値観を見失ってしまう。知識があっても、教養がなければ「真の知識人」とはいえない。大学は、あくまでも「教養ある知識人」を育成することが原点であったはずです。

ガリソン　デューイは、〝内的善としての精神と自我を発展させる純粋な知識を学ぶ教養教育〟と、〝外的善としての専門的で実用的な研究のための教育〟とのあいだに、二元性があってはならないと主張しました。
一般的に、彼がしばしば言ったように、いわゆる純粋な知識は支配階層である有閑階級に結びつき、実用的な知識は彼らに仕え従う下層労働階級に結びつく、と考えられてきました。自然科学は、この二元性を打ち破るのに役立ちましたが、それでも私たちの社会は、いまだに学生のための内面的な価値を生み出そうとする学問——いわゆる一般教養課程と、社会のための外在的な価値を生み出そうとする学問——いわゆる職業教育とを分離しようとしています。
これに対してデューイは、自我とその行為は「互いに影響し合う統一体」（トランザクショナル・ユニティ）であると信じていました。個人においてはもとより、社会においても、考えることと行うことを分離することはできません。唯一、意味のある区別は、行為が知的なものであるか否かだけではないでしょうか。

池田　そのとおりですね。教育の本来の目的も、統一のとれた健全な人間の成長にあります。健全な生命と人格を育む、全人教育こそが求められているのです。

ガリソン　私たちは、この世の中の目に見えるさまざまな〝行為〟を通して、現在の自我や精神を表現し、同時に未来の自我や精神を形成していきますので、現在と未来の自我や行為のあいだに区別は存在しないのです。

真にリベラルな教育とは、〝人間を自由にする教育〟です。もし適切な指導がなされるなら、どんな教育もリベラルな教育となるはずです。

私は、そうした真にリベラルな教育の概念を、価値創造の創価教育の実践のなかに見るのです。創価教育の諸機関では、学生や生徒たちが他の人々の手助けをしながら、自己を成長させる方法を学んでいます。

平和の探求とは、外に向かうものですが、それは同時に、自身に「利の価値」をもたらし、世界に「善の価値」をもたらすのです。真の人間主義は、存在や知識を行動から分離するものではありません。

グローバル化時代の教育のあり方

池田　創価教育への深いご理解に心から感謝します。人間が成長するうえでの「自己」と「社会」、「精神」と「行動」の連関性を重視するデューイ博士の視点は、まさに教養教育のエッセンスといえましょう。

そこで、是非ご意見をお伺いしたいのが、今日のグローバル化時代における「新しい教育」のあり方です。異なる国や民族の価値観や文化を理解し、そこから謙虚に学び、価値創造しゅくことを教える教育――「世界市民教育」と呼べるようなプログラムが、さらに求められています。

その一つとして、建設的な未来を志向した、グローバルな視点からの「歴史教育」も必要であると私は考えます。

例えば、日本は第二次世界大戦中、アジア諸国を侵略し、多大な犠牲と被害を与えてしまいました。そうした歴史から目をそらすことなく、二十一世紀の新たな友好関係を築くために、真摯に努力する姿勢を身につけることが、ますます重要と考えます。それでこそ日本は、真にアジアの人々から信頼を得られるのではないでしょうか。

デューイ博士は、「歴史を現在の社会生活の諸様式や諸関心から切り離すと、歴史の生命を殺すような断絶が起こる(23)」と指摘しました。そして、「地理」と「歴史」という学問は、「直接的な個人的経験の意味を拡大させる」ための重要な学校教育の手段であり、「地理」は自然的関連を明らかにするが、「歴史」は人間的意味を明らかにするものであると述べています(23)。

戸田会長も「歴史を学ぶことは、史観を養うことだ」とよく言われました。過去の歴史に学びつつ、事象の本質を鋭く見抜く眼を養ってこそ、現在の具体的事柄を鏡として、未来を展望することができます。その意味からも、歴史教育は教養教育において不可欠であるといえるでしょう。

ガリソン　同感です。

牧口会長は、常に個人的な事柄や特定の事柄、また具体的な事柄から論理を展開されました。デューイもまた、具体的な特定の事柄から抽象的で普遍的な事柄までを推論し、その抽象的な概念を具体的な実践のなかで確認すべきことを主張しました。

したがって、歴史を教えるにあたっても、牧口会長やデューイが地理を教えたのと同じような方法を取るべきだと思うのです。

つまり、歴史は〝時間〟に対応し、地理は〝空間〟に対応する科目です。歴史は、さまざまな物語から成り立っています。私自身、歴史を教える際には、個人の経歴のなかで起こった何らかの出来事から始めています。そこから、学生たちの個人的な物語と、彼らの家族の物語とを結びつけていくのです。

学生たちに両親や祖父母にインタビューさせることが、家族の歴史を知る手助けとなります。自分の家族の歴史を知ることで、それを両親や祖父母の生涯に影響を与えた自国の歴史に結びつけやすくなるのです。

そこから世界の歴史へと移行するのは、たやすい作業となるはずです。

池田　それは、大事なポイントですね。

　ガリソン博士がいわれたように、個人の人生に即して時代を捉えていくことは、より深く歴史を学ぶことに通じ、青年にとってかけがえのない体験となります。

　次元は異なりますが、創価学会の青年部は、家族や身近な方々への聞き取りなどを積み重ねて、市井の人々の戦争体験を出版し、後世に残す取り組みをしてきました。この反戦出版シリーズ『戦争を知らない世代へ』は、全八十巻に及びました。

　この記録のなかには、原爆の被爆者など戦争被害の体験とともに、従軍して戦争の加害者とならざるを得なかった体験も赤裸々に収められています。そこには戦争の悲惨さ、残酷さの痛切な叫びがあり、戦争の愚かさを複眼的に学ぶことができます。

ヒックマン　八十巻もの『戦争を知らない世代へ』の出版のお話を伺って、大変に勇気づけられる思いです。確か、スペイン系アメリカ人の哲学者であるジョージ・サンタヤーナ＊の言葉だったと思うのですが、〝過去の記憶をとどめられないものは、過去の過ちを繰り返すべく運命づけられている〟と戒めています。

　私たち教育者は学生に、戦争の恐ろしさ——暴力がもたらす途方もなく残酷な荒廃を忘れないよう教え続けなければなりません。それが、私たちの仕事の一つでもあります。

もう一つの仕事は、学生たちが他の文化、とくに自分たちとは最もかけ離れた異文化とのあいだに、共感と理解の架け橋を築く手助けをすることです。

デューイは、地理と歴史はあらゆる学科のうち最も重要な科目であり、それは多くの学科がこの二科目から放射されるからだと書いています。(24)学生たちが、もし自国やその文化をより広い視野から理解していくならば、新しい創造的なかたちで、さまざまな民族や思想を捉えることができるようになるでしょう。

デューイのプラグマティズムは、実際的な経験を重視するものでした。それは今日でもなお、地球市民を育成する有効な手立てとなるものであり、グローバルな「公衆」(public)を形成する方途を示してくれます。

このグローバルな「公衆」の基礎となるのは、内面的には関心と目標を共有することであり、外面的には志を同じくする人々との連携や同盟を築き上げることができる能力です。こうしたプロセス全体の底流には、重要な実験主義的要素があります。科学的手法は普遍的に応用できるものであり、それが実行されれば、不信という亀裂の架け橋となれるのです。

プラグマティストで社会福祉事業家のジェーン・アダムズは、前にも述べたとおり、シカゴの「ハル・ハウス」というセツルメント・ハウス(隣保館)で活躍しました。彼女の取り組み

ジェーン・アダムズ ©PPS

もまた、〝最も困難な状況下で生きる、最も多種多様な人たちのあいだでさえ、共同体を築くことができる〟という見事な範例を示すものです。

デューイ自身は、進化論的な自然主義の側に立っていました。つまり彼は、世界を分断的に捉える超自然主義*の説くドグマを認めず、世界の諸民族がもつ共通性を強く主張したのです。デューイによれば、そうした共通性は、グローバルな「公衆」を生み出す基盤となりうるものでした。

彼はまた、穏健な文化相対主義の思想——つまり善かれ悪しかれ、文化間の相違こそが重要であるという考え方——を受け入れていました。

そのため、世界の諸文化の優れた特質はあまりにも豊かで多彩であるので、たった一つの原理や一連の原理をもって理解や判断ができるものではないという、明白な事実に気づいていたのです。

デューイが述べているように、〝知る〟だけでは意味のない領域もあります。それは、異なる文化の音楽や料理などを楽しむという、より基本的な〝経験〟の領域です。

国際交流は異文化理解と平和の土台

池田 おっしゃるとおりですね。そうした経験は、新しい発見をもたらし、相互理解を深め、価値を創造しゆく大切な力となりますね。

とくに近年では、グローバルな視野をもち、多様な価値観から学ぶ姿勢を身につけることが、「教養教育」の大きな役割の一つとして期待されています。

その意味からも、教養教育の基礎となる、幅広い「読書」と「語学」の重要性も強調しておきたいと思います。

読書は、実用的な知識の習得とともに、古今東西の名著との出合いを通して、時代や国の多様性を超えて人間がもつ「大いなる普遍」に触れることを可能にしてくれます。

そして語学は、いうまでもありません。私は、語学の重要性について、創価学園や創価大学でも繰り返し訴えてきました。言葉こそ文化の精髄であり、他国の言語を学ぶことは、その言葉を話す人々の〝価値観〟や〝考え方〟を学ぶことにも通じるからです。

読書と語学は、相手の側に立つグローバルな視野を育んでくれます。

私は、戦争中に青春時代を過ごしたため、英語は敵性語とされて学ぶことを許されませんでした。しかし、そのことをどれだけ悔いているか。私の人生における大きな後悔の一つです。

創価大学は若い大学ですが、世界四十四カ国・地域、百二十一大学（二〇一三年現在、四十七カ国・地域、百四十二大学）との国際交流を進めており、毎年、多くの学生が海外の交流校で学び、各国の留学生が、創大のキャンパスに来学します。

前にも触れましたが、アメリカ創価大学（SUA）でも、一学期間を海外の大学で学ぶプログラムなど国際的な交流の体験は、学生の成長を促す大きな啓発の機会となっております。

お二人が教壇に立たれている大学は、創価大学の大先輩です。是非、アドバイスをお願いいたします。

ガリソン　バージニア工科大学も、国際色豊かな大学です。その強力な国際交流を中心的に推進しているのが、「クランウェル国際センター」です。このセンターは、千四百人以上に及ぶ世界からの留学生を援助し、彼らの地域活動や教育・文化・社会的な交流活動の一大拠点として機能しています。同センターは、留学生やその家族がアメリカの生活に適応できるよう手助けをするとともに、アメリカの学生たちが本学の国際友好プログラムを通して諸外国を訪問する際にも支援を行っています。

バージニア工科大学は、ドミニカ共和国、スイス、エジプト、インドに研究センターをもっています。また、七十以上の交換留学生プログラム、三十以上の教職員主導のプログラムを提供しています。

これに加えて、先ほど池田会長が指摘されたような語学の研修や、グローバルな視野に立った一般教養を重視して、国際研究の学位を提供しています。

一方、農学と工学分野での国際的なリーダーとして、世界各地にコンサルタントを派遣するとともに、各国からの来訪者を頻繁に受け入れています。バージニア工科大学は、このように国際的な使命の遂行に力を尽くしつつ、工科大学として経済活動にも重点的に取り組んでいます。

しかし、創価教育の不可欠な要素である「人間教育」「平和教育」という面では、本学は残念ながら、まだ十分な取り組みがなされていません。

ヒックマン　創価大学は、その強力な国際交流プログラムによって高い評価を得ていますね。

南イリノイ大学カーボンデール校にも、充実した「国際交流サービス」があり、現在、百五十を超える大学と交流協定を結んでいます。オーストリア、コスタリカ、イギリスとのあいだには、一学期に及ぶ長期間の交流プログラムがあり、またガーナ、エジプト、イタリア、ギリシャ、ドイツ、その他の国々とも二、三週間のさまざまな短期交流プログラムがあります。これらのプログラムは、本学の評議委員会から継続的に査定を受けています。

二〇〇八年と〇九年度には、六十五人のフルブライト（奨学金）研究者*を受け入れました。また本学には、「第二外国語としての英語センター」や「世界メディア研究所」があるほか、中国語・フランス語・ドイツ語・日本語・スペイン語・アメリカ式手話による教授や、外国語と国際貿易の両方を学ぶ学際的な専攻プログラムもあります。

さらに南イリノイ大学カーボンデール校の「デューイ研究センター」では、過去十五年間に、三十カ国から百三十人以上の客員研究員を受け入れましたが、うち五人はデンマーク、ロシア、中国、ポーランド、マケドニア共和国からのフルブライト研究者でした。

池田　それぞれの大学が、壮大な広がりをもって輝かしい実績を積んでこられたことが、よく分かります。

ヨーロッパにおいて、何百万人もの留学や学生交流を実現してきたエラスムス計画*やソクラテス計画*のように、学生の国際交流の促進は相互理解と信頼を深め、平和の基盤を築くための大きな力となってきました。

デューイ博士は、子どもたちをヨーロッパに旅行させ、異文化を体験する機会を与えました。若い頃に世界に開かれた眼は、人間の視野を大きく広げ、異なる文化や多様な価値観から自然に学ぶ心を育んでいくものです。

いわんや、二十一世紀のグローバル化された時代に、青年たちの異文化理解の土壌を耕していくことは、これからますます重要な大学の使命となるのではないでしょうか。

他の文化を学ぶことは平和の種を蒔くこと

ガリソン　デューイは、あるものの可能性が、ひとりでに開花するという考え方は認めませんでした。可能性の開花には、〝縁起〟のような何かが必要だと考えたのです。異なるものと相互に影響し合うことによってのみ、すべてのものは初めて「個」としての可能性を発揮できるのです。

同じことが、人間にも国家にもいえます。つまり、私たちは異なる文化を許容するだけでなく、さまざまな差異を世界の繁栄と成長に必要なものとして、積極的に評価しなければならないということです。

真にリベラルで人間主義的な大学教育は、〝平和〟と〝理解〟という二十一世紀の新たな地球的価値観を創出していけるよう、あらゆる差異を包み込み、育てていかねばなりません。

創価教育は、まさにこのグローバル化の世紀に必要とされる価値創造の教育です。このたび、新たに就任された駐日中国大使の程永華氏（二〇一〇年二月着任）は創価大学の卒業生ですね。その淵源が、池田会長が日中間の不信の壁を破ろうと尽力されていた一九六〇年代にまで遡ることを存じ上げています。

池田会長が最初に日中の国交正常化を訴えられたのは、一九六八年（昭和四十三年）、約二万人の大学生が集った会合でのことでしたね。これこそ、真に世界的な使命を担う大学が、国際関係の改善にどれほどの貢献ができるかを示す見事な模範です。

ヒックマン　私も、池田会長が述べられたことに、心から賛同します。

二十一世紀の大学が、その存在意義を保ち、使命を果たしゆくには、海外留学プログラムや交換留学制度などの国際的な取り組みを強化しなくてはなりません。先ほど言及されたエラスムス計画は、細かな実施上の問題点はいくらかはあるものの、異文化理解という次元では、すでに大きな成果を出しています。もし世界の諸大学が、交換留学制度のために大規模で持続的な努力を傾けていたなら、二十世紀の惨事の多くは避けることができたかもしれないと私は考えています。

他の言語を学ぶことは、他の文化について学ぶことであり、他の文化を学ぶことは、平和の種を蒔くことです。これは、似通った文化や価値観をもつ国々のあいだでも大事なことです。最近も、スペインと中南米諸国のあいだで、交換留学を推進するエラスムス計画のような仕組みが企画されていると聞いて、大いに意を強くしたところです。

「創立の精神」の意義

池田　青年時代に、異なる文化や価値観に触れ、その素晴らしさを学ぶことの大切さは、どれほど強調してもしすぎることはありませんね。

今、お話があったとおり、二十一世紀の社会は、大学と大学の交流を機軸としながら、揺るぎない平和のネットワークを断じて創り上げていかねばならないと思っております。

次に、大学における「創立の精神」の意義についても伺いたいと思います。

私はこれまで、ハーバード大学やモスクワ大学、オックスフォード大学をはじめ、世界の多くの大学を訪れ交流してきましたが、そのなかで感じたことは、それぞれの大学が「創立の精神」を大事にしていることです。「創立の精神」が深く根づき、学生に浸透している――そうした伝統と歴史は、大学の貴重な〝宝〟であり、〝生命〟であるといってもいいでしょう。

時代の波濤を超えて鍛え上げられ、長く引き継がれてきた「創立の精神」には、大学のよき伝統や精神風土を育む根幹の力があります。

これは大学だけに限った話ではなく、どのような団体であれ社会であれ、「原点」を忘れず、その根本の精神に常に立ち返りながら進むところには、必ず成長があり発展があります。

創価大学では、「人間教育の最高学府たれ」「新しき大文化建設の揺籃たれ」「人類の平和を守るフォートレス（要塞）たれ」を、建学の三精神として掲げました。そして、この精神の実現とともに、「学生中心」「学生第一」の大学を志向しています。

多くの卒業生たちも、この建学の精神を胸に、社会貢献の人生を目指して活躍しています。また卒業生が同窓のネットワーク組織を作り、母校の発展にさまざまな面で寄与してくれています。さらには、卒業生が後輩の育成や進路指導、アドバイスなどのため、時間をこじ開けて母校に通う姿もあります。

私のもとには、日本をはじめ世界各地の卒業生から、連日、数多くの便りが届きますが、卒業生たちが大学時代の理想と決意のままに生き生きと活躍する姿に触れることほど、創立者として嬉しいことはありません。

ガリソン　伝統の継承は、複雑で難しい問題です。もちろん、儀式や記念の行事も大変に重要ですが、創価同窓の皆さんのように、緊密な同窓会に見られる先輩・後輩の絆を通して、それが創立者から在学生へと継承されていくことも大切です。

それでもなお重要なのは、「創立の精神」そのものです。未来の世代に、伝統精神の何を一番に伝え、何を伝えないかにもよりますし、それは創立者の叡智に負うところが大きいと思います。

その点、日本の創価大学とアメリカ創価大学は、本当に幸運だと思います。しかも、両大学の今の世代の学生たちは、創立者の謦咳に接し、個々人の人生においても、また大学という組織としても積極的に交流をはかってくれる師がいるという幸運に恵まれているのです。

こうした師弟の絆の大きな輪のなかで、池田会長も、かつて恩師の戸田城聖氏から学ばれたのと同じように、今の若い世代からも学び、成長していると感じておられるのではないでしょうか。

実際、戸田城聖氏は、池田会長の心の中に、今も生きておられます。そして、学生や卒業生のなかにも生きておられるのです。彼らの活躍を知ることが、何よりの喜びとおっしゃられるのも、よく分かります。

私たちのバージニア工科大学のモットーは「さあ奉仕しよう」（ラテン語のウト・プロシウム）です。土地付与大学*（ランドグラント・ユニバーシティー）として出発しましたので、とりわけ州への奉仕、国家への奉仕、また近年では世界への奉仕が強調されており、その伝統は今も脈々と継承されています。

またバージニア工科大学は、創立当初から技術面を重視しており、実用的な教育の促進を通して、農業・商業・工業の発達への寄与を目指してきました。この方向性は、大学の綱領や指導要綱に常に謳われています。しかし、その教育を〝人間を自由にするもの〟にすることには、必ずしも成功していません。

また、私たちの大学の歴史には、実は軍事的な側面もあります。創立時の一八七二年には、学生全員が元南軍将軍の指揮下にあり、士官候補生の部隊に所属していました。さらに一九七三年には、アメリカで初めての女性士官候補生を、その部隊に受け入れました。バージニア工科大学には、今も制服姿の士官候補生の大きな組織があり、この伝統は本学の校風全体に浸透していいます。

また、この士官候補生部隊の同窓会は、大学を強力に支援しています。バージニア工科大学には活発な同窓会組織があり、卒業生たちは財政的にも知的にも社会的にも、大学に寄与しています。例えば、先ほど申し上げた「クランウェル国際センター」は、一九八六年にウィリアム・クランウェル家から寄贈されたものです。

自らの過去を理解せず、過去に誇りをもたない大学には、未来はないといえましょう。しかし、創立の伝統のうち、何を維持し、何を変革すべきかについては、それぞれの世代が問うべき課題であると思います。

ヒックマン 創価大学の建学の三精神である「人間教育の最高学府たれ」「新しき大文化建設の揺籃たれ」「人類の平和を守るフォートレス（要塞）たれ」は、とても興味深く、かつ触発に富む理念です。

これら三つの理念は互いに関連し合っていながら、それでいて互いに異なっており、それぞれがユニークです。その創立の精神は、アメリカ創価大学（SUA）にも流れ通っていますね。

例えば、「人間教育の最高学府たれ」とは、およそ考えられる最高峰の大学となることを示唆しています。SUAには、すでにそれを達成しつつあることを裏付ける証拠があります。

最近の「ＵＳニューズ」誌のリポート*によれば、ＳＵＡはカリフォルニア州のリベラルアーツ大学の上位十校にランクされています。これは、開学が二〇〇一年という、創立後、いまだ日の浅い大学としては、実に目覚ましい偉業といえます。

　創立者の池田会長が、卓越したビジョンのもと、献身的に力を注いでこられたこと、そして比類なき学問の機会を創り出そうとする、ハブキ学長の尽力が大きいと思います。例えば現在、ＳＵＡでは教師と学生の比率が一対九となっていますが、これは多くの高等教育機関が羨むところです。

「新しき大文化建設の揺籃たれ」――この理念は、ＳＵＡの同窓生のネットワークを想起させます。それは、彼らが社会へ出て実業界や産業界や政界に身を置いた後も保ち続けることのできるつながりであり、〝共通の価値観〟と〝共通の挑戦〟で結ばれた、国や地域を越えたネットワークです。国家主義的ではなく、国際的でグローバルな新しい文化の創造とは、誠に素晴らしい大志であり、ＳＵＡが基盤とする平和と対話という価値観を反映するものです。

　そして第三の理念、「人類の平和を守るフォートレスたれ」は、ＳＵＡとその姉妹校が拠って立つところの、より広範な価値観を想起させ、その達成に向かっての挑戦を鼓舞するものです。これは人類の存続と繁栄にとって、大変に重要な点です。

これら三つの理念はともに、大学というもののあるべき姿とその可能性を思い起こさせてくれる、素晴らしい道標となりましょう。

6 世界市民の要件と教育

平和と人権のために行動する青年たち

池田　ニューヨークは、地球社会の縮図ともいえる世界都市（コスモポリス）です。世界市民を育む最先端の教育の都であり、デューイ博士が活躍された、ゆかりの天地でもあります。

私どもＳＧＩ（創価学会インタナショナル）のニューヨーク文化会館は、二十世紀の初頭、人々に広く開かれた市民教育のための学校――「ランド・スクール」（ランド社会科学学校）として利用されていた歴史的な建物です。デューイ博士が、七十代の頃、この学舎で七回ほど講義されたことも記録に残されています。

二〇〇二年には、この文化会館で、デューイ博士の没後五十周年を記念する行事が開催され、ヒックマン博士が意義深い講演を行ってくださいました。あらためて感謝申し上げます。

ヒックマン　デューイはランド・スクールの事業を大いに支援していました。この学校は、労働者に幅広い教育を提供するために創設されたものです。現在、その建物が、世界市民教育を推進するSGIの活動の場となっていることを、デューイもきっと喜んでいるでしょう。

池田会長が今、おっしゃられたように、彼は一九三〇年代にこの場所で、「教育と社会の進歩」「政治と文化」「目的についての問題」などをテーマに何度か講演を行っています。

デューイが七十年ほど前に講演をした同じ場所で話をする機会を得たことは、私にとって大変に光栄でした。この記念行事には、イタリアや日本など遠方からの参加者もあり、民主主義と教育の進歩に尽くしたデューイの功績を、ともに讃えることができました。

池田 本当にありがとうございました。講演会の様子は、日本の「聖教新聞」でも報道され、大きな反響を呼びました。

今年（二〇一〇年）の五月には、このニューヨーク文化会館で、日本の青年たちが集めた「核兵器禁止条約」の制定を求める二二七万六一六七人の署名の目録の寄託式が行われました。

これは、国連本部で開催されていた「核拡散防止条約」（NPT）の再検討会議に合わせて行われ、ドゥアルテ国連軍縮担当上級代表らを迎えて、同会議と国連に提出されたものです。代理として出席されたガタン議長顧問が、再検討会議のカバクテュラン議長からのメッセージを読み上げてくださいました。

アメリカSGIのニューヨーク文化会館。かつてデューイ博士が講演をした歴史的建物でもある
© Seikyo Shimbun

核兵器のない世界の創造のために、青年たちが積極的に行動し、国際社会に力強い希望のメッセージを発信していることに、多くの期待の声が寄せられました。

ヒックマン　これまで、日本の創価大学やアメリカ創価大学の学生の皆さんをはじめ、各地のSGIの文化会館でも青年たちとお会いする機会がありましたので、皆さんの「平和」と「人権」の活動については、よく存じ上げております。

若者には理想への意欲があります。その思いをさらに育み、「平和」と「人権」の価値の創造に向けて、彼らを導いていくことは可能ですし、またそうすることが必要です。それができれば、多くの素晴らしい教育の機会が開かれます。また青年たちに、未来は彼らのものであり、彼らが創り上げるべきものだと気づかせることが大事です。

ガリソン　私も、平和と人権に貢献する、ＳＧＩの皆さんの目覚ましい活動をよく存じ上げております。

　創価大学やアメリカ創価大学をはじめ、創価学園で出会った学生や生徒の皆さんとの交流を通して、「平和」と「人権」が、学校のみならず、皆さんの生活全般において常に関心のあるテーマであることが分かりました。どこであれ、また誰であれ、すべての人にとって、そうあるべきだと思います。

「世界市民」の要件

池田　両先生の温かい、そして深い励ましに、創価の青年たちも大いに勇気づけられると思います。

　先ほど触れましたが、ニューヨークは、デューイ博士が長年にわたって、教育者として、社会活動家として、数々の足跡を刻まれた場所です。なかでも、名門コロンビア大学では、四十四歳で哲学教授に就任してより、晩年まで教壇に立ち続けられました。

一九九六年六月、そのコロンビア大学のティーチャーズ・カレッジで、講演させていただいたことも、私にとって忘れえぬ思い出です。

講演では、新たな人間教育を志向したデューイ博士と牧口初代会長の哲学の共通性を論じつつ、「世界市民」の要件に言及しました。

「世界市民」というと、一般的には語学が堪能な人や、各国を行き交う仕事に従事している人などを思い浮かべるかもしれません。しかし実際には、必ずしも国際的な業務などに携わっていなくとも、地域に根を張りながら、地球規模で物事を考え平和を希求し行動している、まさに「世界市民」と呼ぶに相応しい草の根の人々がいます。

私は、コロンビア大学での講演で、「世界市民」としての要件を、次のように挙げました。

一、生命の相関性を深く認識しゆく「智慧の人」

一、人種や民族や文化の〝差異〟を恐れたり、拒否するのではなく、尊重し、理解し、成長の糧としゆく「勇気の人」

一、身近に限らず、遠いところで苦しんでいる人々にも同苦し、連帯しゆく「慈悲の人」

そして、こうした普遍的な英知と精神――「世界市民」が具えるべき卓越した資質を育むことが、これからの教育の重要な役割の一つであると提唱しました。

ガリソン　まったく同感です。世界市民の要件を語る前に、池田会長が一九九三年のハーバード大学での講演で、「人間復権の機軸」をテーマに論じられた点に触れておきたいと思います。

会長は、デューイがその著作『誰でもの信仰』（*A Common Faith*）のなかで「宗教的なもの」の復権の緊要性を訴えたことに言及され、かつての（神が中心の）他力依存が人間の可能性と責任の過小評価であるとすれば、（理性万能主義の）近代の自力依存は人間の能力の過信であり、エゴの肥大化であるとして、そのいずれにも偏しない「中道」（第三の道）の模索の必要性を論じられました。

そして、〝宗教は人を強くするのか、弱くするのか〟というテーマに大胆に言及されました。もし人間が、独善的な宗教に見られるように、「外からの権威」に無条件で従うならば、人間相互のつながりが見えなくなり、想像力豊かな共感の心が阻害されて〝他者〟や〝差異〟への恐れが生まれます。これは理性の全能性を信じる人々と同じように、人間の能力を過信する場合にも当てはまります。

池田　宗教は人間を賢明にし、強くし、幸福にするためにある。人々が互いの差異を乗り越え、平和を築くためにあるはずです。私は、それが二十一世紀の宗教の使命であると考えます。

理性は両刃の剣です。理性への過剰な依存が、本来あるべき人間の精神性――慈愛や信頼や友情といった「開かれた人格」を失わせ、人間の危機を招いてきたことも事実です。だからこそ、ガリソン博士が述べられたように、極端に偏しない中道の生き方が大事ではないでしょうか。

ガリソン そのとおりですね。「智慧」「勇気」「慈悲」を具えた人は、幸福を中道の生き方のなかに求めます。

この「勇気」と「慈悲」について、一言付け加えさせてください。道徳的勇気とは、単なる蛮勇や虚勢ではなく、人間としての正しい勇気です。自分が経験する個々の状況を的確に見極め、道義的な想像力や最善の可能性を想像する力を具えるとき、私たちはすでに「世界市民」なのです。

人間は互いに関連し合って生きる存在ですから、「智慧」「勇気」「慈悲」は相手にすぐに伝わり、どこにいる人にも直ちに理解されます。

牧口会長は『人生地理学』のなかで、地理の学習を通して人間同士の連関性を解き明かされています。

〝世界を知るためには、人は郷土を離れて旅をする必要はない。世界各地の物産は、私たちが住む片田舎の小さな町にも、辿り着いている。地球上の諸事象は通商などの経済的な営みをはじめ、人間同士の連関性によって結ばれている〟(26)と教えていますね。

郷土（地域社会）は世界の縮図

池田　そうです。そのとおりです。牧口会長は、自身の着ている服や身につけているものが、遠い国々の多くの人たちのおかげで、今ここにあることを教えながら、〝郷土は、世界の縮図であり、郷土における土地と人生、自然と社会の複雑な関係を児童に直接に観察させることで、家庭、学校、市町村を把握させ、広く世界を理解させることができる〟(26)と結論しました。

そうした教育は、生命の相関性を認識する「智慧」、他の民族や文化との差異を恐れぬ「勇気」、そして他の国の人々の痛みにも同苦する心――「慈悲」を育むための大切な機縁となり基盤となっていくのではないでしょうか。

ガリソン　よく分かります。私自身、小さな町で生まれ育ちましたが、その経験から、小さな町も、より大きな世界の〝縮図〟であることを学びました。世界とのつながりを感じ取り、固有の中に普遍を見いだす能力があれば、どこに生まれようと、私たちの経験は大きなものとなります。

さらに、真剣に「智慧」を求め、「道徳的勇気」と「慈悲」を身につけることができれば、どこのどんな人に出会っても、精神的次元ではまったく平等な立場で接し、学ぶことができるのです。

ウィリアム・ブレイク*の詩「無垢の予兆」に、

「一粒の砂にも世界を
一輪の野の花にも天国を見、
君の掌のうちに無限を
一時のうちに永遠を握る。[27]」

とあります。これは「大宇宙」のすべては「小宇宙」に集約されるという思想です。

ですから私たちは、日常の世界をしっかりと把握し、「智慧」「道徳的勇気」「慈悲」に行き着くことができれば、この広い世界のどこへ行っても、面食らったり、バランス感覚を失ったりすることなく、経験を広げ、意義や価値を深める心をもち続けることができるのです。

池田　おっしゃるとおりですね。

ブレイクは、私が青春時代から親しんできた大好きな詩人の一人です。詩人の鋭い眼は、万物の真理を見事に見晴らしています。

人間は誰人であれ、平等にして尊極なる生命の旅路を歩むために、この世に生を享けます。

しかし、表面的な差異にとらわれて傲慢になったり、卑屈になったり、あるいは他人を憎んだり、また傷つけたりしてしまう場合があまりにも多い。

仏典には、「所詮・万法は己心に収まりて一塵もかけず九山・八海も我が身に備わりて日月・衆星も己心にあり」（『御書』一四七三ページ）と説かれています。

一個の人間生命という「小宇宙」には、「大宇宙」の万法が収まり、無限の可能性と広がりがある――こうした生命観、宇宙観をもって、若い人々の心を広げていきたいものです。

人間は生命のより深い次元から、内なる尊厳性に心広々と目覚めていくことが重要です。そして、他者との差異から謙虚に学び合い、互いを豊かに高め合いながら、ともに成長していくことです。その確かなる道が、心開かれた対話を重ねていくことではないでしょうか。

ガリソン　そのとおりです。私たちは、皆、違っていますし、違っていることが私たちの常なのです。そうした違いがあっても、「智慧」や「道徳的勇気」や「慈悲」を身につけ、それらをもって向き合っていくならば、より大きな〝差異〟に遭遇しても的確に対処することができるはずです。

ヒックマン　本当にそうですね。

池田会長が言及された「郷土（地域社会）は世界の縮図である」という牧口会長の主張は、

デューイの哲学を思い起こさせるものです。

デューイは、民主的な制度がうまく機能するためには、彼がバーモント州バーリントン市で過ごした少年時代に盛んに開かれていた、ニューイングランド地方の「タウン・ミーティング」のような機能をもつべきであると考えていました。この地方では、今なおこうした集会が人々の暮らしのなかで重要な部分を占めています。

確かに、インターネットも多くの重要な教育の可能性を提示してくれます。しかしそれは、直接、顔を合わせて語り合うコミュニケーションに取って代わることはできません。

とくにアメリカのように、人種的・文化的に多様な国では、地元自治体の議会や市民団体の活動、また各種のクラブに参加することで、自分たちについての別の見方を学んだり、他の人たちについての思い込みを考え直したりできるのです。

ガリソン　なお、補足させていただければ、私の先ほどの発言は、偏狭な郷土愛を讃えるためのものではありません。一般論としては、若い人たちが外の世界を旅するのはとてもいいことだと思います。

池田　両先生の具体的な提唱に、全面的に賛同します。

若い人々が異なる言語、異なる文化との出合いを体験することは、世界市民としての心を育む何よりも貴重な財産となるからです。

芸術・人権・環境の教育

ヒックマン　この問題を、さらにデューイのプラグマティズム（実用主義）の立場から考えてみますと、世界市民のあり方における実験主義的要素を強調することが大切だと思われます。

デューイは実験主義的な観点から、連続性や共通性の大切さを強調し、懐疑主義者や人種差別主義者などが唱える〝人間生活の根本的な特徴は「差異」や「断絶」や「不釣合い」にある〟といった主張を拒否したのです。

彼は、次のように考え、それを人々に説きました。

「人間は、さまざまなものとのつながりや地域社会があっての存在であり、それらとの関わりのなかで初めて個々の人間として存在する。人間は、濃密な社会的規範のネットワークのなかの行為者であり、それゆえに濃密な社会的政治的関わりというネットワークのなかで生きる存在であり、そのネットワークは、実験主義的な手段や結論に基づくとき、最もよく機能する。そのことを、私たち教育者は学生たちによく教える必要がある」（趣意）

さらに、デューイの実験主義的な探究においては、人間の経験の美を見極める「審美的」

な領域（芸術や文化など）が、きわめて重要な役割を果たします。したがって、もしデューイが生きていたら、間違いなく彼は「世界市民」の資質として――つまり今日の学生たちがもっと幅広く新たな地球共同体へ参画するための準備として――「審美的な教育」が不可欠な要素であると主張したことでしょう。

池田　デューイ博士は、人々の心のなかに〝社会の一員〟としての自覚を促し、「公共性」を育む教育の実践を重視しました。その際、審美的な教育として、〝人々を結ぶ芸術の力〟にも注目していましたね。

ですから博士は大恐慌時代、アメリカの公立の学校で音楽、図画、演劇といった活動が経済的な理由から削減されていった際には、断固として反対する論陣を張りました。この点も肝要です。

次に、もう一歩、論点を進めますと、これからの世界市民の育成にあたっては、「人権教育」と「環境教育」が大きな鍵を握っているのではないでしょうか。

ここにおいても、地域社会を基盤とした視点が不可欠です。地域社会の人々の相互扶助の精神や身近な自然を大切にする心と、世界の平和を願い地球環境を大切にする心は、本来、通じ合うはずです。

〝地域で行動する〟ことは、〝地球的に考え、発想していく〟ための出発点となり、基盤となるものです。この〝地域〟と〝世界〟の往還作業こそが、一つの大切なポイントであると考えます。

ガリソン　環境教育で重視すべきは、人類全体も人類の文化もともに、あらゆる生物・物理体系との相互関連性のなかにあるという点です。仏法の縁起観を教えるべきでしょう。

また、野外での体験学習を重視する必要もあると思います。もし環境教育が、牧口会長やデューイが先駆を切ったように、地理や歴史の教授法をさらに発展させたようなものになれば、それはきわめて有望なものとなるでしょう。

そして、人権について学ぶことが第一歩です。国連の「世界人権宣言」*は、人権教育の制度を築くうえで強固な基盤となります。私たちは、あらためて誰かに言われないかぎり、自分たちの権利について知らずにいることが多いものです。

例えば私は、「世界人権宣言」には「アメリカ合衆国憲法」とは違って、「教育を受ける権利」が人権として謳われていることを、よく授業で指摘します。アメリカでは、州が法律によって、自州の住民すべてに対する教育のサービスを差し止めることも可能であり、実際にそのような事態が生じたこともあるのです。

「世界人権宣言」には、「合衆国憲法」に定められていない権利が数多く盛り込まれています。私の授業で、何回かにわたってそれらの項目を調べ上げていくと、学生たちに劇的な効果が現れます。さらに人権侵害の実態を、映像を使って視覚に訴えることも、学生たちに人権問題への共感と関わりをもたせるうえで役立つことも分かりました。

さらにいえば、私たちは〝誰が権利を有するのか〟を問うだけでなく、〝誰がどのようにして、それらの権利を守るのか〟を常に問う必要があると思います。人権に関わる責任についての論議も重要だからです。

生命の「尊厳性」と「平等」が根本の基準

ヒックマン　私は、一人のアメリカ市民として、この十年ほど、我が国の政府の幾つかの措置に深く心を痛めてきました。また、職業上、科学技術の社会的役割に関心をもつ哲学者として、先ほど池田会長が「人権教育」と「環境教育」という二つのコンセプトを関連づけられたことを嬉しく思います。

これらの分野における、我が国や他の国々の失政は幾つもあります。例えば、透明性の欠如や偏狭なビジョン、そして環境問題をめぐる不公正を、必要悪であるとか、大した問題ではないとして容認してしまったことが挙げられます。

人権に関する正義の問題は、私の考えでは、より大きな問題の一部にすぎません。その大きな問題とは、客観的な実験や試行の結果を、自分の思い込みや予断に影響されることなく、いかにありのままに受け入れられるかどうかということです。

この十年間で、我が国の科学技術政策は著しく堕落しています。人権団体が提供するデータは闇に葬られ、良心的な科学の成果が無視されたり、切り捨てられたりしてきました。専門の気候学者が報告する環境問題ですら、「ジャンクサイエンス」(理論的根拠の乏しい科学)とか「さらなる研究の余地あり」といった理由から退けられてきました。

こうした権力の濫用に抗議して、非営利団体の「憂慮する科学者同盟」*は数千人から署名を集めました。そのなかにはノーベル賞受賞者もいれば、各種の全米アカデミーの会員も含まれています。

肯定的な側面を挙げれば、実は我が国の歴史における、こうした不幸な時期そのものが、重要な事例研究(ケース・スタディー)の材料を提供しているという点です。つまり、私たち教育者は、透明性やビジョンの広さの重要性、そして環境正義(環境保全と社会的正義の同時追求の必要性を示す概念)の利点などについて、学生たちの理解を助けるために、これらの事例研究を活用できるということです。

池田　それぞれが大事な問題提起です。

「人権」や「環境」の問題は、現代社会の光と影の〝影〟の部分が広がっていることを示しています。どのような大義名分を掲げようとも、弱い立場の人が犠牲となり、地球環境が破壊されてしまうようなことは絶対に許されてはなりません。

　ですから、生命の尊厳を基盤とした世界市民としての倫理と哲学、そして人々の幸福のために献身しゆく崇高なる〝人類意識〟を、教育現場や生活の場で具体的な実践を通して身につけていくことが、ますます重要であると思っております。

　そして、急速に変化する時代に即応し、新しい問題意識をもち、まず自らが成長し、行動していくために、私たちは生涯にわたり学び続けていかなければなりません。

　デューイ博士は、「教育の目的は人々が自分たちの教育を続けて行くことができるようにすることである」[28]とも述べています。そうした世界市民教育が、これからの時代はさらに必要とされるでしょう。

7 生涯学習と人間の成長

「生涯教育」の意義

池田　人間を、人間らしく光り輝かせていく力は何か。それは「学ぶ心」であり、「成長する生命」です。そして、その源泉が教育です。

「私は、教育は社会進歩と社会改革の最も基本的な方法であると信ずる」(29)——。

これは、デューイ博士の一貫した主張でした。博士は、この信念のままに、社会のなかに飛び込み、民衆教育の発展のために懸命に尽くされました。

その舞台の一つとなったのが、前にも話題になったニューヨークの「ランド・スクール」（ランド社会科学学校）でした。この歴史的な建物は、もともと市民の真心の寄付によって、一八八七年に建設されました。当初は、女性の地位向上と教育のために、働く女性たちが職業訓練を受けたり、教養やマナーなどを学んだりする場所として使われていましたが、やがて女性だけでなく、すべての社会人のための「生涯学習」のセンターとなりました。かつて建物の正面入口に刻まれていた「民衆の家」という名称が、その性格をよく表しています。「生涯学習」「生涯教育」は、私たちが人生を通して学び、向上し、成長を続けていくためには欠かせないものです。

両先生は、このテーマについては、どうお考えでしょうか。

ガリソン　私たちが目指すべき教育の最重要の目標は、「学ぶ喜びを学ぶ」ことであり、その喜びを生涯にわたり求め続けるための方途を学ぶことにあります。

いわゆる正規の学校教育では、しばしば「教えることが子どもたちをかえって勉強嫌いにさせる」といった、意図せぬ結果をもたらすことがあります。人は学ぶことをやめるとき、自分にしかない能力を開花させる可能性をなくしてしまいます。

世界の他の国々でも同じですが、アメリカ人は概して生涯学習を、グローバル時代に求められる知識を吸収するのための対策、あるいは次の新たな仕事に備えて常に技術を磨き、再訓練するために必要なものとみなしています。

確かに職業訓練は大いに役立つものですが、その種の訓練によって、自己の成長や地域社会の福祉に最も資する批判的に考える力や創造的な能力、また内省的な資質が育まれることは、ごく稀ではないでしょうか。

ヒックマン　教育者は生涯学習に関して、少なくとも二つの重要な課題を担う必要があると考えます。

第一に、提供される教科課程が、それぞれの地域社会の要請や利益に沿ったものであること。第二には、自力では学習のための費用を捻出する余裕がない低所得層の人々にも教育の機会が与えられることです。

当然ながら、育児などの社会福祉のインフラ基盤を強化することも必要です。活力と創造性の溢れる、安定した平和な社会とは、生涯学習を続けることのできる社会のことなのです。

通信教育の発展と課題

池田　それぞれ大事なポイントを指摘してくださいました。

デューイ博士は、一九三〇年、コロンビア大学の教授を退任し、哲学名誉教授に就任します。ランド・スクールでの講演記録が残っているのは、ちょうどこの頃に当たります。ニューヨークのウォール街の株価が大暴落し、世界恐慌が始まった翌年のことでした。

デューイ博士は、この恐慌によって苦しんだ多くの人々を、「学ぶ喜び」によって少しでも励ましたい、社会再建の一助としていきたい――そうした思いから生涯教育に尽力されたのではないでしょうか。

生涯学習は、人生の荒波を勝ち越えていくための大きな力ともなります。仏法を基調とした私たちＳＧＩの運動も、ある意味で、生涯にわたって学び続け、自身を磨き高めていく「人生の大学校」であり、生涯学習への挑戦であると思っております。

ガリソン博士は、「学ぶ喜びを学ぶ」ことの大切さを指摘されました。仏法では、さらに真の喜びとは、「自他共に智慧と慈悲があること」（『御書』七六一ページ、趣意）と説いております。まさしく互いに学び合い、励まし合い、ともに生命の可能性を開花させていくところに、尽きせぬ喜びがあります。

そして、そこにこそヒックマン博士が述べられた「活力と創造性溢れる、安定した平和な社会」が開かれていくことでしょう。

生涯学習には、さまざまな形態がありますが、近年、日本でも大きく注目されているのが「通信教育」です。先ほど教育費の問題にも触れられましたが、通信教育はさまざまな事情で学校へ行けなかった人々の要望にも応えるものです。

両先生の大学では、通信教育については、どう取り組まれているのでしょうか。

ヒックマン　今日のアメリカでは、通信教育は多くの場合インターネットを用いており、幾つかの大規模な教育機関は、全面的にウェブ化されています。私自身も一九八〇年代に、「コネクテッド・エド」というインターネットを使った通信教育の初期の実験に参加したことがあります。

当時、難しいと思ったのは、タイプで打ち込んだメッセージのやりとりだけでは得られない人間的な触れ合いが、どうしても必要なことでした。このため、長時間にわたって電話で交信するはめになりました。長距離電話の料金は、今よりずっと高かった頃ですが……。近年は、インターネットを利用して無料電話やテレビ会議ができるようになり、おかげで一対一の接触がずっと容易になっています。

こうした進歩のおかげで、教育の中身がより豊かになり、かつては遠隔地のため、あるいは身体的な障がいのために通学できなかった人々にも学習と教育を続ける機会が広がっています。

南イリノイ大学は生涯学習に力を入れており、その一環として、通信教育部では何百ものコースを双方向方式で、印刷物やインターネットを介して提供しています。

ガリソン　かつての通信教育は、コンピューターによる〝オンライン通信教育〟へと進化してきました。ただ、この教育システムの問題点は、通信教育が受講できるのはコンピューターの利用を経済的に賄える人々に限られているということです。

バージニア工科大学は、世界のオンライン教育分野におけるリーダー的な存在です。一九九八年以降、総計十三万人以上のオンライン受講者に対して、六千以上の講座を配信してきました。そして、三十五の大学院の学位や専門の資格・免許取得のためのコースをすべて提供しています。

現在、大学のオンライン教育は、キャンパス内の学生をはじめ、州内各地や州外の受講者にも講座を配信しており、バージニア工科大学の一部となっています。

現代のテクノロジーは、社会的な交流をさまざまなかたちで促進させていますが、他の学生や教授とのコミュニティーとしての連帯感が生まれるとき、オンライン学習は最も理想的なかたちとなることが明らかになっています。

例えば、どのような種類の通信教育も、受講者たちが他の学生と直接に顔を合わせる機会があれば、より効果を発揮することが分かっています。

池田 両大学とも、時代のニーズに応えるために、また深い理念の上から通信教育にも力を入れておられることが、よく分かります。

日本でも、生涯学習に注目が集まるなかで、大学の通信教育だけでなく、特定の資格取得のための通信教育も増えています。

創価大学は、一九七六年(昭和五十一年)の五月十六日に通信教育部を開設しました。以来、一万三千人以上(二〇一三年現在、一万六千人以上)が学士号を取得し、卒業しました。博士号の取得者をはじめ、税理士や行政・司法書士などの国家試験の合格者も多数輩出しております。

とくに教職課程を備えていることで、資格を取って教員になる方も多く、教員採用試験の合格者は約二千人(二〇一三年現在、二千七百人以上)にのぼります。苦学を重ね、社会的な経験も豊かですので、難しい教育現場でも粘り強く個性を発揮し、信頼を勝ち取る先生方が数多く光っています。

今や、名実ともに日本一の大学通信教育となったことを心から嬉しく思っております。また、ここ数年は、マレーシア公開大学など、海外の通信教育大学との交流も深めてきました。

牧口初代会長も、戸田第二代会長も、通信教育を重視されていましたので、通信教育部の設置は、大学の設立構想を練り始めて以来の念願でした。高等教育に学ぶ機会は、すべての人々に平等に開かれるべきだ——これが先師と恩師から受け継いだ信念です。

その願いの通り、通信教育部で実に幅広い年齢層の方々が、ある人は多忙な仕事の合間を縫って、ある人は子育てに励みながら、またある人は人生の総仕上げを飾りながら、学問に取り

創価大学通信教育部の夏季スクーリング生を激励する創立者の池田 SGI 会長（1976 年 8 月）
© Seikyo Shimbun

組まれています。

ガリソン博士も、ヒックマン博士も、時代や環境が変わっても、人と人が直接に顔を合わせる「人間的な触れ合い」が大切であることを、ともに指摘されました。私も、まったく同感です。

創大の通信教育では、夏と秋のスクーリングに、日本各地をはじめ世界の各地から受講生がキャンパスに集います。このスクーリングは、通教生たちが友好を深めながら、ともに学び合う、かけがえのない触発の場となっており、毎回、多くの方々が楽しみに参加されています。やはり、こうした人間的な触れ合いが、皆の大きな励みや支えになり、力となっているようです。

ヒックマン　創価大学の先見の明は、大いに賞讃されるべきです。今後の教育のあり方を考えると、通信教育はますます重要度を高めていくはずです。

地域社会は生涯学習の舞台

池田　学び続ける人には進歩がある。〝知〟の発見には、人生の喜びがあります。

そこで、生涯学習や生涯教育を具体的に進めていくうえで、さまざまな側面で重要な舞台となるのが「地域」です。デューイ博士は、教育を「たんに学校教育という意味でだけではなく、共同社会がその成員の性向と信念とを形成する」[30]ものと捉えていました。

地域社会における生涯教育や生涯学習のための環境を充実させていくことは、地域の教育力をトータルに高め、さらには学校教育の水準を、より多角的に向上させることにもつながっていくでしょう。これは、「教育のための社会」の基盤づくりにも、大きく寄与することになります。

身近なところから、生涯教育を充実させていくことは、これからの教育の課題であるとともに、地域社会の大きな挑戦でもあり、希望でもあるのではないでしょうか。

ヒックマン　池田会長は、教育と社会機関や制度などの発展との関連性について重要な指摘をされました。デューイは、社会機関の再構築は継続して進めていくべきプロジェクトであり、どこかで完結するという性格のものではなく、その主要な原動力の一つが学校であると信じていました。

ゆえにデューイは、「幼少期は大人になるための準備期間である」、そして「教育は私たちを他の人々から自立させるためにある」という、いまだ多くの人々が抱いている二つの考え方を拒否しました。

デューイは「成長」――つまり「経験」の再構築の持続こそが、教育の唯一の正当な目的であると考えていたのです。

ガリソン　デューイは『公衆とその諸問題』の末尾で、「われわれは無限の知性のふところにいだかれている」[30]というエマソンの確信を述べた後で、こう結んでいます。

「知性が地域的共同社会をその媒体として所有するに至るまでは、知性は潜在的なものにとどまり、その伝達も中途半端で、不明確で、かつ弱々しいものにとどまるのである」[30]

地域に根差した、住民が直接に顔と顔をつき合わせるような共同社会こそが、あらゆる「公衆」を形成し維持するためには必要不可欠であることを、デューイは確信していました。ここで彼のいう「公衆」のなかには、通信教育や共同体、ＳＧＩのような団体も含まれるでしょう。

またデューイは、「創造的民主主義――私たちの目の前にある課題」と名付けた論文のなかでは、こう述べています。

「最近では、私はこんな気がしている。つまり、民主主義の核心をなすもの、そして最終的に民主主義を保証するもの――それは他でもない、検閲されることなく自由に書かれたその日のニュースを読んだ隣人たちが、街角で自由にあれこれと話し合う屈託のない集いのなかにあるのだ。さらには、各家庭の居間やアパートの一室で、友人たちが自由闊達に語り合う和やかな集いのなかにあるのだ」(31)(趣意)と。

創価学会は、まさにそうした集いから出発しています。池田会長が戸田城聖氏に出会われたのも、そうした集いでしたね。

私は、民主主義を保証するものは、同時に未来のSGIの発展と繁栄をも保証するものであろうと思っています。

座談会は平和・文化・教育運動の柱

ヒックマン　幸運なことに私は、これまでSGIの会館を幾つか訪れたことがあり、ニューヨーク文化会館や、シカゴとロサンゼルスの会館ではスピーチもさせていただきました。

こうした各地のSGIの会館について、私は〝地域社会の絆を深める施設〟として拍手を送りたい気持ちです。これらの会館は、デューイが思い描いた人間の成長や地域の発展に寄与する公共施設の模範例のように私には思えるのです。デューイが創設したいと願い、発展させたいと希望していたのは、まさにこうした〝場〟でした。

さらにデューイが成長を願ったのは、ガリソン博士も触れられた「公衆」と名付けた存在でした。

「公衆」は、どのようにも説明できますが、デューイが重要と考えた二つの側面があります。その一つは、「公衆」は自らが成し遂げたいと願うことや、自分の目標と目的をはっきりと自覚していることが必要だという点です。

そしてもう一つが、「公衆」は他の「公衆」とうまく連携することができなければならないということでした。

SGIの会館には、この二つの方向性が、はっきりと表れています。先ほども触れましたが、SGIの会館は、人間が単に価値を〝引き出す人〟となるにとどまらず、価値を〝創造する人〟となることの大切さを、よく学べる場所であると申し上げたいのです。

池田　地域社会における私たちの運動の意義と会館の使命を的確に表現してくださり、深く感謝申し上げます。

ガリソン博士がおっしゃるとおり、ＳＧＩでは地域における自由闊達な語らいの場として、毎月のように「座談会」を開催しています。座談会は、私どもの平和・文化・教育の分野における民衆運動の柱です。

終戦から二年後の夏、私は戸田先生と、この座談会で初めて出会いました。その語らいの場で、当時悩んでいたことを率直に質問したことは、前にもお話ししたとおりです。

あの日、座談会で戸田会長が講義されていた「立正安国論」の内容など、十分に理解できたわけではありません。しかし、若い私の質問に対する、戸田会長の明快で確信に満ちた答えに、確かな正義と明るい希望を直観しました。この方のもとで学んでいこうと、心に決めたのです。

座談会は、戦前、牧口会長が始めたものですが、牧口会長はこの集いの意義を、信仰の側面だけでなく、教育の側面からも重視していました。

ある青年が牧口会長に、「座談会ではなく、もっと大規模な講演会形式にした方がいいと考えますが」と質問したことがあります。

そのとき牧口会長は、「いや、それは違う。人生に対する問題は、対話でなくては相手に通じない。講演だけでは、聞く方は他人事にしか感じないものだ」と答えられました。

牧口初代会長も、戸田第二代会長も、真に有意義な一対一の対話と交流を通して、民衆が賢くなり、強くなることを願ってやみませんでした。

人間と人間の生きた心の交流が、どれほど民衆の生命を深く結び、蘇生させ、そして健全な地域社会を築いていくか――学会の座談会運動の意義の一つも、まさにそこにあると思っております。

ヒックマン　「座談会」が教育的な側面をもっていることは、大変に重要なことだと思います。また「座談会」を有意義かつ有効なものとするためには、さまざまな課題に前向きに取り組む人々が集う場とし、そうした取り組みを支える組織的な体制を整えることが必要ではないでしょうか。さもないと、会合はまとまりのない、その場かぎりのものになってしまう恐れがあります。

教育は問題解決の根源の力

池田　そのとおりですね。皆が喜んで前進し、ともに成長していくためには、地域でのさまざまな支えや人々の協力が必要となります。創価学会の組織も、そのためにあります。それは

〝人間のための組織〟であり、〝一人一人の幸福のための組織〟なのです。

いずれにせよ、これからの社会においては、地域の共同体の役割、地域の教育力、地域の対話のネットワークが、ますます重要となるでしょう。

先にも申し上げましたが、デューイ博士が「ランド・スクール」で講演されていた頃、日本も世界恐慌のあおりを受け、動乱の時代を迎えていました。

そのなかで、牧口会長は一九三〇（昭和五）年、畢生の大著『創価教育学体系』（第一巻）を発刊するに際し、当時の心情を綴られています。

「入学難、試験地獄、就職難等で一千万の児童や生徒が修羅の巷に喘いで居る現代の悩みを、次代に持越させたくないと思うと、心は狂せんばかりで、区々たる（＝ちっぽけな）毀誉褒貶の如きは余の眼中にはない(2)」

世の激浪のなかで苦しむ青少年のことを思うと「心は狂せんばかり」――これが〝創価教育の父〟の心でした。

デューイ博士と同じく、牧口会長もまた、混迷の社会を根本から再建するには教育の力しかないと考えていました。「創価教育学会」つまり「創価学会」の前身となる組織を設立し、教育の力によって社会を変革し、民衆を救っていこうと立ち上がったのです。

牧口会長は、その年、教育雑誌に次のように寄稿しています。

「世は政治 経済 芸術の各分野を通じて、根本的の改革と進展を教育の力にまたんとする。社会的矛盾と葛藤の解決は根本的な人間性の改造の問題であり、人間性改造（＝の）終局的役割はやがて教育の担うべきものとされているのである」(32)

『創価教育学体系』の発刊には、この信念が漲っていました。現代社会の病理といっても、問題の根源は人間にあります。人間自身を向上させ、人間を成長させることなくして、問題の解決はありません。教育は、その根源の力となるものです。

ゆえに「教育で社会を建て直す」――このデューイ博士と牧口会長の志を、私たちはいやまして力強く実現してまいりたい。

両博士との語らいは、その未来への羅針盤と私は思っております。

ヒックマン　牧口会長の言葉には、まさしく先見の明があります。この「地球」という、ますます脆弱で汚染されていく惑星において、私たち人類が直面する多くの問題を考えれば、牧口会長がきわめて明確に述べられているように、今や人類そのものが抜本的に変わる必要があります。

個人のそれぞれの人生や地域社会における立場、また社会機関や制度の果たす役割、さらには生態系の長期的保全などについて、人間が下してきたところの、危険で往々にして許し難い選択の結果を考えるならば、人類は変わらざるを得ません。

デューイと同じく、牧口会長も多くの必要な変革を果たすためには、最も広い意味での「教育」をさらに重視する以外にないと認識されていました。

私たちのような対話が、多くの人々のあいだに幾重にも大きく広がり、今までにない思考が生まれ、成長への新たな可能性に溢れた、人類にとっての明るい未来が開かれることを期待します。

ガリソン　先ほど、「座談会」や「対話」の意義が話題になりましたが、この点に関して、一言、述べさせてください。

考えてみますと、私は、この鼎談を続けるなかで、ある事実に気づきました。それは、この語らいのなかで扱われる論題には、多少の知識は持っていても、私自身にとっては専門外のテーマもあったことです。

幾つかの話題については、適切で価値的な発言ができることもありました。

やがてはっきりと分かったことは、自分はきわめて重要な人物と語り合っているのだ、その人物は創価教育システム全体を生み出し、二つの大学を創立し、それらの運営上の実務を、一つ一つ把握されている人物なのだという事実でした。

実は私には、この鼎談で扱うテーマの多くが哲学的な問題であることに気づくまで、少々、時間がかかりました。

また、この鼎談が「東西の対話」でもあることに気づいて衝撃を受けました。実際、デューイの思考がいかに東洋的であるかを知るのは、非常に興味深いことです。

そして、この鼎談は、常に具体的な事柄に始まりながら、その語らいが普遍性をもった高度な洞察へと導かれていくことにすっかり驚いたものです。

これは余談になりましたが、とても大切なことだと思いましたので、述べさせていただいた次第です。

池田 両先生は、偉大な碩学であられながら、しかも瑞々しい「学ぶ心」、若々しい「成長する生命」に満ち満ちておられる。だからこそ、この鼎談を通して、新たな価値創造がなされているのだと、私のほうこそ感謝しております。
デューイ博士は、平和で幸福な社会の要件として、開かれた〝対話の精神〟と〝民主主義の哲学〟を据えられました。そして、その信念のままに生き生きとした対話の輪を広げ、人々を励まし、より善き民主社会の創造のために行動していかれました。

次は、デューイ博士の〝対話の精神〟と〝民主主義の哲学〟について、さまざまなエピソードも交えながら、伺っていきたいと思います。

第3章

対話と民主主義

1 共生の社会を築く「対話」の力

デューイの〝対話の哲学〟

池田　偉大な〝対話の名手〟は、偉大な〝聞き手〟です。すなわち心開かれた〝耳を傾ける人〟です。デューイ博士は、その素晴らしき模範です。

アメリカの作家ジェームズ・T・ファレル氏*は、博士との思い出を振り返りながら、こう語っています。

「デューイの面白い特徴の一つは常に若い者に耳を傾けようとしたことです。彼はどんな若い人びとにも大変ていねいでした。（中略）デューイほどに（＝人の話に）耳を傾ける哲学者を私は見出せません。（中略）ほんとに彼は一にも二にも三にも聞こうとしたのです[1]」

デューイ博士は、庶民や青年たちとも気さくに言葉を交わし、広々と心を通わせながら、一人一人を人格の光で啓発し続けられました。

ヒックマン、ガリソン両先生も、こうした博士の対話の精神を生き生きと継承されています。日本でも、青年や学生たちの輪のなかへ飛び込まれ、絶妙なる対話の劇を繰り広げてくださいました。

皆、ここにデューイ博士の〝対話の哲学〟の真髄があると感嘆しておりました。

そこでここでは、デューイ博士自身が、どのような信念で〝対話〟を重ねていったのか――その〝対話の哲学〟について語り合っていきたいと思います。

ガリソン　『経験としての芸術』のなかで、デューイはこう述べています。

「言語は、話し手だけではなく、聞き手があってはじめて成立する。聞き手は、不可欠なパートナーである(2)」

デューイは、彼の民主的対話の理論のなかで述べたことを自ら実践しました。彼はささいなことで意気消沈したり、興奮したりすることはありませんでした。

また、デューイが人との交流で何よりも重視したのは、心の広さと知的な率直さでした。

デューイは、個人的な対話では、相手に対して心を込めて語りかけ、公の討論では、概して対立的な口調を避けていました。このため、デューイと異なる見解をもつ多くの人々も、誰とでも忌憚なく語り合う彼の〝対話の開放性〟に敬意を払っていたのです。

つまるところ、デューイの魅力は、日常の現実的な知恵から生まれる〝常識〟にあったと思われます。彼は、理論のなかで説いたさまざまな美徳を、自身の人格のなかに具現していたのです。

池田 自身の哲学を、自らの行動で実践し、その人格と振る舞いを通して体現していく――デューイ博士が本物の人間哲学者であったことの何よりの証左です。

博士は、いわゆる気むずかしい「哲学者」のイメージからは、対極にあった人といえるでしょう。

ヒックマン ええ。確かに哲学者といえば、一般社会から隔絶して理論の世界に閉じこもり、哲学者同士だけで語り合うような人物が多いものです。しかし、池田会長が指摘されたように、デューイはそうした哲学者のイメージとは、まったく異なる存在でした。

ご存じのように、デューイは、さまざまな階層や分野の人々と真正面から向き合いました。例えば、学校の生徒に対しては、人間主義的な教育学を開拓した人物として、また大学の同僚には、学問としての哲学の改革を追求する人物として関わっていきました。

さらに、志を同じくする政治改革者たちに対しては、ファシズム*とスターリン主義*という一対の害悪のあいだで、建設的な道を進む人物として舵取りをしていきました。

それから、おそらくこれが最も重要だと思うのですが、ごく普通の少年少女や大人たちには、さまざま複雑な問題に、助言や明快な説明を与えることのできる人物として接しました。デューイは、講演者としても、執筆者としても引く手あまたで、文通の記録によれば、非常に多忙な身でありながら、高校生や一般の人々など、多くの人たちと手紙のやりとりをしています。

一つの注目すべき例として、デューイがアメリカ陸軍の一兵士に宛てて書いた手紙があります。そこにはデューイの宗教観が端的に示されているという研究者もいます。

池田　まさに全力で一人一人を励ましていかれたわけですね。デューイ博士の誠実さと温かい人間性が、よく伝わってきます。

博士の気さくな人柄を示すユーモラスなエピソードは、たくさんあります。

例えば、博士が晩年、ある別荘で過ごしていた頃のことです。別荘の農場では、たくさんのニワトリが飼われていて、デューイ博士は、採れた卵を近所の人々に分けてあげていました。ある日、雇っていた農夫が休んだため、デューイ博士が自ら卵を配って回りました。あるお金持ちの家の婦人が、だぶだぶのズボンをはいた博士を見て言いました。

「おや、いつも来る人はお休みなの？　それでデューイ農場から卵を配るのに、おじいさんを一人よこしたってわけね」

博士は、「いや、自分がデューイです」とは名乗らなかった。後日、このお金持ちの婦人の家に、デューイ博士が食事に招かれました。博士を迎えると、その婦人は驚いて言ったそうです。

「おや、まあ、卵屋さんじゃないの！」（笑）(3)と。

そのときのデューイ博士の愉快そうな笑顔が、目に浮かぶようです。

博士は、決して自分を飾ったり、威張ったりしない人でした。人々のなかに分け入り、語らいの花を咲かせていった。

それが結果として、博士自身の哲学をさらに深め、強くし、より大きく広げていったのではないかと、私は考えています。

私の師匠である戸田第二代会長も、豪放磊落な性格で、いわゆる宗教指導者というイメージからは、かけ離れていました。常に庶民の苦悩に耳を傾けながら、ユーモア溢れる語り口で人々を励まし、青年を育てた〝対話の名手〟でした。

深遠にして難解な仏法の哲理も、先生が語ると人生と生活に直結し、皆の心に入っていきました。誰もが心から納得し、それが深い確信と決意になって、一人一人が勇気を奮い起こしていったのです。

戸外でタイプライターに向かう晩年のデューイ（写真提供＝ロバート・ノアウッド、デューイ研究センター）

仏典には「人がものを教えるということは、重い車に油をさして動きやすいようにし、船を水の上に浮かべて動きやすくするようなものである」（『御書』一五七四ページ、趣意）とあります。戸田会長はまさに、そういう指導の達人でした。

ともあれ、人間愛の光る〝開かれた人格〟こそ、創造的な対話のための重要な資質の一つでありましょう。

両先生は、デューイ博士の開かれた人格を磨き、育んだものは何だと思われますか。

デューイの人格を育んだもの

ガリソン　よい機会ですので、そうした側面からデューイの人生を、もう一度、振り返ってみたいと思います。

デューイは、自らの内面をさらけ出すようなことは、めったにありませんでした。このため、自分自身についても、自身の成長の過程についても、ほとんど人に語ったことがなく、出版物のなかにも自伝的な著述は、たった二カ所しか見当たりません。それぞれのポイントを指摘しておきましょう。

第一に、デューイは「絶対主義から実験主義へ」という論文のなかで、「ニューイングランド文化の遺産として私の心に染みついたと思われる分断と隔離の感覚──自我の世界からの隔離、魂の肉体からの分離、自然の神からの分断──は、耐え難い抑圧をもたらしたというより、内面をひどく傷つけるものであった」と述懐し、トマス・ハクスリーの生理学説を読んで、「相互依存性」とか「相互関連的な統一」という概念に感銘を受けたことが、その後の思索の基本となり、かつ自身の内面の傷の癒しになったと述べています。(4)

このような、それぞれが緊密に関係し合って一つの統一体を形成しているという有機的な考え方は、詩人のサミュエル・コールリッジ*や、哲学者のヘーゲルやウィリアム・ジェームズの著作にも、繰り返し出てくる考え方です。

デューイは、これらの詩人や哲学者からも、大きな知的影響を受けたと語っています。

第二に、娘のジェーンが編纂した『ジョン・デューイ伝』にも、少年時代の環境が、彼の人格形成に大きな役割を果たした経緯が綴られています。

デューイは、少年時代から青年時代にかけて、家計を助けるために、責任を担い、さまざまな職業に携わることになりました。そのことは一見、さほど重要でないように思われがちですが、デューイ自身は、『民主主義と教育』のなかで、「（＝職業のための教育ではなく）職業を通じて受ける教育こそが最善の教育である」[5]（趣意）と明言しています。

このことは、哲学についての彼の定義づけを思い起こすとき、いっそう深い意味をもちます。それは、「哲学は、教育の一般理論である、と定義することさえできる」[5]というものです。

池田会長のいわれるとおり、デューイはまさに「行動する哲学者」でした。ありふれた日々の仕事のなかに、最大の知恵を見いだしていました。人間は、そうした日常的な営みのなかから、人生の苦難を克服する道を学ぶものです。

池田　大事なことは、人々が希望をもち、人生の現実に勇敢に立ち向かっていくことです。そのための知恵の源泉となる哲学こそ、民衆が求めてきたものです。デューイ博士は、民衆の大地で、庶民と苦楽をともにするなかで、人間のための哲学を自らの手作りで鍛え上げていったといってよいでしょう。

私は、牧口初代会長と戸田第二代会長が、デューイ博士を尊敬した理由が、よく分かります。また、「職業を通じて受ける教育こそが最善の教育である」との博士の思想も重要ですね。働くことに生き甲斐を見いだし、働くことを通して学び、成長して人々と社会のために尽くしていく──。この社会的実践に光をあてた教育は、価値の創造と人生の充実に結びついています。それは、これまでにも語り合った牧口会長の「半日学校制度」の精神とも深く響き合うものです。

ガリソン　デューイの人格形成のもう一つの側面は、両親からの影響です。

以前にも触れましたが、デューイに強い社会的責任感を植えつけたのは、彼の母親でした。一方、デューイの父親は社交的な商人で、地域の人々から大変に好かれていました。デューイが少年時代を過ごしたバーモント州のバーリントンは、すでに工業都市として発展を遂げ、階層も民族も宗教も、多種多様な街となっていました。そして、彼が青年時代に働いていた湖に面した地域には、アイルランド人やフランス系カナダ人の労働者が住んでいました。

デューイは、活発ながら内気な少年で、子どもの頃から人の言葉によく耳を傾ける、よい聞き手でした。デューイ自身、自分が民主主義の素晴らしさを学び取ったのは、まさにこのバーリントンの街だったと語っています。

ヒックマン　今、ガリソン博士が述べられたことと多少重なりますが、デューイの〝開かれた人格〟が育まれた背景について、幾つかの要素を指摘しておきたいと思います。

第一には、すでに述べたように、デューイがニューイングランド地方の「タウン・ミーティング」という素晴らしい伝統を受け継いでいることです。

「タウン・ミーティング」とは、〝顔と顔をつきあわせてのコミュニケーション〟による伝統であり、民主主義の最高の姿の一つです。

第二に、デューイがバーモント大学に入学した頃は、学生と教師の比率が理想的で、学生たちは教師と対話する機会を自由に享受できました。

残念ながら、今ではたいがいの大学では、そのような機会には恵まれません。一クラスの学生数が、二百人以上にも達しているケースが多いからです。

私が嬉しく思うのは、アメリカ創価大学が教授陣と自由に語り合える、よき伝統を保っていることです。学生九人に対して教師一人という比率は賞讃に値するものです。

池田　ありがとうございます。やはり〝一対一の対話〟が大事ですね。ここから無限の価値が生まれます。また、少人数の心の通い合う教育は、ますます重視されるべきであると、私も思っております。

今、「タウン・ミーティング」に触れられましたが、近年、こうした住民参加型の民主主義の伝統は、日本でも地方自治の重要性とともに、あらためて注目されています。

住民たちが活発に語り合う「タウン・ミーティング」——〝草の根の民主主義〟の息吹を、デューイ少年は伸び伸びと呼吸しながら、まさに〝開かれた対話〟の精神を身につけていったわけですね。

ヒックマン　そのとおりです。

第三に挙げるべきは、彼の妻アリス・デューイの影響力です。彼女は、アメリカの先住民を尊敬し、その文化的な貢献を尊重する環境のなかで育ちました。

第四の影響は、彼の友人であるジェーン・アダムズの仕事ぶりから学び取った深い洞察でした。彼女は、対話を妨げるどんなに困難な障害も乗り越えられる女性でした。

アダムズは、セツルメント・ハウス（隣保館）を創設して、十九世紀末から二十世紀初頭までの数十年間にシカゴに流入してきた移住者の波を迎え入れましたが、彼女は他の人たちの意見を聞き入れる大切さ、文化の違いを尊重することの大切さについて、デューイに大きな影響を与えたのです。

また、デューイが一九一九年から二一年にかけて、二十六カ月間、中国に滞在した際、積極的に「対話」を実践したことも、きわめて重要な結果をもたらしました。彼の「対話」の姿勢が大きな役割を果たし、中国訪問は成功したのです。

池田 デューイ博士は、近代中国の発展に大きな影響を与えたアメリカの知性の一人としても、誠に有名ですね。

私は、中国の著名な歴史家である章開沅博士*とも対談を行いました。章博士は、アメリカでデューイ博士に学んだ教育者の陶行知*が、デューイ哲学の「教育即生活」「学校即社会」の思想を、「生活即教育」「社会即学校」へと発展させ、民衆教育によって中国を近代化させたと論じておられました(6)。

革命前夜の中国にあって、デューイ博士は各地で二百回を超える講演を行ったとされます。また博士は、積極的な対話――創造的な「コミュニケーション」(意思の疎通)を心掛け、実に多くの青年たちを啓発し、励まし、勇気づけ、中国社会に新たな教育思想の息吹を送られました。これは、非常に重要な点であると思っております。

デューイ博士は、こうした対話による〝コミュニケーション〟の意義について、どのように考えていたのでしょうか。

対話こそ最善のコミュニケーション

ガリソン　デューイは、著作『経験と自然』のなかで、「あらゆる営為のなかで、コミュニケーションほど大きな驚異はない」と述べ、コミュニケーションが生まれるとき「あらゆる自然事象は、再考と修正を余儀なくされる」という有名な言葉を残しています。(7)

デューイによれば、人間が思考力をもつことは、心に何らかの「意味」を抱くことであり、その「意味」は「言葉によるコミュニケーション」から生まれるものだ、というのです。

この種のコミュニケーションとは、二人以上の人間——社会的存在が、自分たち以外の第三の事物や人間に関して、結果として行動による一致をみる、ということです。

私たちは自分たちの思考や自我を、他者の世界観を取り入れる能力に依存しています。だからこそ、人間の幸福のためには、よきコミュニケーションが必要不可欠なのです。

こうした言葉によるコミュニケーションにあって、「対話」が最善の方法であることは言うまでもありません。

デューイは、〝民主主義をはかる基準は自由で開かれたコミュニケーションにある〟と信じていました。もし人間の営みのなかで、コミュニケーションに制約を加える要素があるとすれば、それは民主主義を制約するものに他なりません。

デューイは、「対話」や「学問的探究」を含めた「探究」も、同じように民主主義の基準になると捉えていました。

ヒックマン 『経験と自然』は、デューイの最も重要な著書の一つで、一九二五年に発刊されました。ガリソン博士がその一節をすでに紹介されましたが、第五章の冒頭は次の文章で始まっています。

「あらゆる営為のなかで、コミュニケーションほど大きな驚異はない。事物が、外で押したり引いたりしている次元から、人間に対し、さらにそれら自身に対しても、内面の本質を明かす次元へと変化することが可能であるということ、そしてコミュニケーションが参加と分かち合いという成果を生むということ——これは全質変化*ですら色あせてしまうほどの驚異である」(7)

ここでデューイが言おうとしていることは、ごく単純なことと複雑なことの両面を含んでいます。単純な側面をいえば、「対話」に参加して語り合うのは、きわめて生産的な行為であり、その素晴らしさはイエス・キリストが行った奇跡（全質変化）さえ色あせるほどである、というのです。

もっと複雑な側面をいうなら、「コミュニケーション」とは、人間と人間以外の自然——これには生物だけでなく無生物も含まれます――との系譜的な結びつきを確立する作業である、ということです。

デューイが、人間の知力が現れて初めて自然はそれ自体の思考能力をもつようになると述べたのは、まさにこの後者の意味においてです。

コミュニケーションは、人間以外の自然にもありますが、「対話」――つまり自己を他者の立場に置き、他者の立場から自己を見つめられる能力――は、やはり人間だけに与えられた独自の能力のようです。そう考えると、私たち人間はきわめて大きな責任をもっていることになります。

デューイが、彼のもとにやってきた、ほとんどすべての人々と「対話」しようと努力したことは、よく知られている事実です。

コミュニケーションと仏法の縁起観

池田　大変に示唆的なお話です。対話とコミュニケーションの意義をさまざま語っていただきました。

仏法の縁起観については、これまでも触れましたが、仏法では、すべての生命が互いに影響を与えながら、不可分に結びついていることを説いております。

さらに、「依正不二」といって「正」（正報）――人間のような生命活動を営む主体と、「依」（依報）――それが拠り所とする環境が「不二」である、つまり「二にして不二」という一体の関係にあることを明かしています。これは、現象面においては別ではあるが、その根源の次元においては一体であるという意義になります。生命は、一瞬一瞬、この「依正不二」の法則に則り、相互に作用しながら変化していくのです。

私どもの生命は、人間との関係、社会との関係、そして自然との関係など、すべての環境との関わりのなかで互いに影響を与え合い――ある意味で、生命と生命の〝コミュニケーション〟を交わしながら変化を続けています。

そうした変化のなかで、価値創造の〝コミュニケーション〟を構築しながら、すべてを成長と幸福の方向へと発展させていく――依正不二の法理は、それを指し示しています。

デューイ博士は、「惑星は太陽系のなかで運行する」「人間の精神も、他者との交流と相互のコミュニケーションによって育まれる」[8]と洞察していました。

博士もまた、万物の壮大な連関のなかで、〝コミュニケーション〟の意義を捉えておられたことが、よく分かります。

東洋への深い憧憬を抱いていた民主主義の詩人ホイットマン*も、万物の結びつきの不思議を、高らかに謳っていましたね。

「全体が縁の糸で綴り合わされ、それでいて一つ一つがくっきりと自分自身のままでいる」[9]

万物も、また人間社会も、お互いが影響を与え合う不可分の関係にあるからこそ、よりよき〝コミュニケーション〟が、ますます大切であるといえるでしょう。

ガリソン　デューイがそうであったように、私もホイットマンが大好きです。

デューイは、ホイットマンと同様に、日常のコミュニケーションに現れるすべての事柄に畏敬の念を抱いていました。彼は、人間同士の顔と顔を突き合わせての対話を〝民主主義の砦〟として、とりわけ重視していたのです。

池田　一対一の対話こそ〝民主主義の砦〟である——デューイ博士、そして両先生のこの不動の信念は、私の胸にも強く響きます。

今、私が忘れ難く思い出すのは、一九九一年、統一ドイツのヴァイツゼッカー*初代大統領とお会いした際に語られた言葉です。

「私たち人間は物質的な繁栄だけでなく、人間自身のことに、そして人間の連帯、『共に生きる責任』について関心をもたねばなりません」

東西冷戦のもと、同じ民族が分断され、反目しあった時代を体験した哲人指導者の言葉だけに重みがありました。

大統領の持論は、資本主義も民主主義の体制も、それ自体では、人間らしい「美徳」や「責任感」を生み出せないということでした。そして、そこに果たす「民衆の役割」を重視していました。

どのような社会のしくみであれ、そこに温かい〝人間の心〟が通い合わなければ、この世は殺伐としたものになってしまう。

人間が人間として等しく尊重され、人間らしく生きることのできる民主主義社会――〝共生の社会〟の基盤を築いていくには、人々の心と心を結び、互いを高め、成長させゆく創造的な〝対話〟が必要です。

あの厳しい冷戦時代、私もソ連や東ドイツのさまざまな方々と交流しました。多くの人々が東側陣営を敵視していた時代です。ゴルバチョフ*元大統領、モスクワ大学のログノフ*元総長とも対話を重ね、対談集も発刊しました。

しかし、同じ人間として、会って率直に語り合えば必ず心は通じます。今日では、あれだけ堅固と思われた「鉄のカーテン*」も、「ベルリンの壁*」もありません。ですから、固定観念にとらわれない人間主義の哲学と対話の行動こそが、ますます大事ではないでしょうか。

ガリソン　まったく、そのとおりですね。無限の可能性を秘めた、この多元的で変転してやまない宇宙に対して、哲学は深く、そして永続的に関わっていかねばなりません。つまり、哲学に必要な認識とは、あらゆる存在は――人間の個々の存在も含めて――物質の固まりや、固定的な実体から成り立つものではなく、流動的な事象から成り立っているという認識です。

この認識に立つには、先に池田会長が触れられた仏教の「縁起」の概念を理解することが必要でしょう。そして、あるべき哲学とは、善い関係を生み出すことによって価値創造を求める哲学になるでしょう。

そうした哲学は、固定的で絶対的な考え方に囚われることはありません。それは、この世の悪を一つの物や実体と考えるのでなく、むしろ単なる悪しき関係性と捉え、巧みに善い関係性へと転換できるもの、と考えるような哲学です。

社会的な次元でいえば、あるべき哲学とは、人間一人一人を、こうした関係性を結びつける〝類い稀でかけがえのない中心点〟とし、大切にする哲学でなければなりません。それはまた、個々の人間がもつ独自の〝潜在的な能力〟は、他者との「トランザクション」（相互交渉）を通して初めて開花することを深く認識する哲学でなければなりません。

ですから私たちは、あらゆる〝差異〟を乗り越えて、精神的な平等性を主張する必要があるのです。こうした哲学は、さまざまな〝差異〟をただ受け入れるだけでなく、その差異を尊重し、育むものでなければなりません。それは、常にダイナミックな社会的関係を求めつつ、創造的な社会的行動を通じて、悪い関係性を善い関係性へと転換し、人間の苦悩を取り除くことを目指す哲学なのです。

池田　それが、デューイ博士が提唱した「創造的民主主義」を支える哲学でもありますね。博士にとって、「民主主義」とは、政治や社会の体制にとどまらず、もっと広く深い人間の「生き方」そのものであった。

民族や宗教やイデオロギーの違いなどを超えて、人間が生き生きと他者と関わり、社会と関わり、永続的により人間らしい世界を創造していくことでした。

「縁」には善縁と悪縁の両面がありますが、人間は主体的意志によって悪縁（悪い関係性）をも善き方向に変えることができます。宗教も人間がより賢く、より強く、より善く生きるためにある――私がハーバード大学での講演（一九九三年）で、二十一世紀の宗教の大きな使命として、デューイ博士の洞察を踏まえつつ強調したのも、まさにその点でした。

差異を乗り越えるコミュニケーションの重要性

ヒックマン　民主主義の理想をめぐる、非常に深い考察を語っていただき、ありがとうございます。

デューイは一貫して、民主主義を一種の〝信仰〟とみなしていました。つまり、彼の表現を借りれば、人間は〝経験〟を通して、次の〝経験〟が秩序のある、さらに豊かなものとなるような目的と方法を生み出すことができる——民主主義とは、そうした〝人間の能力への信仰〟であると考えていたのです。

それは超自然的、あるいは非自然的な権威に頼る必要などなく、私たちは個人として、また共同体としての〝経験〟がもつ可能性への信仰を土台として、より善き世界の創出のために協力できることを意味しています。そして、その〝経験〟を明確にし、変革していくことが、民主的な生き方にとっての生命線であるというのです。

創価学会のような人間主義の宗教団体には、こうした人間の能力への〝信仰〟を明確に語り、推進し、そして会長がいわれる〝悪縁を善き方向へと変えゆく〟模範を示し、努力を奨励するという重要な役割があると思っております。

つまるところ、哲学や宗教的信念、民主主義や教育の目指すところは、皆、同じく価値を創造することであり、人間の生き方の質を高めることにあるといえます。

ガリソン　〝悪縁〟を〝善縁〟へと転換し、人間の苦悩をとり除こうとする哲学は、絶え間なく進化し続ける多元的な民主主義を唱導し、リードしていかねばなりません。その民主主義とは、異なる歴史や願望をもつ人々の、それぞれの時代や場所の要請に応じていくものです。

そこでは、互いの〝差異〟を乗り越えゆくコミュニケーションが重要となります。そして、そのコミュニケーションとは〝知識〟にとどまるのではなく、そこから正しい行動へと駆り立てずにはおかない〝知恵〟を常に求め続けるものでなくてはなりません。

その意味で、デューイの哲学は、ここに列挙した特徴をすべて備えています。私の限られた知識に照らしても、創価学会の哲学にも同じことがいえるのではないでしょうか。

しかしながら、デューイのプラグマティズムと創価学会の哲学は、まったく異なる文化的土壌から生まれました。この事実からいえることは、知恵はまさに時代や場所を超える、ということです。

デューイの哲学と創価学会の思想とのあいだには、細かな点では、確かに多くの相違や表現上の違いはあるでしょう。それでも私たちは今、このように楽しく「対話」を進めています。

創価学会は、中世日本の封建的エリート主義から、日蓮仏法の理念を取り出し、その根本的に民主主義的な特質を民衆の手に取り戻しました。ゆえにその理念は、デューイのプラグマティズムに、よりいっそう近いものになっている――私にはそう思えるのです。

2　「対話」による紛争解決の潮流

デューイに啓発を与えたアダムズの信念

池田　「世界人権宣言」の起草に奔走された、ブラジル文学アカデミーのアタイデ*元総裁が、遺言の如く語っておられた言葉があります。

「すべての悪の脅威に打ち勝つものは、『対話』による相互理解と連帯の力である(10)」と。

この対話の力が、いやまして要請されているのが現代社会です。

対話には、〝草の根の対話〟から、いわゆる〝文明間の対話〟まで、さまざまな次元がありますが、その前提となるのは、まず相手との対話のテーブルにつくことです。

ところが現実には、これが大変に難しい。民族や文化的な背景などが異なり、互いのあいだに争いがある場合などは、とくにそうです。

これまで私たちは、デューイ博士の〝対話の精神〟について語り合ってきました。

対話を推し進める力について、両先生はどのようにお考えでしょうか。

ヒックマン　私も、異文化間の「対話」は難しい課題であると思います。池田会長も、ご自身の幅広い経験から、よくご存じと思いますが、このような「対話」は大変な労力を要します。

これまでにも申し上げたことですが、デューイに最も大きな影響を与えた人物の一人――ジェーン・アダムズの活動から、よい教訓を得ることができると思います。

一八九〇年代、アダムズとデューイは、シカゴを舞台にともに活動しました。当時、人間の対立の本質と、その解決の方途について思考をめぐらせていたデューイにとって、彼女の存在は、きわめて大きな助けとなりました。

アダムズが、セツルメント・ハウスの用地に選んだ約二百ヘクタールの地域には、四万四千人以上の人たちが住んでいましたが、そのほとんどが外国からの移民でした。彼らは、十八ほどの国々からやってきた人たちで、話す言葉も生活習慣も多岐にわたっていました。

このためアダムズは、言葉や文化の違いから生じる争いごとへの対処法はもちろんのこと、民族的な対立やイデオロギー上の争いにも、対処するすべを見つけ出す必要があったのです。

彼女がそこで経験した失敗や成功は、幾多の国籍や言語や生活習慣が、これまでになく身近となり、ますますグローバル化（地球一体化）する世界と向き合う私たちにとって、重要な教訓を与えてくれます。

池田　民衆に同苦し、苦しみを除くために尽くしゆく慈愛の女性の行動は、時とともに、いやまして人々の胸を深く打ち、光を放っていきますね。

デューイ博士も、シカゴ大学の同僚らとともに、セツルメント・ハウスでの教育活動に参加しました。その経験は、大変に貴重なものとなったようです。

アダムズは、二十年以上に及ぶセツルメントの活動のなかで、貧困と闘い社会の不正義と戦いながら、異なる人々を結ぶために奔走しました。

「正義を確立するためにいかに時間がかかろうとも、また、そのためにいかに困難な道を歩もうとも、正義が安定するまで止まってはならない」(11)とは私の好きなアダムズの言葉です。

ヒックマン　デューイは、一八九四年十月十日付の妻アリス宛の手紙の中で、アダムズについての、きわめて率直な感想を、次のように述べています。

「ぼくはアダムズに、こうたずねたのだよ――『この世には、個人間の対立もあれば、イデオロギー間の対立も、制度間の対立もありますね。その代表的な例が、キリスト教対ユダヤ教、労働者対資本家の対立であり、今でいえば、教会対民主主義の対立でしょう。真理を理解し、成長というものを実感していくには、そうした対立の存在を認識することが必要だとは思いませんか』。

すると、彼女は言下に『ノー』と答えて、こう語ったのだ――『本来、思想や制度間の対立などというものは、実際には存在しないのです。しかし、人間が関わることで、個人の姿勢や反応が投影され、その結果、真意の理解につながるどころか、それを遅らせ歪めてしまうのです』と。こう語る彼女の話しぶりは誠にさり気なく、実に淡々としたものだった。

ぼくは、今ここに彼女の語り口を再現できないが、もしそれができれば、今まで見たこともないほど見事に表現された、知性溢れる道義的信念というものを、きみにも少しは理解してもらえるだろう[12]」

著名なアダムズ研究家であるマリリン・フィッシャーの言葉によれば、アダムズがデューイに教えたことは、何も知らないで想像力ばかりを働かせて他人の生活に踏み込もうとすれば悲惨な結果を招くことになる、ということでした[13]。

アダムズ自身、「共感の心をもって相手を知ることこそが、人間の抱えるどんな問題への対処においても私たちが取るべき唯一の道なのです[14]」と書き記しています。

そして、言うまでもなく、この思いやりの心をもって相手を知ることこそ、デューイの教育哲学の要なのです。

ガリソン　そうですね。デューイは、『倫理学』のなかで、こう述べています。「共感は、自我を超えて思考を羽ばたかせ、その思考の領域を普遍の際にまで到達させる。（中略）共感とは、道徳的判断が形になって生きて動いている姿である。（中略）なぜなら、それは最も効験あらたかな知的観点を提供してくれるからである。それは複雑な状況を解決するための、きわめて優れた道具である(15)」

デューイはきっと、アダムズとの度重なる会話を通して、この見解に達したのでしょう。ヒックマン博士が指摘したように、彼女は敵対や反目は無益で有害であり、またデューイのいう「最も効験あらたかな知的観点」に立って対処すれば、そのようなものは不必要になると考えていました(15)。

彼女はデューイに、学問の象牙の塔から生まれたものではなく、シカゴの街の中で、実用的な知性が実際に行動に移されてきた素晴らしい模範を示したのではないでしょうか。と同時に、恵まれない人々とともに活動するなかで、〝あわれみ〟とはまったく異なる〝知的共感〟がいかに重要かを、デューイに認識させていったのだと思われます。これは彼の心に深く刻まれました。

歴史的な「ベルファスト合意」

池田　よく分かります。ヒックマン博士の指摘された「思いやりの心」、ガリソン博士の「知的共感」――いずれもきわめて重要な視点ですね。

アダムズは、第一次世界大戦の動乱の時代を超えて、アメリカ初の女性平和団体「女性平和党」（WPP）の代表として活躍し、さらには女性国際平和自由連盟（WILPF）の会長として、世界の女性の連帯を、アジア・太平洋地域にまで広げていきました。

そうした平和活動のなかで、一九二三年（大正十二年）六月には日本を訪問し、偉大な「平和の母」として人々から熱烈な歓迎を受けています。

日本では講演などを行ったものの、疲労が重なったのでしょう。残念ながら病に倒れてしまい、わずかの滞在で帰国の途に就かざるを得ませんでした。

しかし、彼女の思想と行動は、日本の女性・平和運動の発展に大きな啓発と勇気を贈ってくれました。

アダムズは、語っています。

「人びとの間あるいは国と国の間に存在する正義は、人と人また国と国の相互理解とその促進

學者らしい風姿で
來神したアダムス女史
日本婦人にお目にかゝつて……と

人類の相愛と道徳のある相互の諒解とに根柢を置く世界平和の主唱者ジエーン・アダムス女史は廿日午後十時十分神戸驛着直ちにオリエンタル・ホテルに投じた、記者等が姫路驛に出迎へると女史は一寄車の時つきを枕に寝てゐた、左の方には女史の同行者で市俄古市の鉄藏家であるマク・・スミス女史が謹徭し左に和田富子女史が控へてゐた、枕許には各種の婦人が女史の徳を慕つて女史に贈つた花束が堆高く手荷物の上に積まれてゐた、眼を醒ました女史に『支那の現在について何か御考へがありませんか』と聞くと『支那には三週間ゐたがそんな問題を研究する暇を持たなかつた』と外し『日本に來たのは日本婦人と社會運動家にお目にかゝつてお互に社會、人類の爲に貢獻したい考へです』と語つた、此時大阪市の女史歓迎委員社會課水野和一、志賀市民館長、山樹親學、小樫實之助諸氏が車中に出迎へると女史は太く喜んで在阪中の打合をした

女史は長途の旅行に疲勞して居るに拘らず跣石市俄古の貧民窟でハル・ハウスを建てゝ卅三年間現在では十三軒の建物を有し日々千五百人の青年男女に凡ゆる教育を施してゐるだけに常に平靜で米國婦人に有り勝の顔面神經を無暗に動かしての表情澤山

神戸驛に着いたアダムス女史

ジェーン・アダムズの神戸到着を伝える新聞記事（「大阪毎日新聞」1923年6月21日付）

においてのみ確立すると私は信じている」[16]

長年の対話の積み重ねから、民衆と民衆のあいだであれ、国家と国家のあいだであれ、相手を理解し共感を分かち合っていくことこそが、やはり何よりも大切であることを彼女は痛感していたのでしょう。

どんなに困難な状況であれ、また難しい相手であれ、対話の道を開いていくことが問題解決への第一歩となる――これは、世界の数多くの識者と語り合ってきた、私自身の結論でもあります。

ガリソン　確かに、どんな相手も、まずは対話のテーブルに着かせることが先決ですね。

そこで何よりも大切なことは、招いた側も招かれた側も、お互いに敬意を示し、友好的なもてなしの心で、すべてを考えることです。また、どのような相手であれ、力ずくで無理やり対話へ引き込もうという乱暴なやり方も慎むべきでしょう。なぜなら、暴力は暴力を永続化させるだけですから。

時には、暴力がそれ以上悪化するのを防ぐために、一時的に力による調停――例えば軍事行動に乗り出すことがあるかもしれませんが、最大限の抑制をもって対処し、早急に和解をはかる必要があります。

そうした調停の一例として、「北アイルランド紛争*」の和解は、全世界に希望の光を投げかけるものでした。

北アイルランド紛争は、カトリック系住民とプロテスタント系住民の宗教間の対立が絡むものですが、遠因を辿れば、さらに深刻で複雑な何百年もの歴史が背景にありました。

しかし、一九九三年十二月十五日に和解の共同宣言が発表されて以来、事態は大いに好転しました。九八年四月には、歴史的な「ベルファスト合意」が実現し、自治政府と議会が設置されました。

池田 ええ。画期的な平和への布石となりました。北アイルランドにおける根深い対立は、二十世紀に入って――とくに一九六〇年代末からは抜き差しならぬほど深刻化し、憎悪に満ちた激しいテロ行為の応酬を招いてしまいました。

それが近年、地域住民の意思を尊重し、関係者の主張に粘り強く耳を傾ける「対話路線」の推進によって、歴史的な合意を勝ち取り、和平の成果を着実に積み重ねてきたのです。これは、偉大な非暴力の勝利であり、勇敢な対話の勝利といっていいでしょう。

一日も早い紛争の解決を祈り、訴えてきたアイルランドやイギリスのSGIの同志も、ともに喜びを分かち合っていました。

二〇〇九年の五月には、北アイルランドのクイーンズ大学ベルファストのグレッグソン学長一行を創価大学にお迎えしました。

クイーンズ大学は、紛争の終結と和平の前進のために大きな貢献を果たされた学府です。

学長は、その一例として、長い紛争中も、毎年、地域の人々の心と心を結ぶ芸術の祭典「ベルファスト・フェスティバル」を開催してきたことを挙げ、「文化・芸術は平和を建設する偉大な要素です」と語っておられました。

平和調停で大きな役割を担われた、同大学のジョージ・ミッチェル元総長*とは、これまで私も、書簡を交換するなど交流を重ねてきました。

氏は〝紛争は人間によって起こされるものであるから、必ず人間によって終結させることができる〟との確信をもち、粘り強い対話を続けてこられた方です。

ガリソン　どんなことでも、時代と場所によって事情は異なるものですが、「ベルファスト合意」という、あの素晴らしい出来事は、次のように一般論として総括することができるのではないでしょうか。先ほど私は、どのような相手も、まずは対話のテーブルに着かせることが先決だと申し上げましたが、アイルランドのケースでは、すぐにでも世界各地の紛争に当てはめられる点が、幾つもあると思います。

第一に、大多数の民衆が紛争の終結を望み、そのための勇気と決意を示す必要がある。

第二に、暴力は決して紛争解決をもたらすものではないという認識が幅広く行きわたる必要がある。

第三に、指導者たちは平和を願う民衆の意思を理解する、あるいは、そうした民衆の意識を育むことが大切である。

第四に、ジョージ・ミッチェル氏のような調停者の存在が、決定的な役割を果たすことが多い。直接の話し合いの場に着きたがらない関係者たちのあいだでは、双方から信頼される調停者の存在が、しばしば必要とされる。

第五には、和平への努力を助ける第三者は有益であるが、紛争を長引かせるような第三者は有害である。

第六に、交渉に当たる当事者たちは、絶えずお互いに連携を保たねばならない。現代の通信技術はその一助となる。

第七に重要なのは、信頼と忍耐である。

第八には、地域や共同体に根差した諸団体の力を結集すべきである。

第九に、調停案は当事者双方に経済的利益が感じられるものでなければならない。アイルランドにとっては、EU(ヨーロッパ連合)への参加がもたらす役割の変化が重要だった。

第十に、大切なのは希望である。

第十一に、各当事者が、自分たちの発言権が公平かつ適正に確保され、権限も適正に分担されていると確信できなければならない。

第十二に、自分たちの意見を述べることができ、相手の意見にも注意深く耳を傾けることが、どんな場合もきわめて重要である。

今、池田会長が触れられた、クリントン大統領(当時)の特使として北アイルランド紛争の調停に当たったジョージ・ミッチェル氏は、アラブ人の血を引くアイルランド系アメリカ人で、米上院民主党院内総務を務めた経歴の持ち主です。

北アイルランド紛争の全当事者が、このミッチェル特使のことを、素晴らしい調停者で不偏不党の聞き手であり、その忍耐力は全員の信頼を得ていたと報告しています。

私は、ここに列挙した各項目が、必ずしもすべてを網羅しているとも、また全部が必ず必要であるとも思っていません。どこから手をつけるのが一番よいかは、状況次第でしょう。最も大切なことは、すべてにわたって生き生きとした「調和の精神」が脈打っていることだと考えています。

「教育と、教育と、そして教育です」

池田 ガリソン博士が挙げられた一つ一つのポイントは、どれもが和平実現のための急所となる視点ですね。

私は、この北アイルランドの経験と知恵に世界は学ぶべきであると、「SGIの日」記念提言をはじめ、さまざまな機会に訴えてきました。

ガリソン博士が第一項目に掲げられたように、平和への断固たる意志と勇気の対話の力を示した、かけがえのない軌跡です。

ヒックマン 池田会長が紹介してくださった「終結させることのできない紛争などない」

——この信念は、とりわけ平和への展望が見えない最悪の状況にある場合にこそ、私たちが肝に銘ずべき重要なポイントです。

また、ガリソン博士は、「ベルファスト合意」へと至った多くの要素を見事に説明・分析してくれました。これらの要素はすべて、現在及び未来における他の紛争の解決方法を考えるうえで、きっと役立つに違いありません。

ガリソン博士が述べられた要素は、どれも重要ですが、そのなかでも私は、子どもの教育の土台となる社会福祉の果たすべき中心的役割も強調したいと思います。

子どもはとくに、社会的にも経済的にも弱い立場にありますので、教育の機会を奪われがちです。そして、教育が貧弱だったり、また機能していないところでは、人生の可能性を展望する能力も同様に欠如しているものです。とくに、共通の精神的目標に向かって協力し合いながら行動する可能性を、思い描くことができないのです。

ガリソン　「不調和」（紛争や悪など）を「調和」（平和や善など）へと転換したいと望むなら、何より「対話」に励まなければなりません。そうすることが、人間のもつ創造性の「可能性」を認めることになるのです。

そこで重要なのは、「対話」の参加者全員が〝差異〟を乗り越え共感をもって、それぞれの信条や価値観や生活のあり方を互いに理解しようと努めることです。とはいえ、十分に理解し合うことはなかなかできないものです。それでも、私たちが力を合わせて新たな意義を生み出すならば、相互理解が築かれる場合もあるでしょうし、少なくとも対話を続けようという意欲は生まれるはずです。

大切なのは、敬意を抱きつつ対話を楽しむという、ある程度の〝陽気さ〟を持ち続けることではないでしょうか。何でもいいのです。常に互いの差異を尊重しつつ、悪意のない冗談や親交そのものを楽しみながら可能性を探っていくのです。

池田 大事なご指摘です。

クイーンズ大学のグレッグソン学長が自身の信条とされてきたのは非暴力の闘士ガンジーの信念でしたが、そのガンジーが「よく笑う人」であったことは有名な話です。

深刻な状況や、ある種の膠着状態を打開していくには、交渉力のような技術ももちろん大切です。とともに、不屈にして朗らかな〝心の明るさ〟――人々の気持ちを一つにまとめていく逞しき楽観主義が不可欠です。

北アイルランド紛争の解決のために、多くの母たちとともに立ち上がり、歴史的な平和の行進を行ったベティ・ウィリアムズさん*も、逞しき楽観主義で戦ってこられた偉大な「平和の母」です。

ウィリアムズさんにお会いしたとき、私はこう尋ねました。「あなたは北アイルランド紛争の教訓として、憎悪と報復の連鎖は、世代を重ねるごとに残酷になっていくと指摘されています。この連鎖を断ち切るために最も必要なことは何だと思われますか」

彼女の答えは明快でした。

「それは、相手に屈服しないで、なおかつ慈愛の心を示すことではないでしょうか」

そして彼女は、こんなエピソードを語ってくれたのです。

「ある一人の男性が、私に向かって、まるで噛みつくかのように、また頭突きでもするかのように激しく文句をいってきました。私は、一切、たじろがないで、彼の前に立ち続けました。やがて、その男性は疲れてきて、次第に穏やかになり、私の前を立ち去って行きました。去って行く彼の背中に向かって、私は言いました。『それでも私は、あなたに慈愛を捧げます』と。

二カ月後、彼は、私たちと同じ平和運動家になっていたのです」と。

また、ウィリアムズさんは、「女性の責任として、暴力に訴えたり、圧政を行ったりする悪い人物が政治家に選ばれないようにしなければならない」とも語っておられました。その上で何が必要かといえば「教育と、教育と、そして教育です」と、声を励まして言われたことが忘れられません。先ほどのヒックマン博士のお話と一致します。異なる文化や宗教など、多様な背景をもつ人々との差異を乗り越えていくには、やはり教育と文化の啓発や交流が重要です。

それは、何よりも、「開かれた心」「開かれた対話」を培うものであるからです。

「心の声」に耳を傾ける対話を

ヒックマン　ベティ・ウィリアムズさんの素晴らしい体験に関連して、先ほど触れたもう一人の平和活動家ジェーン・アダムズの話に戻りたいと思います。

彼女は、一八九〇年代のシカゴで、文化的に多様な移民たちの調和をはかろうとしましたが、その活動の初期に経験した抵抗について語っています。

ある時、彼女は街の通りで、つばを吐きかけられます。しかし、その際の果敢で慈愛溢れる対応によって、彼女は多種多様な移民グループを取りもつ調停者として、人々に受け入れられていったというのです。

ウィリアムズさん、及びアダムズの二人にとって、パシフィズム（平和主義）とは、決してパシヴィズム（受動主義・消極主義）ではなかったのです。

ガリソン　私は一九九〇年代の初期に、ステファニー・L・キムボールと一緒に、「差異を超える対話において相手の言い分を聞くこと」をテーマとする論文を書き始めました。

私たち二人が開発した最も強力なアイデアは、こういうものです。

対立する二者の主張がどれほどかけ離れていても、ときに両者のあいだに、ともに理解を生み出すことは可能である、と。

彼女は、すでに大学での学究生活は辞されていますが、地域活動に積極的に取り組み、草の根民主主義に献身しています。結局のところ「差異を超える対話」で何よりも大切なのは、北アイルランド紛争のケースからも明らかなように、それぞれの地域や地元で成功を収めることなのです。

本来、「対話」の半分を占めるべきは、相手の言い分に耳を傾けることですが、これは実際には忘れられがちです。人間は、どうしても話す権利ばかりを気にするようです。

私たちは、一見「対話」（ダイアログ）をしているようで、実際には「独白」（モノローグ、ひとりごと）になっているケースがあまりにも多い。これは双方が互いに相手の言い分を聞かないで、自分がしゃべる番ばかり待っているからです。

デューイが指摘しているように、「独白は半端で不完全な思考にすぎない[17]」のです。残念ながら、現在、異文化間対話としてまかり通っているものの多くは、実際には「半端で不完全な思考」なのです。しかし、「対話」の全参加者が注意深く相手の言葉を聞くならば、調和の取れた一貫性のある思考に到達できるでしょうし、少なくとも暴力沙汰は避けることができるはずです。

時には、当事者同士が対話を始める準備が整っていないケースも、当然あります。そんな場合は、当事者たちを離しておくのが、あるいは最善の方法なのかもしれません。

また、これはキムボールのおかげで学んだことですが、多くの場合、相手を思いやる「同情」の心は価値あるものですが、時にはそれが危険なこともあります。私たちは、自分ではなく相手の考えを聞こうと努力しないと、自分の要求や必要、そして願望を相手のものと混同してしまうことがあります。これは危険なことです。他人の苦しみを、相手の身になってではなく、自分の立場から解決しようとすると、とんでもない悲惨な事態を招いてしまいます。

池田　おっしゃるとおりですね。

これまで語り合ってきたように、対話が成立するためには、相手の話をよく聞き、理解し合うことが一切の出発点です。対話とは、相手の「心の声」に誠実に、そして真摯に耳を傾ける営為でもあります。

漢字では、心深く耳を傾ける「傾聴」という表現もあります。口は一つ、耳は二つですから、話すことに倍して「よく聴く」努力が大切ですね。

「この人は、どのようにして、こうした考えをもつに至ったのだろうか」「この話を通して何を伝えようとしているのか」「本当に訴えたいことは、実はまだ言葉になっていないのでは……」など、相手の話の核心を受け止める、こちら側のアンテナの感度も大切な要件でしょう。

さらにいえば、仏法の菩薩道の実践の上から、話を聴くということは、他者の苦しみに〝同苦〟するという全人的な行為でもあります。

ガリソン　とてもよく分かります。私は、「法華経」の第二十五品（観世音菩薩普門品）を初めて読んで、観世音菩薩を知ったとき、深い受容性と思いやりの心をもって人々の苦悩の声を聴く、この菩薩の理想の姿を直ちに理解することができました。観世音菩薩は常に「相手側」の必要・欲求・関心・願望に沿って、他者の苦悩を理解し、軽減させようと努めます。

異文化間の対話に取り組むには、誰もがこの菩薩の精神に倣うよう努力すべきでしょう。

池田　対話を手放すことは「人間への信頼」を手放すことです。後に残るのは「力の論理」しかありません。暴力や力は憎しみを生み、新たな暴力による報復を生み出していきます。これでは、平和を築くことなど永遠にできないでしょう。

これまで、人間性への信頼に基礎を置くデューイ博士の哲学は、「楽観的すぎる」と批判されることがありました。しかし、力の論理が結果として、真の「平和」も「共生」ももたらさないことは歴史が証明してきたことです。

その意味でも、ジェーン・アダムズの貢献や北アイルランドの和平などは、確固たる希望のモデルとして光っています。

ゆえに私は、「対話する勇気を！　それが真の〝人間の勝利〟である」と声を大にして叫びたいのです。

3　民衆主役の世紀を目指して

デューイの教育思想と中国社会

池田　民主主義は、幾多の先人の勇気ある行動によって勝ち取られてきた人類の宝です。そのなかにあって、デューイ博士が果たされた貢献には、実に大きなものがあります。

ここからは、「デューイ博士と民主主義の思想」をめぐって語り合っていきたいと思います。デューイ博士が日本と中国を訪問したのは、一九一九年のことでした。この博士の旅は、民主主義への信念を、さらに強めゆく契機ともなりました。

当時は、一千万人もの戦死者を出した第一次世界大戦への反省から、パリでは講和会議（一月〜六月）が開催され、国際社会が平和秩序の構築を模索していたときです。

ところが残念なことに、こうした世界の潮流に逆行するように、日本は軍国主義への傾斜を次第に強めていきます。デューイ博士が訪日の際、全体主義的な思想教育の実態に驚き、強い危惧を抱いたことは、これまでも語り合ったとおりです。

一方、当時、日本が利権拡大を狙い、着々と地歩を固めていた中国で、デューイ博士は学生たちを中心とする抗日運動＊の高まりを目の当たりにしました。その後、一九三七年（昭和十二年）七月の盧溝橋事件＊を経て、日中は戦争へと突入していきます。

日本と中国への訪問は、博士が自ら希望されたそうですが、これは東洋思想への関心なども大きかったのでしょうか。

ガリソン　驚かれるかもしれませんが、実はそうではなかったようです。

デューイとアリス夫人は、今日の欧米の観光客と同じように、アジアを体験したかっただけなのです。二人の日本人の実業家＊によって、東京帝国大学（現在の東京大学）での講演が準備されましたが、それがきっかけで夫妻の休暇の予定は変わっていきます。

当時の日本は、軍国主義的な色がきわめて濃く、デューイの民主主義に関する思想は、ほとんど何のインパクトも与えませんでした。

しかし、中国では状況が大きく異なっていました。

池田　おっしゃるとおり、まったく対照的でした。博士夫妻が、中国訪問の最初の地・上海に到着したのは、一九一九年の四月三十日、日本の植民地主義的な強圧に対し、中国の民衆が抗議の声を上げて立ち上がった五・四運動*の直前のことでした。

上海では、コロンビア大学で博士の教え子であった胡適*や陶行知らが出迎えました。五月の三日と四日には、江蘇省教育会で「平民主義之教育」と題し講演を行っています。

まさにデューイ博士は、当時の中国が必要としていた教育思想を抱えて、民衆のなかに飛び込んだことになります。


ガリソン　ええ。デューイが訪問した当時、中国は大きな社会不安の真っただ中にあり、彼は民主主義と科学と近代化の先覚者として歓迎されました。デューイ自身も、中国の未来は日本に比べればずっと明るいと見ていました。軍国主義と国家神道と硬直した封建的階級制度に覆われた日本の姿に当惑し、不安を抱いていたからです。当初は、北京大学から一年間の予定で招聘されたのですが、結局は二年間の滞在となりました。

デューイは、コロンビア大学の同僚に宛てた書簡のなかで、アジアの視点から見る西洋はすべてが異なって見え、その体験が自分を若返らせたと綴っています。アジアでの経験は、彼を大きく変えました。

この訪問を通して、デューイはそれまでの自身の西洋的な世界観に対して、距離を置いて批判的に見るようになり、東洋思想の良さを認識するようになったのです。

ジェシカ・（チン＝ズィー）ワンは、反省的思考の人であったデューイは、ほどなく中国には西洋世界の政治的経済的概念がほとんど当てはまらないことを悟った、と述べています[18]。

個人の権利と同等に個人の責任を強調する民主的共同体について、デューイは常に、その政治的、抽象的、形式的、法律尊重主義的、行政的構造よりも、文化的、社会的、具体的、道徳的、美的概念のほうを志向していました。ワンは、デューイの東洋の認識について、こう示しています。

東洋では、内面化された社会統制――有機的な社会的関係性における個人の責任という意味で――が、独立した別個の個人主義というフィクションに基づく型通りの法理学が外在化したようなメカニズムではなく、社会的相互作用を通して各人が持つ固有の可能性の実現を促してきたのである[18]、と。

デューイは、人は超自然的な神を信じなくても、深遠な倫理性を備えることができると考えていました。また、東洋思想が文化の芸術的、美的側面を強調している点も評価し、それは創造的民主主義に貢献できるだろうとしています[19]。

最終的に、東洋における人間と自然の一体感の重要性を認識したデューイは、そこから道教とその「無為*」という観念に至り、これを道徳的行為の一形態とみなしました。それは、従うことによって征服することであり、自然の成せる業を待つ粘り強さです。

デューイは、〝能動的忍耐〟とは、実用主義的行為の、きわめて思慮深い例の一つに他ならないと覚ったのです。彼は、「富貴にして驕れば」(20)やがては「自ら其の咎を遺す」(20)と考えました。

池田 私は、中国教育学会の顧明遠会長＊とも対談を重ねてきましたが、そこでデューイ博士の中国訪問が話題になりました。

顧会長は、語っておられました。

――デューイ博士の哲学や教育思想が、封建主義と帝国主義の圧迫下にあった中国社会に伝えられたことで、平民教育が鼓舞された。とくに子どもの自主的な活動を重視したデューイ博士の進歩的な教育思想は、さまざまな変遷を経ながらも改革開放後の中国において再び重視されている、(21)と。

ガリソン デューイの教育思想が、毛沢東時代＊の抑圧を経て、今日の中国で復興しているとは嬉しいかぎりです。

残念ながら、当時、中国でデューイを受け入れた人々は、仏教の教えを欲望の消滅や超俗的な涅槃（ニルヴァーナ）を求める消極的で宿命論的な宗教として彼に示したようです。それは、能動的で世界の変革や改善を求めるデューイ自身のビジョンとは相いれないものでした。

もし当時、ＳＧＩが存在していて、彼の信念や価値観に合致した仏教思想との創造的対話が実現していたらどうであったか。それを想像することも実り多いのではないでしょうか。ある意味で、何十年も経た今、私たち三人がその対話を実践しているのかもしれません（笑）。

デューイの東洋への訪問は、「価値創造」の対話の始まりだったと思うのです。この鼎談も、その価値創造の一環といえましょう。

デューイの哲学と、日蓮や創価学会の哲学が驚くほど類似しているのは、〝知識〟には文化による制限があったとしても〝知恵〟には国境がないことを示唆しています。

決して容易ではないかもしれませんが、目を凝らして探せば、そうした価値創造の対話は東洋でも、西洋や中東でも、そして地球上のどこでも生まれるのではないでしょうか。

池田　私も、まったく同感です。真理を照らす英知の輝きに国境はありません。それは、人類が受け継いできた貴重な精神遺産に広々と共通するものです。

いずれの時代、いずこの国にあっても、優れた文化や文明の土台となった思想・哲学は、それぞれに万物の実相に眼を開き、人間生命の無限の可能性に光を照射しています。この点でも、深く広く響き合っているのではないでしょうか。

話を戻しますが、ヒックマン博士は、デューイ博士のアジア訪問を、どのようにご覧になっていますか。

ヒックマン　そうですね。デューイ博士夫妻は旅行が好きで、長いあいだ日本と中国への訪問を切望していました。そこで、仕事を兼ねた短い休暇を計画したのです。もちろんそれは、デューイにとってはまったくの「休暇」ではなく、彼はしばしば執筆や講演を行っていました。

デューイ夫妻は、もともと日本の後に短期間の中国訪問の計画を立てていたのですが、彼は日本での滞在中に、かつての中国人の教え子たちから北京大学などで一年間講義をするよう招請され、それを受け入れたのです。最終的には、中国には一九二一年までの二年間にわたり滞在しています。

この訪問以前に、デューイがどの程度、アジアの哲学について知識があったかは定かではありません。ただ私は、彼が仕事で使っていた書庫の中に、一九一〇年発刊の『論語』*（英文）を発見しました。その本は今、私たちの南イリノイ大学カーボンデール校が所蔵しています。

前にも申し上げましたが、重ねてお伝えしたいのは、デューイは日本で目の当たりにした軍国主義に愕然とし、おそらく、それゆえに旭日章受章を丁重に辞退したのではないかということです。

デューイが理想とした「創造的民主主義」

池田　休暇で訪れたはずのアジアの地で、デューイ博士が見たものは、次の戦争の「火種」であったのでしょうか。博士は帰国した一九二一年の暮れから、本格的に「戦争非合法化運動」に取り組んでいきます。

私たち創価学会は、一九三〇年（昭和五年）に誕生しました。世界史的に見れば、第一次世界大戦が終わり、第二次世界大戦が始まるまでの「危機の二十年」の真っただ中で、「子どもたちの幸福」「民衆の幸福」を願い、生命尊厳の仏法思想を基調とした対話運動を開始したのです。

時の軍部政府に対峙して、牧口初代会長、戸田第二代会長が囚われたのは、一九四三年（昭和十八年）のことでした。

一方、ドイツでも、一九三〇年代にナチスの独裁政権が誕生し、デューイ博士は深い懸念を抱いていました。しかもナチス政権は、当時、最も先進的な民主憲法と謳われたワイマール憲法のもとで選挙によって誕生したのです。

博士は、自身が理想とする「創造的民主主義」について述べた講演（「創造的民主主義――私たちの目の前にある課題」）のなかで語っています。

「民主主義の手強い敵と対戦して勝つためには、私たちは一人一人のなかに確固たる人格の姿勢を創造しなければならない。それが平和的であれ、軍事的であれ、外的な手段によって民主主義を守ることができるといった、私たちがよく陥りがちな考えは捨て去るべきである」[22]（趣意）

博士が重視していたのは、民主主義を支える民衆一人一人の資質であり、信念であり、道徳でした。

人間の尊厳を最高の価値に据え、一人一人の創造性を開花させていくには、不断の精神闘争が必要となる。民主主義の堕落を防ぐには、結局、それ以外にない――これがデューイ博士の断固たる考えでした。

博士は、次のようにも述べています。

「民主主義が果たすべき役割とは、経験自体が終わらないかぎり果てしなく続くものであるから、その仕事は、すべての人々がともに分かち貢献し合う、より自由で、より人間的な経験を、永遠に生み出し続けることである[22]」

すなわち、民主主義はどこかで「終わり」や「完成」を迎えるものではなく、よりよい社会を創造するために、永遠に前進すべきプロセスなのです。

だからこそ、デューイ博士は民主主義の価値を擁護し、当時の共産主義やファシズムを批判しました。そうした態度に対して、心ない中傷を浴びせる人間もいましたが、博士はまったく意に介しませんでした。

ヒックマン　デューイの最も雄弁な民主主義論の一つが、まさに池田会長が挙げられた一九三九年の「創造的民主主義――私たちの目の前にある課題」と題した講演です。

彼がこの講演を行ったのは、まさしくファシズムとスターリン主義が進行中の年であり、一般に民主主義の諸制度に対して好意的ではない時代でした。

この講演のなかで、デューイは民主主義とは人間の生き方そのものであると特徴づけ、「民主主義的な生き方は、人間性が具える可能性を信じるかどうかで決まる」[22]と語りました。

さらに彼は、民主主義的な生き方には、「人間性に具わる潜在能力を信じることが必要である。人間性は、人種や肌の色や男女の違いや生まれや育ち、あるいは貧富や文化の違いを問わず、すべての人間がもつ特質であるから」[22]と述べています。

民主主義とは、単なる選挙の投票や法律の制定などを、はるかに超えたものです。民主主義は、私たちが人類同胞に接するあり方そのものであり、私たちの経験の外に存在するとされるような権威などに干渉させてはならないのです。

同じ講演でデューイは、民主主義の特徴を「進化を続ける試み」であると捉えて、特定の国家や文化の人間生活を基準に民主主義を定義することはできない、と述べています。[22] そして民主主義を信じることは、教育を信じることであると語っています。

ホイットマンの思想に共鳴したデューイ

池田　デューイ博士の信条を、的確に述べていただきました。こうしたデューイ博士の民主主義の哲学に影響を与えた人間群のなかに、ウォルト・ホイットマンがいます。

デューイ博士は「民主主義とは自由で豊かな交わりを持つ生活につけられた名前」であると述べ、「それはウォルト・ホイットマンにその先覚者を持っていた」と綴っています。[23] 人間の「自由」と「自主」を高らかに歌い上げた民衆詩人ホイットマンの息吹は、デューイ博士にも生き生きと流れ通っています。

ホイットマンといえば、私も青年時代から愛読した詩人です。戦後、詩集『草の葉』を買い求め、暗唱するほど読み込んだことを思い出します。青年や学生たちに対しても、折々にホイットマンの詩や生き方を通してスピーチもしてきました。

創価大学の講堂の前には、アメリカの著名な実業家が寄贈してくださったホイットマンの銅像が設置されています。

ガリソン　ホイットマンの、あの人々を鼓舞するような詩集を、池田会長は熟読されたのですね。私も同じ経験をもっています。創価大学訪問の折には、ホイットマンの像の前で写真を撮ってもらいました（笑）。

池田　ホイットマンを愛する同志を見いだした思いがします（笑）。ガリソン博士は、これまでも、デューイ博士がホイットマンに共感していたことを指摘されていましたね。

『草の葉』の序文には、こう綴られています。

「合衆国の真価を、はっきりと、あるいはくまなく表わしているのは、行政部でも立法部でもなく、さては大使、作家、大学、教会、社交界でもなく、新聞や発明家たちですらなく――東西南北のあらゆる州に、その力強く豊かな国土のいたるところに生きる民衆こそ、つねに最大の代表者なのだ(24)」

民衆こそ主役であり、主人である――詩人の叫びは、民主主義の新たな時代を開く讃歌となりました。

デューイ博士とホイットマンの思想には、多くの共通点があります。二人は会ったことがあるのでしょうか。

ガリソン　デューイとホイットマンが会ったという証拠はありません。しかしホイットマンは、デューイの親友ウィリアム・T・ハリスとの邂逅を、『自選日記』の中に記しています。デューイは、このホイットマンの日記を、『草の葉』とともに書斎に置いていました。

デューイは、ご指摘のとおり、自分の著作でホイットマンを語ることは、あまりありませんでした。しかし彼は、ホイットマンを「民主主義の先覚者」と呼んでいます。これはデューイが、彼をいかに高く評価していたかを示すものです。

デューイによれば、ホイットマンは「民主主義が単なる統治の一形態でもなければ、社会にとっての一手段でもなく、人間と人間の経験が自然とどのように関係しているかについての基本原理である」ことに気づいていた稀有な人物の一人だった(25)のです。

デューイは、我々は多様で多元的な大宇宙に住んでいて、そこに個々に存在するすべてが繰り広げる一つ一つの相互作用から、新たな行動のあり方が生まれると考えていました。このように、デューイが抱いた民主主義のビジョンとは、実存の本質をめぐる彼の見解の一部を成すものだったのです。個人や、文化全体が相互に作用し合うとき、新しい意義と価値が生まれると考え、個人や国家間の良好なコミュニケーションに基づく交流が、人間の幸福を持続し、生かされている喜びを高めることに貢献できるような、新しい意義や価値を創出できるとしていました。

ヒックマン　ホイットマンの民主主義のビジョンの広さには、いつも感嘆するばかりです。その広大さは、およそ私たちの思考の枠をはるかに超えたものです。

ホイットマンは、すべてにわたり幅広い視点から思索を凝らしました。その眼は多種多様な国民、多種多様なタイプの人びとの観点を包含していたといえましょう。

いつ読んでも素晴らしい感動を与えてくれます。

池田　民主主義は「最も厳密で、最も心を豊かにしてくれる法則」であり、「永遠に続く、宇宙のゆるぎなき秩序である」(26)――これが、ホイットマンの確信でした。

もう三十年ほど前（一九八一年六月）になりますが、ニューヨークのロングアイランドにあるホイットマンの生家を訪れる機会がありました。

十九世紀のアメリカ・ルネサンスの往時を偲ばせる質素な建物には、南北戦争時代の直筆の日記のほか、直筆原稿のコピーや肖像画をはじめ数々の貴重な遺品が陳列されていました。

この家は、マンハッタンの巨大なビルよりも、どれだけ多くの深い価値を人々に与えてきたことか――私は、案内してくださった保存協会の方に申し上げました。

こうした建設期のよき精神性は、アメリカ文化と社会の底流に滔々と流れ、世界の人々を

ホイットマンの生家を訪れた池田SGI会長（1981年6月、ニューヨーク）
© Seikyo Shimbun

啓発し続けてきました。
　さる十月（二〇一〇年）には、アメリカSGIの友も、このホイットマン生家協会の方々と交流を深め、有意義なひと時を過ごしました。

ガリソン　そういえば、デューイは妻アリス宛ての手紙に書いています。
「私は、ホイットマンをさらに深く読んでいくうちに、彼が実に確固たる哲学の持ち主であるのに気がついた。ホイットマンの民主主義及び民主主義と宗教の関係についての考え方には、まさにそう感じさせるものがある。ホイットマンは、単に風変わりな天才などではなく、想像していたよりも、ずっと深みのある思想家である(12)」（一八八七年四月十六日付）

ホイットマンの作品を読むと、最も深い意味での詩が、宗教と民主主義に融合しています。そのことをデューイは知っていたのです。自著『誰でもの信仰』のなかで、デューイは「詩は諸々の事象に関わるとき宗教となる」(27)と述べています。ここでいう「詩」とは、実存を作り、創造し、呼び出すことです。

デューイは、今でいう「自由詩」を考案したホイットマンの才能に驚嘆していたにちがいありません。「自由詩」は無韻の詩句であり、定型の韻律をもつものではありません。優れた詩人の一人として、ホイットマンは隠喩や換喩、提喩、比喩などを駆使しつつも、他の詩人とは違い、それは彼にとって二の次のことでした。彼自身が「すべての真理はすべてのものの中で待機している」(24)と書いています。ホイットマンが比喩を用いるのは、私たちに何かを示すためなのです(「ぼくとぼくの仲間は議論や比喩や押韻を使って説き伏せたりせず、ぼくたち自身の存在の力で説き伏せる」(24))。

比喩は何かを代弁し、仲介し、結びつけるものであり、彼は「代理人や仲介人は派遣せず、価値を教える標本も示さず、ぼくが提示するのは価値そのものだ」(28)とも言っています。

ホイットマンが願ったのは、日常生活がそのまま偉大な詩であることに、人々が気づくことでした。彼は、民衆の一人一人がそのことを自覚し、それぞれ独自のやり方で表現してもらいたいと願ったのです。

池田　全面的に賛同します。

「苦闘のさなかでも、いつだって僕の心は民衆とともにある」(29)——これも、ホイットマンの偽らざる心情であり、また信念であったのでしょう。

ホイットマンが謳い上げた、偉大なる民衆讃歌には、人間への限りない愛情と、「本当に偉大な人間とは何か」「意義ある人生とは何か」を探求した詩人の魂が奥深く光っています。

ガリソン　デューイは、池田会長やヒックマン博士が紹介された講演のなかで、指標となる理念の一つとして、民主主義に対する彼自身の「信仰」を何度も語っています。デューイは、この形而上的・精神的な意味での民主主義への「信仰」を、ホイットマンと共有していました。

民主主義が実現する可能性の条件が揃ったからといって、民主主義そのものを〝手に入れた〟と思うのは、大きな間違いです。ホイットマンにとっても、デューイにとっても、民主主義とは私たちが間断なく誠意を尽くして追求し抜くべき理想でした。

そしてその誠意とは、私たちの幸福を支える諸々の関係性を聡明に活用するものでなくてはなりません。ホイットマンもデューイも、私たちは創造性溢れる多元的な世界に生きていると考えていたのです。

ホイットマンは『民主主義の展望』のなかで、民主主義に必要なのは、第一によき立憲政治であり、第二に物質的な繁栄であると認めています。

ホイットマンは、アメリカには、この二つがともに最初から備わっていると考えていました。しかしながら、民主主義の真の精華は、実は「宗教的民主主義」であるとし、それは宇宙(とりわけ他の人々)との親密で、思いやりのある(愛情深くさえある)関係性を意味するものであり、そこでは、宇宙の森羅万象のなかで、人間の創造的(詩的)行動こそが最も重要だと考えています。

デューイは、ホイットマンの民主主義哲学、そして民主主義と宗教との関係性についての哲学を賞讃していますが、デューイが支持しているのは、まさにこのことなのです。

〝真の民主主義〟実現の要諦

池田 「民主主義の真髄には、結局のところ宗教的要素があるからだ」(26)――ホイットマンがこう語ったように、民主主義といっても、その根底には生命の尊厳性に対する謙虚な心、他者の痛みに同苦する心、そして絶えざる成長と向上を目指しゆく自己革新の心がなくてはなりません。

デューイ博士が掲げられた民主主義の理想も、そうした深き人間精神への飛躍を志向しているのではないでしょうか。

ガリソン　同感です。私も、デューイの「創造的民主主義」は、ホイットマンの思想に着想を得ていると思います。

ホイットマンは、民主主義と宗教との適正な関係を、はっきりと描き出しました。そこでは、詩のもつ創造的な力が人間の苦悩や不和を改善すべくこの世界に創造的に介入するとき、詩は宗教と化すのです。このような詩は、私たちの倫理的理想を実現させるため、人間が経験するさまざまな状況の可能性を明らかにし、種々の障害を、それらを創造的に変革することによって克服していくのです。

このことをデューイは、「かくして芸術は、生活そのもののなかに、そのかたちが前もって示される[30]」と断じています。ここにおいて民主主義と宗教は、「人間と人間の経験が自然とどのように関係しているかについての基本原理[25]」となります。

そして、先ほどのデューイの講演「創造的民主主義――私たちの目の前にある課題」にあるように、民主主義の基盤は人間の可能性を信じ続けることにあります。

デューイは、この信念をホイットマンと共有していました。民主主義とは、人間の苦悩の解決と同様、決して固定的な最終地点ではなく、私たちが際限なく追求すべき理想なのです。

池田　まさに、民主主義の本質を考えるにあたって、きわめて重要なポイントですね。内なる変革とよりよき社会建設の追求――その絶えざる挑戦のなかにしか、真の民主主義の実現はありません。

私どもの牧口初代会長は、民主主義の大国であるアメリカの可能性に、早くから注目していた一人です。

個人においても、国際関係においても、他を益しつつ自己も益する方法を提唱し、新しい共生の文明を築いていく――その担い手をアメリカ合衆国に期待したのです。

牧口会長は、「将来の文明結合点は米国ならん」(31)と述べ、アメリカの大いなる発展の未来を、すでに予見していました。

私も、ホイットマンが高らかに謳い、デューイ博士が理想とされたであろう、快活で自由で親切で、よく働き、ユーモアのある「よきアメリカ人像」は、そのまま「世界市民」の一つの理想像であり、私たちが志向する人間主義の目指す姿にも深く通じるものがあると思ってきました。

ガリソン　前に、世界市民教育を論じた際にも触れましたが、一九九三年のハーバード大学での講演で、池田会長は「宗教をもつことが人間を強くするのか、弱くするのか」という、きわめて重要な問いを投げかけられましたね。またそこで「第三の道」について精妙に解説をされました。

それは、日蓮が大乗仏教の伝統から教え示した道であり、全面的に理性や利己的な自己信頼といった「自力」にのみ頼るのでもなく、専制的な指導者や「神」などの「他力」に依存するのでもない「第三の道」でした。

池田会長はまた、この講演で、もう一人の人間主義的な「中道」を歩んだ代表的人物としてデューイを挙げられました。

そうです。デューイは、私たちの生命に内在する可能性を自覚し、発揮する必要があると考えたのです。まったく同じではないかも知れませんが、この考え方は、万人に仏性が具わり、その美と力が個々人の特質として発揮されるという、日蓮の教えにも通じるものがあるのではないでしょうか。

私たちは、自然や家族や民主的な共同体、そして人類全体など自分たちを支えるさまざまな関係に対して、当然ながら「敬虔さ」をもたねばなりません。

私たちは、たゆむことなく各自の「人間革命」を追求しながら、同時に他の人々と力を合わせて、理想を創造的に実現していく必要があるのです。その理想とは、可能なかぎり人間の苦悩を克服し、平和を揺るぎないものにすることです。池田会長ご自身が芸術の重要性について頻繁に訴えておられること、そして会長ご自身が詩人であり写真家であることに、私は注目しています。

デューイが「創造的民主主義」と名付けたものは、池田会長が「第三の道」と呼ぶ、創造的な社会の改善への道によく似ているのです。

もちろん、その道を歩むのにも、幾つもの違った歩み方があるでしょう。ときには、その道を自ら切り開かねばならないこともあるはずです。あるいは途上で、自分たちとは異なる人たちの助力が必要なこともあるかもしれません。しかも彼らが、むしろ避けたいような人たちであるかもしれません。

しかし、さまざまな人々からの助力を受け入れることが、創造的で多元的な民主主義の知恵であり、私たちの「目の前にある課題」でもあると思うのです。であるからこそ「創造的な対話」が計り知れない重要性をもつのです。

今、再び、池田会長のハーバード大学での講演を読み返して、現代における民主的な人間主義に対する理解がいっそう深まりました。そのことに心から感謝しております。

4 「民衆の連帯」と民主主義社会

アメリカ民主主義を支えるダイナミズム

池田　教育の交流は国を超え、時を超えて人間の心の結合を広げていきます。

二〇一〇年十一月、私はマサチューセッツ大学ボストン校のモトリー学長一行を東京にお迎えし、忘れえぬ出会いを刻みました。

同校の淵源の一つであるマサチューセッツ農科大学の学長を務めたクラーク*博士は、近代日本の黎明期に来日し、日本の教育の発展に大きな貢献を果たした恩人です。

クラーク博士は、札幌農学校の初代教頭として、優れた教育の礎を築かれました。この学府に学んだ青年たちのなかから、新渡戸稲造博士をはじめ世界で活躍する多くの人材が羽ばたいたことは、よく知られております。新渡戸博士は、牧口初代会長とも深い交流がありました。

このようにして貴国アメリカの教育者たちは、民主主義の自由な気風と知性を日本の社会に吹き込み、大きな啓発を与えてくれました。

アメリカの教育の先人たちが、世界の多様な人々を啓発してこられた歴史は不滅です。

デューイ博士は、アメリカの民主主義に、どのような理想を抱いていたのでしょうか。また

お二人は、この民主主義を支える〝根本の力〟、そして〝魅力〟は何だとお考えですか。

ヒックマン　アメリカの民主主義を形成する最も重要な要素の一つは、「セカンド・チャンス」

つまり「チャンスは、もう一度ある」という生き方にあります。

よく引き合いに出される例ですが、例えば昔のアメリカの西部開拓時代のフロンティア*に位

置する町に、一人の旅人が辿り着いたとします。

すると、その旅人に向けられる最初の質問は「どこから来たか?」ではありません。必ずと

いってよいくらい、「これからどこへ行くのか、何をするつもりなのか?」という質問なのです。

フロンティアの概念そのものに、まさに「もう一度やり直すチャンス」「過去の過ちを埋め

合わすチャンス」という意味が含まれていたのです。

このように、アメリカ人は新たな機会を求めて未来を見つめようという強い志向性をもって

いるように思えます。

このフロンティアの考え方が、アメリカの社会生活や政治生活に、ある程度の柔軟性をも

たらしているのです。

池田　それがアメリカの大きな〝魅力〟の一つであり、今日の社会にも生き生きと脈打つ精神であるといえますね。

アメリカは〝合州国〟である以上に、多様な民族や言語や文化、宗教をもつ人々が共生する〝合衆国〟です。いわば民主主義社会の自由な精神と多様性が生み出すダイナミズムと革新性が、大いなる発展へのエネルギーとなり、活力となっているのではないでしょうか。

ヒックマン　アメリカの民主主義を支えるもう一つの要素は、多くのアメリカ人がもつ能力、すなわち民主主義を求めてこの国にやってくる多民族・多文化の人々を快く迎え入れる能力です。

むろん、新しい移民の流入の際には、文化的な摩擦が避けられないこともあります。しかし私は、そうした移民たちの新たな思想や習慣のおかげで、アメリカの民主主義は新たな養分や活力を得るのだという理解が国民の根底にはあると思っています。

前にも触れましたが、デューイはアメリカを人種の〝るつぼ〟と表現するのを嫌い、むしろこの国を〝オーケストラ〟に譬えることを好みました。それは、一人一人が国全体の活動に何らかの価値ある貢献ができるという考え方でした。

アメリカの民主主義にまつわるこの二つのポイントは、いずれもデューイの思想に認めることができます。それらはまた、先に語り合ったホイットマンの作品のなかにも見いだすことができるのです。

池田　深く理解できます。

私が語り合った世界的バイオリニストのメニューイン氏*も、音楽から見たアメリカのダイナミズムを、次のように評価されていました。

――かつて、アメリカに移住した多くの人々は、身なりは質素ではあったが、全員が自分の音楽を、心と頭の中にしまいこんで運んでくることができた。それはやがて、途方もない多様さと色彩をもつ音楽となって花開き、そこからジャズなどが誕生したのだ[32]、と。

デューイ博士が指摘されたように、民衆のもつ多様性が、新たな音楽や芸術の創造に寄与し、アメリカ文化のダイナミズムの源泉となってきました。

これは、アメリカの民主主義そのものについても、いえることですね。

ガリソン　ええ。民主主義とは、有機的で生命力のある、進化し続ける実体です。これは生命あるすべての有機体にいえることですが、およそ生命を支えるための諸機能は、あらゆる個人がそうであるように、どれほど些細なものであれ、その一つ一つが必要で等しく重要なものなのです。

なかでも「対話」は、アメリカの民主主義の「生命線」ともいうべきものです。もちろんこれは、どの国の民主主義にも共通していえることでしょう。

それと同時に、教育と民主主義は切っても切れない深い関係にあります。また、民主主義にとって、芸術や文学は決して〝贅沢品〟ではありません。

デューイは、芸術である「詩」は、最も力強い批判力をもつ表現であるとして、その理由をこう述べています。

「なぜなら芸術は、その他の物事を比較して推し量る物差しとなる、人間の喜びや評価の基準を確固たらしめるからである。芸術は未来に欲する物を選択させ、それを得ようとする努力を誘発する(7)」

芸術は、現実生活のなかで覆い隠されがちな人間の可能性を解き放ち、まったく新しい理想的かつ道徳的価値観を展望させてくれます。そうした理想によって、人間は自己のもつさまざまな欲望を制御できるのです。

今日、多くの人々は、政治的・軍事的・経済的競争をめぐる理念に囚われ、その想像力を十分に発揮できない状態になっています。このような状況においてこそ、芸術は社会批判の最良のツール（手段）を提供するのみならず、人道的競争を通して追求すべき理想を作り上げることができるのです。

池田　実に重要なご指摘です。

名著『孤独な群衆』で有名なアメリカの社会学者デイヴィッド・リースマン*博士は、「真の教育とは、〝科学の中に詩〟を〝数学のなかに美とエレガンス〟を感じる人びとをつくりだすことだ[33]」と語りました。

詩や芸術を大事にしない社会は、殺伐とした潤いのない世界となってしまう。生命や自然を軽視し、エゴイズムが蔓延する社会、また悪に対しても抵抗力のない弱い社会を生んでしまいかねない。

その意味からも、芸術が人間生命を高めゆく価値と意義を、教育においても見直し、再発見していく必要があります。

そうした価値創造の教育こそが、民主主義を支え、その土台をより強固に築いていく。同時に、開かれた対話と自由なコミュニケーションを基盤とした健全な民主主義の発展が、真の教育を可能にする社会環境を着実に育んでいくのではないでしょうか。

デューイが期待した新たな民主主義の形態

ガリソン　そうですね。私は、マスメディアが現代の「対話」を混乱させていることを危惧しています。多くのマスメディアは、富と権力をもつ人たちが所有し操作しています。しかも、これらの特権的富裕層は、マスメディアを通して公共の議論を広く周知することよりも、「モノ」を売り込むことや、彼らエリート階級の地位を守ることに熱心なのです。今日、営利目的の広告やマスメディアは、人々の欲望を意のままに操り、人々が欲すべきものを指図する手段となっています。それらは私たちにこの石鹸を買え、あの自動車を買えと商品を売りつける一方で、この政治家に投票せよ、この戦争に賛成せよと売り込んでくるのです。

したがって、私たちが洞察力や批判力のある創造的な教育として力を入れるべき最も重要な分野は、メディア・リテラシー（情報を評価・識別する能力）の教育ではないでしょうか。

今、必要とされている教育とは、私たちが衝動的に行う価値判断と真に価値あるものとの違い、そして目先の願望の対象と真に望ましいものとの違いを、きちんと見分けるための教育なのです。

池田　日本社会でも、さまざまな情報が氾濫する時代にあって、情報の真偽や情報の奥にある真実を見抜く洞察力を身につけることの大切さが指摘されています。民衆一人一人がさらに賢明になり、力をもたねばなりません。

　およそ二十年前（一九八九年）、東西冷戦の終焉とともに、共産主義国家が次々と民主化された際、リベラルな民主主義こそが勝利者であり歴史の到達点である、といった言説も多く見受けられました。

　アメリカや西欧諸国で実現されているような民主主義が、人類が経験する政治制度において最終の理想型である、またはその理想に向かって最も近づいているという主張も盛んに唱えられました。

　しかし、その民主主義とても決して完全ではありませんし、唯一の理想型と断ずることもできないでしょう。どこまでいっても、制度の真価を決めるのは人間自身であると、私は思っております。

ガリソン　デューイは、「絶対主義から実験主義へ」という論文の最終節を、次の一文で始めています。

「私が思うに、いつまでも哲学が、ヨーロッパ二千年の歴史が残した諸問題や諸体制の範囲内でばかり展開すると想定するのは、想像力の嘆かわしい欠如を示すものだ。長い未来の展望からすれば、西ヨーロッパ全体の歴史など、一地方のエピソードにすぎなくなる」[4]

デューイの教育の目的が「成長」にあったとすれば、彼にとって人生の意味は、より以上の意味を創造し続けることにありました。世界にはさまざまな文化があり、文化が異なれば、自ずと民主主義の意味する理想も異なります。私たちには、それらすべてが必要なのです。

デューイの思想に従えば、個人であれ、文化であれ、互いに影響し合う相手が存在して初めて潜在力が発揮されます。〝私たちは、単に他の人々の権利としてだけでなく、民主主義の経験を豊かにする一つの方法として、さまざまな違いを表現することを奨励すべきである〟というのが、彼の指摘でした。

異なる文化は、互いに影響し合うことで潜在的な可能性が独自のかたちで実現されるため、民主主義の意味もそれぞれ自ずと違ってくるのです。

しかし、民主主義が成長し発展していくためには、より大きな寛容さとともに、人権の拡大が求められます。

池田　トインビー博士は、民主主義について、私との対談のなかで次のように評価されていました。

すなわち、民主主義とは人間がこれまでに思いついた政体のなかで最小悪のものである、という控えめな言い方が妥当ではないか(34)――と。

私たちが民主主義を育てていくには、その特質をよく理解したうえで長所を伸ばし、短所を補いゆく忍耐強い努力が必要であると思われます。

ガリソン 実のところ、私たちは民主主義を成立させる諸条件を、ようやく手に入れたばかりであり、これから民主主義を達成していこうという段階にあります。

真の民主主義とは、どこまでも進化し続ける理想であり、それは私たちの社会的・政治的な行動を導くべきものなのです。

民主主義は、異なる文化的伝統や慣習をもつ人々にとって、決して同一のものではありません。かつてデューイは「哲学と民主主義」と題する論文で、こう述べています。

「もはや他人の考えの模倣者ではなくなった女性たちが何かを書き始めるとき、その観点や趣意が、経験の異なる男性のものと同じになるとは、とうてい考えられない。慣行や生活習慣は、一定の系統だった『好き嫌いの感情』を育むからである(35)」

デューイが女性について語ったこの内容は、そのまま異なる文化と民主主義にも当てはまります。すなわち他の諸文化が、もはや西洋的民主主義の生徒ではなくなり、独自の憲法を書く段階になったとき、それが西洋の経験に基づくものと同じ観点や趣意を持つものになるとは、とうてい考えられないのです。

これらの文化は、それぞれ異なる慣例や社会習慣を備えているのであり、結果として異なる「好き嫌いの感情」を生み出します。

新たな民主主義を想像することは、おそらく西洋人にはできないでしょう。しかし池田会長のような方には、間違いなくできるはずです。

これまで池田会長は、実にさまざまな差異を乗り越える対話を、世界の誰よりも多く実践してこられました。ですから会長なら、さまざまに異なる民主主義――インドの民主主義、中東の民主主義、南米の民主主義、アフリカの民主主義、その他の国々の民主主義――を想像できるはずです。

これまで創価学会は、仏法の教えを異なる文化に順応させる「随方毘尼」*の原理に則って、その理念を世界の各地に広めてきました。私は、アメリカ合衆国に、同じような原理に則り、民主主義を広めてもらいたいと思っています。

池田　私のことはともあれ、文化の数だけ民主主義がある――そのご意見に賛同いたします。

また、そうした多様性こそ民主主義の精神の柱であり、礎となるものです。互いのよきものから学び合い、取り入れながら、さらに発展していく――それが民主主義のダイナミズムの一つではないでしょうか。

ノーベル経済学賞を受賞されたアマルティア・セン博士*は、ボストン近郊にある私どもの国際対話センターで講演されるなど、SGI（創価学会インタナショナル）とも交流があります。

その博士が著書のなかで、現在の民主主義国家としてのインドは、イギリスから植民地時代に影響を受けたのではなく、〝祖国に息づく長い民主主義の伝統のなかに、その源があるのだ〟[36]と述べておられたことが印象的でした。

インドに限らず、アジアの各国にも、それぞれ豊かな精神文化の伝統があり、伝統に則した民主主義を発展させています。

ヒックマン　とても興味深い、重要な話題です。とりわけ過去十年ほどのあいだに、ブッシュ政権（二〇〇一年～九年）がアメリカ式の民主主義の「輸出」を試みてきた経緯を考えると、感慨深いものがあります。
デューイは、アメリカの民主主義を、そのまま他国に移植できるとは考えていませんでした。また、人類史上のあらゆる政治体制のうち、アメリカの民主主義が「究極の理想」とも考えてはいませんでした。

ジェシカ・ワンは、自著『中国滞在中のデューイ』（邦訳仮題）で、この点を浮き彫りにしています。彼女は主張しています。

「デューイは、中国が西洋を盲目的に模倣しないよう望んでいた。むしろ彼は、中国が自国の文化の力を拠り所に自国内から変革がなされることを願っていた」(18)

同じように社会学者のダニエル・ベル*は、二〇〇六年に発刊された自著『自由民主主義を超えて――東アジア的背景への政治思考』（邦訳仮題）において、こう論じています。

――中国の儒教の教えは、西洋型の自由民主主義とは大きく異なる新たな民主主義の形態を生み出すだろう。しかし私は、西洋型の民主主義も、中国生まれの民主主義も、それぞれの文脈において、ともに正統かつ適切な民主主義とみなしたい、と。(37)

ダニエル・ベルは、現時点における中国を一つの実験室と見ており、そこでは世界のなかで最も興味深い民主主義の幾つかの実験が行われていると述べています。彼の中国の現状へのこうした評価が的を射ているのかどうか、それを見守るのも興味深いことでしょう。

民主主義とは、社会の底辺から成長・発展するプロセスであり、上から押しつけられるものではない――これがデューイの考え方でした。

また彼は、この世界に変化や新しいものが生じるかぎり、民主主義もまた決して固定的で完成されたかたちのものはないと考えていたのです。

民衆による〝善の連帯〟の創出を

池田　誠に大事な視点を語っていただきました。

とくに「民主主義とは、社会の底辺から成長・発展するプロセスである」との思想は、民主主義の根幹を考えるうえで、大変に示唆的です。

これまで両先生が指摘されたように、デューイ博士は日本訪問（一九一九年）の折、軍国主義下の日本には、個々の家庭と国家権力のあいだに、緩衝性をもつ制度や組織がないことに社会としての脆弱さを感じ、危惧を抱かれていました。

今でいう非営利組織（NPO）や、思想的に自由でオープンな、多様な地域コミュニティーなどがなく、あったとしても、あらゆる制度や組織が「お国のため」――全体主義の社会のためにあることを見抜いたのです。

その後の歴史は、博士が危惧したとおり、軍国主義国家として暴走し、破滅の道を歩んでしまいました。

この点については私も、かつてマカオの東亜大学（現マカオ大学）での講演で論じたことがあります。人々が国家主義に走り、全体主義に飲み込まれてしまった二十世紀の教訓を指摘したうえで、新しき人類意識によって結ばれる人間の連帯の必要性を提示したのです。

牧口会長は『創価教育学体系』のなかで、次のように述べています。

「強くなって益々善良を迫害する悪人に対し、善人は何時までも孤立して弱くなって居る。一方が膨大すれば他方は益々畏縮する。社会は険悪とならざるを得ないではないか」(38)

権力の暴走を抑え、民主主義を生き生きと社会に脈動させていくためには、人々が賢明になり、強くなるための「民衆の連帯」を築いていかねばなりません。お二人は、こうした民衆の連帯を築くために必要なことは、何だと思われますか。

ヒックマン　またしても、池田会長は難問を提起されましたね（笑）。

アメリカのオバマ政権の医療保険改革への努力から学ぶべき最も重要な教訓の一つは、「連帯」にもさまざまな種類があるということです。

つまり世界には、他人を思いやる見識のある人々の「連帯」もあれば、逆に自己本位で無知で、声高に主張を叫ぶ人々の「連帯」、あるいは権威主義的な観念や運動に固執するあまり、自分たちや隣人たちの利益に反してまでも行動し、投票し、時には暴力に訴えるような人々の「連帯」もあります。

教育者としての私の判断では、この問題の解決には、幼稚園に通う時期から、あるいはもっと早い段階から対話や礼儀の基本を教え、教育を施していく必要があると思います。

この場合は、ソクラテスが述べた「『善』を知ることは『善』を行うことだ」という話が、そのまま当てはまるものではありませんが、何が「善」なのかを知らなければ、いかなる「善」を行うのも困難であることは明白です。

そこで、何が「善」なのかを知る方法の一つは、他の人の考えを聞くことを学び、公共の利益が何かを知るために自己教育することだと思うのです。

池田 大事なご指摘です。

確かに、個人主義の負の側面を挙げれば、個人の権利を主張するあまり、人々が協調し協力し合う、共同体のような〝場〟が脆弱になってしまうという点があります。

現代社会は、ますますその傾向が強まっています。

ゆえに、互いの違いから謙虚に学び、価値を創造していこうとする「開かれた心」を育む教育が求められています。

ヒックマン ええ。私は二〇〇八年、京都で開催された国際教育哲学会の基調講演で、「政治団体・宗教団体・営利団体を問わず、どの団体の主張も人類進化の観点から見れば、すべてを正しく評価できるはずである」と指摘しました。

人類が存続するためには、暴力と不信が次第に協調と理解にとって代わられる世界——私たちが、そのような世界にいまだ辿り着いていないと仮定して——に向かって進化していかなければなりません。

この会議で私は、宗教団体にとっての試金石は、その宗教が「万人共通の信仰」（誰でもの信仰）に寄与できるかどうかであると主張しました。

これは、人々を分断させるのではなく融合させる信仰、変転きわまりない諸状況に柔軟に対応できる信仰のことです。

私は、十年以上にわたって、創価学会の理念と活動を研究してきましたが、そこには今述べたような信仰が、まぎれもなく息づいています。池田会長ご自身、そして牧口・戸田という二代の会長の人生と活動に、見事に息づいているのです。

そして先ほどの「進化」の意義に立って申し上げれば、創価学会の展望と提唱、そして取り組みは、他の多くの宗教団体のそれよりも、はるかに進化したものです。

ガリソン　そのとおりです！　私たちは、社会改革のための、民衆による「善の連帯」を、是非とも「創り出す」必要があるのです。

私たちの考える「善の連帯」とは、政治や社会の便宜のためのものではなく、人間の経験と自然との関係に関わる基本原理です。それは、まさに「宗教的ヒューマニズム」の強力な表現といえましょう。

マスメディア——デューイの時代でいえばラジオや新聞、今日でいえばインターネットや携帯電話なども含まれるでしょう——が緊急になすべきは、民衆に間違った教育を行うのではなく、民衆が自らを教育できるよう手助けすることです。

そして、民衆が自らの真の利益を認識し、共通の関心事や利益に即して、効果的に政府への申し立てや、政治変革を行える社会を形成することです。

その意味で、以前にも申し上げたように、創価学会の「座談会」の形式は、草の根民主主義の素晴らしいモデルです。

それは、自分たちのなすべき仕事を遂行するために、マスメディアをコントロールする資本家や政治家たちなどによる操作を回避する手段なのです。創価学会の「座談会」は、まさにデューイの信条の正しさを立証するものといえましょう。

池田　深いご理解に感謝します。

おっしゃるとおり、他者の顔が見え、真実が語られ、本当の交わりが成り立つのは、対等な

アメリカSGIの座談会風景。多様な人々が集い、明るい笑顔と対話が広がる
© Seikyo Shimbun

〝対話〟の場があってこそ可能となります。

世界百九十二カ国・地域に広がるSGIのメンバーは、各地域で「よき市民」として社会貢献の人生を歩んでいます。

そのメンバーが、互いに励まし合い、信仰の喜びを分かち合いながら、ともに学び成長しゆく場こそが「座談会」なのです。もちろん、地域の友人なども参加します。

座談会は、世界のいずこの地にあっても、毎月のように開催され、歓喜の対話の花を咲かせています。北は北極圏のアイスランドから、南はアルゼンチンの最南端の町まで、また太平洋や大西洋の島々でも、人々が賑やかに語り合い、〝民衆の心のオアシス〟を広げているのです。

前にも申し上げたように、座談会は牧口初代会長、戸田第二代会長が、草創期より最も力を入れて大切にされた、創価学会の民衆運動の原点です。それは今日も、まったく変わりません。

ガリソン　牧口・戸田両会長の人生は、ホイットマンの詩のように、「詩」が現実の世界に勇敢に立ち入り、不公正に打ち勝つことで「宗教」となることを証明した、大いなる模範そのものです。

古代ギリシャ人が「ポイエーシス」と呼んだところの「詩」（ポエム）は、「作り出す」「創作する」「生み出す」を意味します。私たちが現実世界に関わる場合、当然のことながら、日常的な権力と政治の混乱に巻き込まれ、不誠実による過ちであれ、悪気のないミスであれ、間違いを犯すこともあるでしょう。

私は、制度としての政治と宗教の分離を断じて擁護するものです。つまり、特定の宗教的なドグマが政治をコントロールすることがあってはならないということです。

しかし、弱者を守り、平和と自由、平等を追求するために、宗教が政治に関わることは、デューイのいう「自然な発露としての敬虔な行為」や「理想への信仰」という意味での「宗教性」の適切な表現となるはずです。

人間の苦悩や争いを克服しようとするのは、政治的な行為の一つであり、創価学会は創立以来、一貫してそれを実践してこられました。

牧口会長や戸田会長、そして池田会長ご自身の理念と行動は、日蓮のそれと同じく、必然的に、また適正な意味において政治的なものであると思います。ただそれは、過ちと無縁であるというわけではありません。

これとは逆に、物質世界の塵埃にまみれたくないがゆえに、平和の積極的な追求から超然と身を引いて孤高を保つ人たちがいれば、それは人間の苦悩を救うことよりも、自分自身の救済にしか関心のない、きわめて独善的な姿勢の人たちです。日蓮仏法も、創価学会も、私の目には決してそのようには見えません。

デューイによれば、「道徳的信念」とは、人間の至高の理想に従うことであり、その至高の理想こそが、私たちの欲望や目的に優先する正しい要求であることを認識することでした。

デューイは『誰でもの信仰』において、「理想を目指し、その達成のために障害と戦って遂行される行為。個人の生命の危険にもかかわらず、普遍の永遠の価値に対する確信のゆえになされる行為。そのような行為は、すでに宗教的な特性を備えたものである」[27]と断言しています。

牧口常三郎氏と戸田城聖氏は、個人としての最大の生命の危機を前にして——牧口氏の場合は死を迎えながら——平和を熱願して最高の勇気と確信を示し、軍国主義という障壁に打ち勝ちました。

このお二人は、マハトマ・ガンジーやマーチン・ルーサー・キング同様[*]、二十世紀の歴史に、平和・自由・社会正義のために戦った最も偉大な英雄として記されるにふさわしい人物なのです。

第4章

科学・哲学・宗教

1

人間の幸福のための科学技術

科学技術の発達と倫理的、教育的課題

池田　ここからは、科学技術の進歩と教育をテーマに語り合っていきたいと思います。

ホイットマンは一八五五年、詩集『草の葉』の序文に、こう綴りました。

「実証科学とその実用的な動向は、最大の詩人に対しては、なんの制約にもならないばかりか、つねに彼を勇気づけ支えつづける(1)」

そして詩人もまた、科学や技術の力によって築かれた社会のなかで大いなる恩恵を受けているのであり、「詩の美しさのなかには、科学の成果と、科学に寄せる満腔の賛意がこめられている(1)」と述べています。

その後、二十世紀初頭の新聞による未来予測などを見ても、多くの人々が〝科学技術の発達はバラ色の未来を約束する〟との期待を抱いていたことが窺えます。

ところが、ホイットマンが序文を書いた年から七十五年後、デューイ博士は著作『古い個人主義と新しい個人主義』のなかで、こう述べざるを得ませんでした。

「科学と技術は、現在基本的な意味ではけっしてコントロールされていない。むしろそれらが、われわれをコントロールしている[2]」

「われわれはコントロールの頂点に近づいてさえいない。（中略）辛うじてそうした管理を夢みることを始めたにすぎない[2]」

ガリソン　デューイは、池田会長が挙げられた著作のなかで、「数量化と機械化と標準化——これらこそアメリカ化が世界を制覇しつつあることの指標である[3]」と明言しています。

この文章をデューイが書いたのは一九二九年のことでしたが、彼の言葉は「アメリカ化」という理念が世界経済を動かしている今日、よりいっそう真実味をもって迫ってきます。ただし、こうしたアメリカ化は、それぞれの国民性とはまったく関係なく行われています。つまり、アメリカが崇拝する数量化と機械化と標準化は、すでに世界経済に組み込まれているのです。

別の著書で、彼はこう主張しています。

「標準化は、封建的な仕組みが依然我々に圧力を加えていることを示す証左である。現代の工業化された生活という新たな封建主義は、大資本家や大企業家から単純労働者までを順位付けしていて、これが封建的な気質を復活させ、強め、自由で個性的な追求のなかで発揮されるべき個人の能力を蔑ろにしている」[4]と。

池田　まさに、その後の社会の行き詰まりを見通していたかのような言葉ですが、デューイ博士は、統御すべき科学技術に人間のほうが振り回され、手段化されることへの警鐘を鳴らし続けました。

博士が指摘した「数量化」「機械化」等への傾斜は、人間を文字どおり〝鋳型〟にはめ、画一的に扱う社会へと導きかねない――これは現代においても大きな課題ともいえましょう。

科学技術社会における倫理観の確立も急務です。

トインビー博士は、私との対談のなかで、科学技術が人間に与えた力と、我々自身の倫理的行動水準のギャップが、ますます広がりつつあることを鋭く指摘されました。

そして、「人間のもつ技術が、人間のエゴイズムや邪悪性など、悪魔的な目的のもとに乱用された場合、それは致命的に危険なものとなります[5]」と深く憂慮されていました。

この点も、今日の大学教育における重要なテーマになっていますね。

ガリソン　ええ。私はバージニア工科大学で、教育大学院、哲学科、科学技術研究課程といったコースのクラスを担当しています。主に教えているのは教員養成課程で、これはすべての学問分野の教師を対象としています。

実は、そこで大変気がかりな傾向があります。一般的に、科学や工学の学位をもつ学生たちは自分の専門分野の学問の力を強く信じていますが、哲学や科学倫理については、ほとんど何も教えられていないのです。

他方、理系でない学生たちは、科学やテクノロジーに不信感を抱くか、あるいは明白な「悪」とみなす傾向があります。彼らの多くは、概して現代人が理性に対して抱く怒りの感情に与しがちです。しかし、彼らの反発の対象となっているのは、科学的成果を狭く独断的に利用する〝科学主義〟であり、絶対的な確実性を担保しないとの前提に立って仮説や試験や修正を積み重ねていく暫定的な手法それ自体ではありません。

デューイもまた、自身の認識論の集大成の著書名とした〝確実性の探求〟を否定しました。全体的に見れば、理系か否かにかかわらず、ほとんどの学生が倫理学や哲学を教えられないままでいる、というのが実情なのです。

現在、わがバージニア工科大学では、これらの科目が教科課程にも盛り込まれるようになり、そのよい影響が私の教えている学生たちにも見られるようになりました。

池田　ヒックマン博士の南イリノイ大学カーボンデール校では、いかがでしょうか。

創価大学の工学部の学生たちも、科学倫理や哲学への問題意識は高いのです。人間主義の科学者の育成を目指すうえで、アドバイスをお願いします。

ヒックマン　一九五九年、イギリスの物理学者で小説家でもあるC・P・スノー*は、『二つの文化と科学革命』という重要な著作を出版しました。この書でスノーは、理系の文化と文系の文化の「亀裂」、というよりはむしろ、その「大きな隔たり」を慨嘆していますが、今日の我々の状況は、当時と比べてあまり改善されていません。

私は、ある大きな工業大学で教壇に立った経験がありますが、当時、工学部の学生たちが受講できた自由選択科目は、四年間の履修課程のなかで、たった一科目だけでした。

一方、リベラルアーツ（一般教養課程）の学生たちは、これまで自然科学がどう歩んできたのか、今この分野で何が起きているのかについて、多くの場合まったく知らないという現実があります。

池田　ヒックマン博士は、そうした状況の改善に粘り強く取り組んでこられましたね。

ヒックマン　ええ。この二つの文化の隔たりを埋める努力の一環として、私はここ何年ものあいだ、「科学技術と人間的価値」や「西欧社会における科学技術」といったテーマで授業を行ってきました。私の授業は、人文科学系、教育学系、自然科学系、工学系の学生たちに広く受講されています。

南イリノイ大学カーボンデール校には、「コア・コース」というカリキュラムがあります。このコースは、とてもうまく設計され、常に最新の内容が盛り込まれています。その目的は、理工系の学生たちに人文科学の教育を施し、文系の学生たちには自然科学や工学の知識を与えることにあります。理工系の学生には、私はこんなアドバイスをしています。

――自分の専門分野の学問に関しては、その歴史をよく学ぶこと、そしてその科学的、技術的変化について、倫理的側面から検証している哲学者たちの努力や業績をよく知ることが大切である。今、哲学を学んでおけば、やがて君たちの研究者としての人生は非常に豊かなものになるはずである。今、人文科学の勉強をしておけば、将来、自分の専門の仕事で何か重大な倫理上の決断を迫られたときに役立つだろう――と。

もちろん、自然科学と芸術の関係、芸術と人文科学の関係についても、論じるべき事柄は多々あります。デューイの考えによれば、哲学の理想は多種多様な学問の各分野を結ぶ一種の「連携役」となることでした。

「古い個人主義」から「新しい個人主義」へ

池田　素晴らしい助言です。デューイ博士は、健全な社会の発展のために「新しい個人主義の形成」を根底に据えることを主張していますね。

「科学と技術のはらむ意味を理解しつつそれらを利用することによって、現代の現実に即した新しい個人主義を形成し働かせる」[2]ことが重要である――これがデューイ博士の立場でした。

さらに博士は、「こうした展望に対する最大の障害は、くり返して言うが、古い個人主義が生き残って、いまや私的な金銭的な利益という目的のために科学と技術を利用するところにまで落ちぶれているという事実である」[2]とも指摘しています。

ここで戒められている「古い個人主義」とは、「自分たちの目的に役立てるために個人主義をいまなお生かしておこうとする」[2]考え方です。

それに対して、デューイ博士が志向した「新しい個人主義」とは、常に他者の存在を意識しつつ、現実社会の変革に挑戦し、自己を新しく創造していこうとするものでした。

ガリソン　そのとおりです。

知恵は、私たちに絶えず他者を助け、他者を思いやる人間となるように求めます。人々が今このときに見せている、その人だけの人格の特性を、道徳的な認識力をもって洞察することによって、私たちは、人々の個々の必要や願望や能力に適切に対応できるのです。

知恵はまた、道徳的な想像力も身につけさせてくれます。この力によって私たちは、どのような状況にあろうとも、現実の事象を超えて、あらゆる個人の最大の可能性をつかむことができます。

さらにデューイは、個人の自我とその行動は、本質的に一体不二であると主張しました。

私たちは、現在の自己を表現するなかで、すでに未来の自己を形成しています。

人類は、諸科学の知識を使って、よりよい未来を設計し、自己の運命を知的にコントロールできる。ただし我々が、思いやり深く、注意深く、そして十分な自己反省力をもつならば

――デューイは、この考え方をフランシス・ベーコン*やオーギュスト・コント*、その他の思想家から受け継ぎました。

彼は、こう述べています。

「ヒューマニズムは、人間の生活がそれによって縮小されるのではなく、拡大されることを意味する。つまりそれは自然そのものも、自然に関する諸科学も、人間のために『進んで働く奉仕者』となるような拡大がなされるということである(6)」

問題なのは——これは残念ながら、ベーコンの時代まで遡るのですが——世界資本の手中に委ねられた自然科学が、今日に至るまで、自然を「不本意な奉仕者」にしてきたことです。さらに悪いことに、それは科学をして人間性に刃向かわせ、人間自身を科学技術のための「不本意な奉仕者」にしています。

デューイは、よくギリシャ古典の言葉を引用し、〝誰であれ、自己の行為の目的を他者に求める者は奴隷に等しい〟と述べました。これまでのところ、科学の力は富裕な権力者たちによって一般大衆の心を隷属させるために利用されてきました。

池田　そのような閉塞した人々の心を、自由へ、自立へ、人間性の開花へと、いかに解き放っていくか。そこに、人間教育の挑戦があります。

ガリソン博士は、デューイ博士の主張から見て、現在の教育をどのように転換すべきだと考えますか。

ガリソン　アメリカ・ルネサンスの思想家エマソンと同じく、デューイは私たちが人類の歴史において、今この場所に生まれたことを受け入れ、現実の汚泥のなかから美しい花を咲かせるべきだと考えていました。

ですから私たちは、自らが受け継いだ科学技術とともに、この資本主義経済も受け入れる必要があります。それでも、私たちに〝多元的な民主主義の実現〟という展望があるかぎり、科学も資本主義も、民衆の利益にかなう新たな目的へと向かわせることができるはずです。

今こそ私たちは、人間を〝グローバルな生産機能のための交換可能な部品〟に仕立てるような現在の教育を、大きく転換させる必要があります。そして、道徳的平等を再確認するとともに、誰もが〝その人ならでは〟の能力を発揮して、民主的な社会に独自の貢献ができるような新たな教育を実現していかなければなりません。

このような教育がなされているかどうかが、創価教育の諸機関と多くの公立教育機関との大きな違いなのです。

池田 温かいお言葉、ありがとうございます。また、その大いなる期待にお応えできるよう、教職員や学生とともに、さらに努力してまいりたいと思います。

今、ガリソン博士は、デューイ博士の教育観を見事な比喩で語ってくださいました。ご存じのとおり、大乗仏教の精髄である「法華経」には、「如蓮華在水」という法理が説かれています。

すなわち、蓮華は泥沼のなかにあって、しかも泥水に決して染まることなく、清らかな花を咲かせていく。この蓮華のように、欲望や憎悪が渦巻く厳しい現実社会のただ中にあっても、その汚濁に染まることなく尊極の人間性を輝かせ、社会のために貢献しゆく生き方を法華経は示しております。

それは、科学技術の発達によって物質的に豊かになり、「モノ」が溢れるようになった社会においても、確固たる倫理観や道徳観をもって、逞しく価値創造しゆく意義にも通じると考えます。

ヒックマン　大事な点ですね。デューイが生まれた年（一八五九年）は、アメリカ本土で初めて油田が掘削された年でした。またデューイの没年（一九五二年）は、人類初の水爆実験が行われ、経口避妊薬の治験が初めて成功した年に当たります。

デューイは、彼の生涯に起こった多くの科学技術の変化が人類にもたらした影響を理解することが、一人の哲学者としての、自分自身の課題であると定めました。ここで銘記すべきは、デューイが各種の科学を、いわばその内側から誤りなく理解していたという事実です。

例えば、シカゴ大学時代には、彼は同僚たちと一緒に知覚心理学の実験を行いました。後年、デューイは、双子の生理的発達を研究した医療研究者のマートル・マグローと共同研究を行っています。

またデューイの娘ジェーンは、物理学の先駆者としてニールス・ボーア研究所で研究をしたのち、各大学や合衆国政府機関に勤務しています。
池田会長が『古い個人主義と新しい個人主義』から選び出された引用文には、デューイの思想が見事に浮き彫りにされています。

その思想とは、我々は自分たちが今いる場所、つまり不確かで混乱したこの世界から出発して、常に最善の行動と最善の存在を目指して努力しながら、少しずつ価値を構築すべきである、というものでした。

もしデューイが、泥水の中から生じて純粋無垢の花を咲かせるという蓮華の譬喩を聞いたなら、大いに気に入ったことでしょう。この譬喩は、さまざまな事物をあるがままに捉え、それらを再構築して価値を生み出すという彼自身の思想に、きわめて近いからです。

池田　いずれにしても大事なのは、人間自身が強く賢く善くなって、さまざまな事象から価値を創造していくことでしょう。

「科学技術」や「技術」を意味する「テクノロジー」の語源をさかのぼると、古代ギリシャ語の「テクネー」に辿り着きます。

この「テクネー」は、人間が何かをつくる場面に関連して使われた言葉とされますが、単に道具や機械などの〝モノの使用〟を意味していたのではなかったといわれます。

例えば、家具職人が木から机やイスを創り出すように、〝隠れていたものを顕わにする〟――つまり人間の知を通して、新たなものを創造する意味合いが込められていたのです。

以前、この「テクネー」の用語をめぐって、ガリソン博士は、次のように述べられていましたね。

「テクネーには本来、ものごとを創造する、意味を創造する、との語義があります。それはギリシャ語の『ポイエーシス』（英語の「詩」＝ポエムの語源）の同義語でもあります。ポイエーシスの語義は、ものごとを現実に生み出す、すなわち、価値を創造することにあったのです。デューイは、これをプラグマティズムと呼びました。すなわち、世界を変えゆくための現実の行動という意味です」

現代における「テクノロジー」の実情を顧みれば、目先の利益が優先されて、人間や自然にどのような影響があるかなど十分に検証されないまま、新しい発見や研究開発が競われてきた側面があります。

その結果、科学技術の進歩が人間の生存基盤である自然環境を破壊し、生態系まで脅かしています。

この危機の壁に挑み、乗り越えていくにあたって、私たちは今一度、「科学の限界をとり除くためには、科学の利用方法を正すべきであって、科学を濫用すべきではない」[2]とのデューイ博士の言葉に耳を傾ける必要があるのではないでしょうか。

戸田第二代会長が、「現代人の不幸の一つは、知識と智慧を混同していることだ」「知識は智慧を誘導し、智慧を開く門にはなるが、決して知識自体が智慧ではない」と強調していたことを思い起こします。

科学の知見は善にも悪にも用いられうる〝両刃の剣〟となることを、現代人は思い知らされてきました。知識を真の進歩と幸福のために、聡明に活用していくのは人間の智慧です。

ガリソン　グローバル資本主義の現代社会において、近代的科学技術がもたらす災禍とは、ひとえに私たちが智慧を働かせることなく、知識ばかりを利用しているところにあります。

「古い個人主義」は、智慧よりも知識を重視します。自然を食い物にし、他人を利用するために知識を使おうとするからです。

それに対して「新しい個人主義」は、人間の苦悩を軽減し、人間の創造力や自己表現力を解き放つために、知識を賢く使おうとするものです。問題は科学技術そのものにあるのではなく、むしろ科学技術が使われる、その目的にあるのです。

まずは、行き過ぎた科学万能主義を退け、科学の力を一つの〝文化的な現象〟として適正に理解することです。そして私たちは、往々にして個人や集団を抑圧する傾向をもつ旧来の目的のために、科学の力が使われるのを避けなければなりません。

近代化によって磨かれた批判力を備えた創造的な知性を、宗教・経済・哲学・家族・個人の人生等々の、あらゆる文化的領域へと解き放つ必要があります。

そうした文化的な批判力、創造的な想像力、社会的な責任を重視する人間的な教育こそが、「新しい個人主義」を培うものであり、これは池田会長が訴えておられる、一人の人間における「人間革命」とも、非常によく似た概念であると思います。

テクノロジーの可能性と科学者の道徳的規範

ヒックマン　「テクネー」と「ポイエーシス」の分裂は、すでにプラトンやアリストテレスの時代から始まっています。その分裂が、さらに拡大したのは産業革命*の時代でした。

デューイは、この状況を回復しようとして、テクノロジーの概念に道徳的、人間的な背骨（バックボーン）を通そうとしました。彼は、テクノロジーには〝人間的な顔〟をもった知性が備わっていることを示そうとしたのです。

もし、このような知性に人間性を逸脱する要素があるとすれば、それはテクノロジーの責任ではない。そうではなく、人間の自己中心性や貪欲、怠惰や排他性およびその他の要素に起因するものである。決してテクノロジーそのものの責任ではない。テクノロジーは基本的に人間的な企てである――これが、デューイの基本的な考え方でした。

池田　よく分かります。以前にも話題になったパグウォッシュ会議のロートブラット博士は、人間としての良心に生き抜き、科学に人間主義を取り入れようと努力された方です。第二次世界大戦中、「マンハッタン計画*」の一員として核兵器の開発に従事しますが、やがて当時のナチス・ドイツには原爆を開発する能力などないことを知り、ただ一人、計画から離脱しました。しかし、帰国したイギリスの地で、原爆が広島と長崎に投下されたことを知って強いショックを受けたといいます。

その時、博士は核兵器の廃絶のために立ち上がることを決意され、それが「パグウォッシュ会議」での長年の平和運動へとつながっていきました。

同時に博士は、放射線医療の道に進み、自身の研究を医学に活用しようと努力されました。博士が発見した放射性元素（コバルト六〇）は、悪性腫瘍の治療にも使われるなど大きな貢献を果たしました。

当時の心境を、博士はこう述懐しておられました。

「私は、人類の破壊のためではなく、人類に貢献するために働く科学者です」

「もし私の科学的な研究が使われるのなら、次は、それがどう使われるか自分自身で決断したい、研究が人々にどう役立っているのか、自分の目で見える所で使われてほしいと考えたのです。その一つが医学の分野でした」

「それで、核物理学を捨て、医学の分野での物理学の応用に専門を変えることにしたのです」[7]

科学技術の成果に気をとられるあまり、開発された新たな技術がどう使われるかについて、あまり関心を払おうとしない科学者もいます。

その意味からも、ロートブラット博士が貫かれた信念の行動には、科学者としての模範の姿があるように思えてなりません。

現代化学の父ポーリング博士も、科学の進むべき道を真摯に問い続けた方でした。博士が一九四七年、大学の教科書用に執筆した『一般化学』の冒頭で強調した点も、道徳科学の重要性でした。

博士は、〝化学の専門書のなかで、科学者はどのように行動し振る舞うべきかという道徳規範の問題に言及したのは異例だが、意義のあることだった〟と回想しておられました。

私たちSGIの平和運動に対しても、「できることは何でも協力したい」とまで語ってくだ

ライナス・ポーリング博士
と歓談する池田SGI会長
（1990年2月、ロサンゼルス）
© Seikyo Shimbun

さいました。最後にお会いした折も、九十二歳の博士が、「今日も三人の病気の方を励ましてきたところです」と語っておられたことが忘れられません。

本当に偉大な人格の方でした。

私は、科学技術のあり方を語るうえで、机上の空論に陥らないためにも、ロートブラット博士やポーリング博士のような確固たる人格に裏打ちされた科学者の信念や生き方を、議論の足場とすることが欠かせないと思っています。

私が、お二人と対談を重ねたのも、その人生の知恵や教訓を、未来を担う青年たちに伝えたいと願ったからです。

ヒックマン　お二人の模範の姿は、まさに

C・P・スノーが慨嘆した「二つの文化」の亀裂を癒すために、何から着手すべきかを私たちに示しています。

ロートブラット博士やポーリング博士と同じく、デューイもまた、科学技術分野でのさまざまな決定がもたらす道徳上の問題を大いに懸念していました。しかし、ハイデッガー*やホルクハイマー*、ヤスパース*など、多くの同時代のヨーロッパ人哲学者とは違って、科学技術そのものを「問題視」することはありませんでした。

一九二九年、デューイは刮目すべき論文のなかで、こう述べています。

「テクノロジーは、あらゆる知的な技法を意味し、その技法によって自然と人間がもつ諸力が、人間の必要とするものを充足させるために振り向けられ利用される、あらゆる知的な技法である。テクノロジーは、いくつかの外的な形態、どちらかといえば機械的な形態に限られるものではない。その大きな可能性を目にすれば、伝統的な経験の観念など陳腐なものとなる」[8]

私たちは、人道上の大惨事ともいうべき二度の世界大戦、ヒロシマ・ナガサキの原爆投下、インド・ボパールの化学工場事故、チェルノブイリ原発事故などを経験した後でもなお、このデューイの考え、つまり「テクノロジーは人間のための知的な技法である」という考え方を、受け入れられるでしょうか。

私は、受け入れられると思います。

人類による道具や技術の利用は、時に災厄をもたらすことがあっても、多くの場合、きわめて有益な結果に結びついていることを付け加えたいと思います。

例えば、第二次世界大戦が勃発した一九三九年当時に積年の宿敵同士であったドイツとフランスが、今日のように手を携えてEU（ヨーロッパ連合）を形成することなど、誰が予想できたでしょうか。またかつての冷戦時代に、中国とアメリカが現在のような協力関係を築くことなど、誰が想像できたでしょうか。

私は、これらの成功例の基礎には、テクノロジーに負うものが多くある、つまり道具や技術が知的に活用されたおかげで実現できたものだと思うのです。

人類が直面している諸問題は、テクノロジーに起因するものではなく、私利私欲の肥大化と無知蒙昧、あるいはジェーン・アダムズがかつて「共感的な知識」と名付けたものの〝欠如〟によることを、デューイは認識していたのです。

ガリソン　第一次世界大戦の惨劇を目撃したデューイは、やがて平和運動に深く献身することになり、世界的に有名な哲学者としての立場を利用して、アメリカ国内でも国際的にも平和を強く提唱しました。

しかし有名と無名とにかかわらず、私たちは等しく、このような平和を目指す人生を送るべく力を尽くさねばなりません。長い目でみるならば、誰の行動が世代を超えて最も重要な役割を果たすことになるかなど、誰にも分かりません。最も有益で最も社会的に意味のある人生の多くは、世間の評価とは無縁なものです。

博物館や各種の展示会は、科学の真の価値や、社会における責任ある活用を一般の人々に教育するうえで、非常に有力な手段といえるでしょう。

そうした方法による教育は、しばしば同じテクノロジーを用いながらも、国家や企業に支配されたマスメディアが垂れ流す誤った教育に対抗することができます。

創価学会が、そのような多くの活動を展開していることを、私はよく知っております。そこには美術や芸術の交流も、学術の交流も含まれています。こうした取り組みは、広く一般の人々に国際間の平和や協力の内容を伝えるという点において、きわめて有効だと思います。

2　創造的生命を開花させる哲学

デューイが試みた「哲学の革命」

池田　デューイ博士は、一九一九年三月、滞在先の日本からアメリカの子どもたちに送った手紙のなかで、東京帝国大学（現在の東京大学）で行った講義の模様を綴っています。

自分の講義を熱心に聴講する日本の多くの学生や市民の姿は、博士にとって嬉しい驚きだったようです。手紙には、ユーモアたっぷりに、こう記されています。

「わたしはこれで三回講演をした。彼らは忍耐強い人種だ。まだ相当の聴衆がいる、おそらく五〇〇人というところかな。わたしたちは少しずつ、かなり多くの人びととちょっとした知りあいになりつつある[9]」

この連続講義は、八回にわたって行われ、翌年（一九二〇年）には『哲学の改造』として出版されました。

その著作の「はじめに」でも述べられているように、デューイ博士は、この講義で「哲学上の諸問題における古いタイプと新しいタイプ」(10)の対比を示し、伝統的哲学に新たな角度から光をあてて再構築（改造）しようとしたわけですね。

ヒックマン　ええ。デューイは、この『哲学の改造』で、普段は柔和なことで知られる彼には珍しく、西洋哲学に対して強い批判を加えています。彼は西洋哲学が長いあいだ、〝真の人間の問題〟に取り組んでこなかった点を厳しく批判したのです。

デューイは、かねてよりウィリアム・ジェームズやF・C・S・シラー*とともに、〝哲学の革命〟を試みていましたが、彼らの努力は多くの哲学者から頑迷な抵抗を受けました。

彼らを批判した哲学者たちは、皆、自分たちの学問を象牙の塔の中に留めておきたかったのです。

池田　よく分かります。閉ざされた世界の知性を人々のために蘇らせ、広々と開きゆく戦いでしたね。

デューイ博士は、『哲学の改造』のなかで、進歩のない従来の知性のあり方を、こう厳しく指弾しています。

「知性は、一度で手に入れられるものではない。知性は不断の形成過程にあるもので、これを保持するのには、絶えず油断なく結果を観察する態度、素直な学習意欲、再適応の勇気が必要である。

この実験的な再適応的な知性に比べると、歴史上の合理主義の説く理性というのは、軽率、高慢、無責任、頑迷なところが――要するに、絶対主義的なところがあったと言わざるを得ない[10]」

「学ぶ」という営みの本質が、なんと見事に洞察されていることでしょうか。ここにこそ、知性の探究者が立ち返るべき原点があると、私は思ってきました。

さらに博士は、次のようにも語っています。

「哲学が多くの問題について動きのとれぬ反対物の何れかを勝手に選ばせることしか行なわなかったため、近代世界は苦しみ続けて来た。曰く、破壊的な分析か、それとも、頑固な綜合か[10]」――。

博士は、こうした二者択一的な議論から哲学を解き放つことが、「哲学の革命」のためにきわめて重要であると主張していますね。

ガリソン　デューイは「合理性」(rationality) という言葉より、「知性」(intelligence) という言葉をはるかに好みました。なぜなら「知性」は、変転してやまぬ世界に適応するために、常に再構築を繰り返さねばならない〝人間の精神活動に備わる創造的特質〟を的確に表しているからです。

固定的な概念と範疇をもつ静的な「合理性」とは違って、「知性」は個別的にも集合的にも、自分が形成しようとしている世界のなかで、自らも常に再構築を続けていくのです。

intellect（知力、理知）や intelligent（知性的）という言葉は、ラテン語の intellectus から派生しています。このラテン語は、「～のなかから選ばれた」あるいは「理解された」という意味で、inter（間で、なかに）と legere（選ぶ）から成る複合語です。

知性には、合理性を無視したり、それどころか蔑視してきたりしたものが多く含まれています。デューイは、ある状況が質的問題をきたし、適切に機能することが阻まれていると直観するところから、あらゆる探究は始まると考えていました。

ゆえに彼は、「質的思考」という論文のなかで、「直観は、概念に先行し、かつ概念よりも深い次元に達する」(11)と述べています。

加えて、ある状況を明確に認識するには、正しいデータが必要であり、その状況に存在する種々雑多なもののなかから「知性」をもって、それを賢明に選り分けなければなりません。

そして、ある状況に対処するとき、私たちは常に自分のニーズや関心、願望や考え方、そして価値観に基づいて注意を向けるべきものを選択します。もし私たちが人間として堕落していれば、状況を的確に直観したり、正しい選択をしたりすることは、まずできないでしょう。その場合は、私たちの思考自体がどれほど正しくても、その状況を適切に乗り越えることはできないのです。

池田　実に明晰に語ってくださいました。

知性といっても、私たちの価値観や倫理観、また創造性や感性など、その基盤となる人間としての資質を磨いていくことが何よりも重要になりますね。

ガリソン　そうです。デューイはまた、想像力と感情を、知性の一部として重視していました。彼は著作『経験としての芸術』において、こう述べています。

「想像力を排除した、合理性のみの〝論理的思考〟では、真理に到達することはできない。（中略）探究者は、想像的感情に動かされて、取捨選択を行うのである。〝理性〟だけでは、その極みにおいてさえ、真理を完全に把握することも、完全な確証を得ることもできない。そのためには、想像力――すなわち、感情に裏打ちされた理念の具現化に依らなければならないのである[12]」

デューイは、合理性とは「多種多様な願望のつり合いを取るための実用的な調和[13]」であるとまで言っています。

ゆえに「理性」、より適切には「知性」と呼ぶべきものは、固定的なものでは決してなく、進化し続ける生命の機能の一つなのです。

「毒矢の譬え」と「プロクルステスの寝台」

池田 非常に鋭い洞察です。

デューイ博士は、抽象的な概念やイデオロギーに囚われ、現実社会から遊離してしまうことの愚を厳しく戒めました。

この博士の警鐘は、仏典に説かれる「毒矢の譬え」を、私たちに思い起こさせます。

――釈尊のもとに、いつも「世界は無限か、有限か」「霊魂と肉体は一体か、別々か」といった観念的な質問ばかりをする修行者がいました。

ところが釈尊は、そうした問いには一向に取り合おうとしない。修行者はそれが不満で、ある時、「世尊（＝釈尊）！ いつまでも私の質問に答えてくださらないなら、私は釈尊のもとを去ります」と怒りを露にした。

すると釈尊は、その修行者を諭すように、こう語ったというのです。

「毒矢で射られて苦しんでいる人がいた。そこへ、親友や親族が駆けつけ、矢を抜こうとした。

ところがその人は、矢を射た人間の名や素性、体の特徴などを尋ね、それが分からぬうちは、矢を抜いて治療してはならないと言った。さらに矢の材質などを、あれこれ問いただしているうちに、遂に死んでしまった。あなたの場合も、世界が無限か、有限か分からなければ修行に励まないなどと言っているうちに、何も会得せずに死んでしまうであろう」と——。

釈尊は、この譬えを用いて、思考の遊戯に終始するだけでは、何ら現実の人生の問題の解決にはならないことを教えたのです。

あくまでも重要なのは、「人間の幸福のために」智慧を出すことであり、現実に人々のために行動することである。そのための哲学である。これは、デューイ博士が抱いていた思いとも通い合うのではないでしょうか。

ヒックマン　実に素晴らしい譬え話ですね。

現実世界の諸問題に、英知の限りを尽くして取り組むことがいかに重要かを、分かりやすく教えてくれる話です。

デューイは、いたずらに無駄な思考を重ねること、すなわち彼が「純粋主知主義」と呼ぶところのものに、とりわけ批判的でした。なぜなら、それは思考と行動を分離してしまうと考えていたからです。

環境科学や食品バイオテクノロジー、医学研究や医療、そしてとくに教育など、私たちすべてに影響を及ぼす難題に取り組む学問分野において、今、哲学者たちが貢献していることを知ったなら、デューイはきっと喜んだにちがいありません。

「純粋主知主義」では、二十一世紀の人々が直面する諸問題に、私たちは対処しきれないのです。

池田　おっしゃるとおりですね。

人間をイデオロギーなどの固定化した観念の枠に押し込めてしまえばどうなるか――デューイ博士は中国で行った講演のなかで、哲学者のウィリアム・ジェームズが嫌っていたものは、彼が「プロクルステスの寝台」に譬えた閉鎖的宇宙だと述べています。[14]

周知のように、プロクルステスはギリシャ神話に登場する人物で、「プロクルステスの寝台」とは、旅人を捕らえては寝台に寝かせ、身の丈が寝台の大きさに合うように、寝台よりも長ければ足を切り、短ければ力ずくで足を長く引き伸ばしたという話です。

ジェームズは、この譬えに託すかたちで、既存の基準のもとにあらゆる物事を判断しようとする独断的な哲学を痛烈に批判しました。

万物は、一瞬一瞬、変化するものであるから、人間の価値基準や行動も、その変化に柔軟に対応できるものでなくてはならない。

デューイ博士は、この点について「変化は絶えず進んでいるのであるから、大切なのは、変化を十分に学んで、これを支配する力を持つこと、これを私たちの望む方向へ向ける力を持つことである」[10]と洞察していますね。誠に含蓄のある言葉です。

ヒックマン　池田会長の視点は、デューイ哲学の核心を見事に衝いています。

デューイは、同じ探究にしても、人間の経験の過程で進展してきたもの以外を基盤とする探究には、絶えず反論を加えてきました。その反論の対象となったものには、空理空論やあらゆる類の権威主義的なシステムが含まれます。

デューイは、アリストテレスの論理さえも、会長が触れられた例になぞらえれば、「プロクルステス的」な画一主義であると批判しています。「アリストテレスは、経験を自らの論理形式に合わせようと試みたが、真に生産的な探究とはそういうものではなく、論理形式を道具として発展させ、さらなる経験を生み出すことでなければならない」――デューイは、そう考えたのです。

この点において、デューイは抽象概念そのものに反対したのではなく、抽象概念を絶対的なものとして扱うことに反対したのです。デューイによれば、抽象概念とは道具であり、探究の道具にすぎないと適正に理解されるべきものでした。

厳しい探究の道を避ける方法は、いくらでもあります。その一つが、既成の理論に黙って従い、十分に検証されていないスローガンや、出来合いの主張を安易に復唱するといった方法であり、これは一種の知的怠惰です。

これに関して私は、情報が爆発的に増加し溢れている現在、学生たちがインターネットを使うときも、批判的精神をもって検証し、利用することの大切さを教える必要があると思っています。


ガリソン あらかじめ用意された、権威主義的でプロクルステス的な基準を用いることは、近代科学や民主主義の時代にあって、封建的な信条や価値観を温存することにつながります。

そのような無反省で無分別な規定や規範・慣例は、古い秩序をそのまま保とうとするものであり、「科学」を容易に「科学万能主義」へと貶め、さらには軍・産・学の複合体*が意のままにできるものにしてしまうのです。

デューイは、『古い個人主義と新しい個人主義』の結論として位置づけられる論文「建設と批判」のなかで、こう記しています。

「私たちは、自分が本当に欲するものが何であるかを知らず、それが何かを見つけることにも、さしたる努力を払っていない。しかも私たちは、自己のさまざまな目的や欲求を外から押しつけられるに任せている。私たちはまた、自分が欲することを行うことにも飽きている。というのも、その欲求が自身の価値判断に、さほど深く根差したものではないからだ[15]」

無思慮で、無反省で、知性に欠けた生き方は、単に道徳的に堕落しているだけでなく、美的観点からも無味乾燥で、退屈で惰性的な生き方になってしまうのです。

私が、一人の教育者として、心から憂えていることがあります。それは他人――政治家やメディアや産業界の有力者などを一方的に非難する風潮です。それがどれほど教育上、悪い影響を与えているか、計り知れません。どのような形の教育であれ、そのほとんどが人々を既存の政治的、経済的、社会的秩序に巧妙に組み込むための手段と化しているのです。

アメリカでは、学習基準や標準化されたカリキュラム、そして数値的な測定や統計的平均値が重視されるテストが、学校教育の分野を支配し管理しています。その傾向は、徐々に高等教育にも及んでいます。デューイは、こうした標準化をひどく嫌って、それは「質的な民主的個人主義」を破壊するものだと考えました。

彼の考えに従えば、民主的な教育者や教育機関の責務とは、個人の潜在能力を育み、それぞれが自分の能力に見合った貢献をできるようにすることなのです。

ジェームズの哲学とダーウィンの進化論

池田　教育者として、常に問い続けなければならないテーマであり、視点ですね。

そうした人間的な成長を促す教育環境の実現は、教育者のみならず、政治家も、宗教者も、哲学者も、そして科学者も、ともに協力して取り組むべき課題であると思います。

ところで、デューイ博士の思想を理解するうえで重要なカギとなるのが、先ほども話題となった哲学者ジェームズからの影響ですね。

ガリソン　ええ。デューイは、ジェームズの人間の心理を生物学的に捉える思考法に、非常に感銘を受け、ジェームズの深い生命観と、行動する生命という視点で生命を考える知恵を大いに賞讃していました。

デューイは、そうした「生命重視の姿勢」こそ、ジェームズ哲学の「革新」「自由」「個性」の概念を正しく理解するための重要なカギであると指摘しています。

また、自身が受けた影響について、「ジェームズの生物学的な心理学研究法のおかげで、それぞれに独自性のある社会的カテゴリー、なかでもコミュニケーションが、いかに重要であるかを知ることができた」[16]と語っています。

池田　「生命」の特質は何か——。

デューイ博士は、こう語っています。

「生命があれば、必ず行動があり、活動がある。生命が続くためには、この活動は持続的でなければならず、環境に適応していなければならぬ(10)」

デューイ博士は、「活動」とともに、「適応」という言葉を使っていますが、それは決して受動的な意味ではありません。

単に環境に順応するのではなく、環境に働きかける「交流」であり、環境との「コミュニケーション」です。例えば、外界から酸素や栄養を取り込み、自分の体を作る。外界に対して行動し、エネルギーを発散する。そのように生物は、常に外界とエネルギーや物質のやりとりをしながら、生成変化を続けています。

つまり、「変化」と「コミュニケーション」こそ、生命の大きな特質といえるでしょう。ここに、デューイ博士は注目していますね。

ガリソン　そのとおりです。

哲学者のジェームズとともに、近代生物学の代表的人物であるダーウィンについて、デューイがどの点を評価しているかを見れば、彼自身の考えがよく分かります。

デューイは、論文「ダーウィニズムが哲学に与えた影響」のなかで、こう述べています。
「自然や知識についての哲学を二千年にもわたって支配してきたさまざまな概念、思考活動において慣れ親しんだ教養としての諸概念は、固定的で最終的なものが優越性をもつという前提に基づいていた。（中略）『種の起源』は、絶対的な恒久性という誰も手を触れてこなかった聖なる櫃に手をかけ（中略）一つの思考形式を導入したのである。その思考法は必然的に、やがて知識の論理を変革して、遂には道徳や政治や宗教の扱い方をも変革することになった」[17]

池田 ダーウィンの進化論については、「生存競争」（struggle for existence）の概念がよく知られていますが、これは「他を押しのけての競争」というよりも、文字どおり「生存するための努力」――すなわち、個々の生命が生き抜いていくための懸命な働きや行動を重視したものですね。

ダーウィンは、固定的な「永遠」「不変」を前提として、そこから生命を観るという伝統的な哲学のアプローチを批判しました。変化する生命に即して、その実相をそのまま観ようとする「知識の論理」を構築したのです。

だからこそ、その知識の論理は生物学の領域を超えて、社会や歴史や政治などに対する人々の考え方を変えていった――デューイ博士は、ダーウィンの思想の本質を、そう洞察していますね。

ガリソン　デューイは、ダーウィニズムが西洋哲学に劇的な影響を与えるであろうことを悟りました。

第一に、デューイは、固定的で最終的な「実在」（実体）という概念を完全に排除したことは、人類あるいは人間個々の実在について深い意味合いをもつことを理解しました。

第二に、果てしなく進化を続けるこの宇宙にあって、絶対的な起源や絶対的な終末を語ることはできないと知りました。

さらに、絶対的な基盤というものはなく、あるのは相対的に安定した構造であることも学びました。山々でさえも、いずれは崩落して海へと落ちていくのです。

この思想の影響を必ず受けるであろうと思われたものの一つが、まさに「善」と「悪」の概念でした。

デューイの思想と仏教に共通する「善悪観」

池田　そうですね。デューイ博士は、伝統的な哲学や神学における大きなテーマである「善」と「悪」の問題に対しても、固定化した二元論ではなく、実践的な課題としてのアプローチを提示しています。

デューイ博士は、こう論じていました。

「個人にしろ、集団にしろ、或る固定した結果への遠近によって判断するのでなく、進む方向によって判断することになろう。

悪い人間というのは、今まで善であったにせよ、現に堕落し始めている人間、善が減り始めている人間のことである。善い人間というのは、今まで道徳的に無価値であったにせよ、善くなる方向へ動いている人間のことである。私たちは、こういう考え方によって、自分を裁くのに厳格になり、他人を裁くのに人間的になる」[10]

至言です。いかなる悪人も善と無縁ではなく、悪とまったく無縁な善人もいない。その出発点に立てば、自己が常に善であり、対立する他者が常に悪という関係性も成り立たない――。

これは、大乗仏教の思想とも、深く響き合うものです。仏教には「善悪無記」という考え方があります。日蓮仏法では、「善に背くを悪と云い悪に背くを善と云う、故に心の外に善無く悪無し此の善と悪とを離るるを無記と云うなり、善悪無記・此の外には心無く心の外には法無きなり」(『御書』五六三ページ)と説かれています。ここでいう「無記」とは、「善」とも「悪」とも定められないということです。

例えば、「怒り」が人間の尊厳を脅かすものに対する怒りは「善の働き」となり、エゴにのみ突き動かされた怒りは「悪の働き」をなすように、「善」や「悪」といっても、それは何か固定的な実体があるわけではなく、環境と自身の一念との関係性のなかにおいて変化し、顕在化していくものです。

二〇一〇年に発表した「SGIの日」記念提言の中でも私は、人間の実像から乖離して「善」と「悪」、「味方」と「敵」といったように、人々や物事を単純に固定化する「抽象化の精神」の危険性について述べさせていただきました。

仏教の「善悪無記」の考え方は、その「抽象化の精神」の落とし穴を乗り越え、自身と目の前の事象をまっすぐに見据え、生成流動してやまない〝現実〟と向き合うことを促す思想なのです。

ヒックマン　私は、仏教の主要な思想や著作に親しめば親しむほど、それらがデューイの哲学に、よく似ていることを実感します。

デューイはとりわけ、ある状況を理解するには、常にそのコンテクスト（脈絡）を考慮する必要があるという考えを唱道していました。

とはいえ、これは必ずしもデューイが、〝どんな物事も皆同じように善である〟と主張するような相対論者であったという意味ではありません。
デューイが、もはや再構築を必要としないほど十分に保証され、断定できる倫理的な理念が数多くあると考えていたことに言及しておく必要があります。

例えば、南北戦争以前の南部アメリカでそうであったように、現代の教養ある人々が奴隷制をよい制度とみなすような時代が再びやってくることなど、誰にも想像できないでしょう。

この種の倫理的判断を、デューイは「プラットフォーム」と名付けていました。これは、比較的安定性をもつ倫理的な基盤のことで、そこを足場にして、私たちはさらなる倫理上の探究ができるのです。

しかし、このプラットフォームは、堅固な基盤とは別物であることを弁えねばなりません。デカルト*などの哲学者は、自身の思考の確固たる基盤を追求しようとしましたが、皆、挫折しています。デューイの考えは、まったく違うもので、彼は確かな基盤の探究の行きつく先が不幸な結末を迎えることを見通していました。それでもなお私たちは、自分が立っている「プラットフォーム」を活動の足場として、理解と知識の次のレベルを構築することができるのです。最初の「プラットフォーム」がどこにあるかを問うことは、あまり意味がないでしょう。それは、人類以前の祖先のはるかな過去の霧に包まれているからです。このように、デューイは自らの哲学的思考の手がかりを、デカルトではなくダーウィンから得たのです。

池田　まさに堅持すべきは、そうした人類が長い歴史と経験の上から学び取ってきた、黄金律とも呼ぶべき倫理観や道徳でありましょう。

例えば、釈尊の言葉に「『かれらもわたくしと同様であり、わたくしもかれらと同様である』と思って、わが身に引きくらべて、（生きものを）殺してはならぬ。また他人をして殺させてはならぬ[18]」とあります。

ここにも、二つの重要な視座があります。

第一は、「わが身に引きくらべて」とあるように、守るべき戒めを、外在的なルールとして規定するのではなく、同じ人間としての眼差しから内省的な問いを発していることです。

第二は、「他人をして殺させてはならぬ」とあるように、単に自身が殺生を行わないだけでなく、他の人々にも生命尊厳の思想を貫くことを働きかけている点です。

この「内省的な問いかけ」と「他者への働きかけ」の往還作業——絶えず自己を省みながら、相手の善性を信じ、働きかけ、自他ともの向上を目指すべきことを、仏法では説くのです。

ガリソン　私は、池田会長の『法華経の智慧』を、何度も読ませていただきました。

さまざまな障害を乗り越え、悪を克服する方途を見いだすことが、自己認識と道徳的成長のためにどれほど大切であるか。そのことを私が初めて深く自覚できたのは『法華経の智慧』を読んでいたときのことです。

とくに、心に残るのは次の一節です。

「善も悪も実体ではない。空であり、関係性によって生ずる。だからこそ、たえず善に向かう心が大事であり、行動が大事なのです[19]」

この言葉に触れたとき、私の「善」と「悪」に関する理解は一気に深まり、大きく変わりました。そこで、このテーマに関するデューイの著書を読み返したところ、次のような箇所を見つけました。

デューイはこう述べています。

「この世には、善と悪の混合が存在する。もし少しでもそれらを理想的な目標に示される善の方向へと再構築しようとするなら、それは絶えざる協調的な努力によって行われなければならない[20]」

なんと素晴らしい一致ではありませんか！

私の理解はまだ完全とはいえませんが、会長のこの洞察に、感謝を申し上げたいと思います。

池田 恐縮です。私こそ、この鼎談で、両先生から多くのことを学ぶことができ、心から感

『法華経の智慧』英語版　© Seikyo Shimbun

謝しております。

仏道修行の方法論の一つとして、広く「四正勤」が説かれます。正しい悟りに至るための四種の努力という意味です。

第一に、すでに生じた悪を断とうと勤めること。

第二に、これから悪を生じないように勤めること。

第三に、善を生じるように勤めること。

そして第四に、すでに生じた善を増すように勤めること。

ここでいう善とは、人々を自他ともの幸福へと導く方向の働きです。悪とは、自他ともに不幸や破壊へとおとしめる働きのことです。

それゆえに、これらの仏道修行の方法を示

しながら、釈尊は弟子たちに「もろもろの事象は過ぎ去るものである。怠ることなく修行を完成なさい(21)」との言葉を遺したのです。

私たちは、常に変化を遂げる現実のなかにあって、自身を瑞々しく革新しながら、〝自他ともの幸福〟を築きゆく最善の道を選び、そして勇気をもって行動し、前へ前へと進んでいかねばなりません。

その不断の努力のなかにこそ、自らの生命の無限の可能性を開き、成長させ、新たな価値を創造しゆく道——すなわち大いなる「創造的生命」の開花があるのではないでしょうか。

3

グローバル時代の宗教の使命

デューイが展開した「宗教的ヒューマニズム」

池田　宗教の目的は、「人間の幸福」にある。あくまでも「人間のための宗教」であって、「宗教のための人間」であってはならない――。

　これは、「生命の世紀」の宗教ルネサンスを目指し行動を続けてきた、私どもＳＧＩの根本の理念であり、出発点です。

　そこで次は、デューイ博士の宗教論『誰でもの信仰』に焦点を当てながら、博士が主張した「宗教性の復権」の意義や、現代社会における宗教の役割などを語り合っていきたいと思います。

　『誰でもの信仰』は、『経験としての芸術』と同時期に刊行されました。どちらも経験や想像力といった要素に着目し、人間が本来もつ善性を発揮するための方途を模索したデューイ後期の思想を代表する著作といわれます。

そのなかで博士は、既成の宗派や教義などを示す「宗教」(religion)と、人間一人一人のなかに具わる「宗教的なもの」(the religious)を峻別します。

そして後者こそ、現代に必要なものであるとして、「宗教」から「宗教的なもの」を解放することの必要性を訴えていますね。


ヒックマン　そうです。デューイの宗教観のなかで、私がとくに重要であり、強調したいと思うのは、「宗教教団は人間の精神的価値を独占しようとしてはならない」という彼の主張です。

池田会長が指摘されたように、デューイは人間には、自ずと「宗教的なもの」へ、より広義には「精神的なもの」へと向かう傾向性があると考えていました。

このため彼は、人間のそうした傾向性が再構築されて、そこから人生の新しい意味や豊かな価値が絶えず生み出されることを熱望していたのです。

宗教教団が、そうした新たな意味の創出を支援することは大事なのですが、創出への取り組みを狭義の神学的な枠にはめるようなことがあってはなりません。

池田　デューイ博士は、「宗教的なもの」を、宗派や階級や民族などに制限されない「誰でもの信仰」と呼びました。そして、この「人類にとって、共通な、誰でもの信仰」を「もっと鮮明にし、もっと溌剌とさせること」が我々に「残された仕事」である、と述べています。[22]

博士は、既成の宗教には、日常生活から遊離した「超自然的」なものや、その考え方から派生したさまざまなもの——「夾雑物」があると考えました。

そして伝統宗教は、宗教が本来もつ理想的な要素とは直接関係のない、各時代の信仰や制度や慣習的行事などの重荷を負わされていると洞察しました。

仏教では、儀式や制度を「化儀」（化導の儀式）といい、「化法」（教化するために説いた法）と立て分けております。この「化儀」については、時代や地域によって変遷があり、あくまでも「方法」や「手段」であり、宗教の目的そのものではないと捉えています。

トインビー博士も、宗教の本質的なものから、歴史の産物である〝付随的なもの〟をふるい分け、本質を残し付随物を捨てよと強調されていました。[23] いわゆる宗教の「本質剝離」という命題です。まさにこれは、デューイ博士の思想と符合する主張ではないでしょうか。

ガリソン　そのとおりですね。

デューイは、ある時点で教会を去り、以後、独自の「宗教的ヒューマニズム」を展開していきます。

デューイが、「宗教的ヒューマニズム」において求めた〝可能性の理想型〟は、人間のもつさまざまな価値が「想像力」豊かに未来に投影されていくことでした。

そのためには、宇宙に存在する自然の力だけを支えに、人類が共同して奮闘・努力することが必要なのです。

デューイは、次のように考えました。

私たちは、勇気をもって宇宙のなかの「善」なるものと一体化し、その「善」を活用しながら、「悪」と戦わねばならない。

そうすることで初めて、一人一人が意義深い人生を送ることができるようになる。そして、そのために必要なのは、各自がそれぞれの地域社会で人々と力を合わせ、人間の苦悩を取り去る理想的な価値を生み出していくことである。各個人は、このようにして自己の統一をはかりながら、同時に人間としての幸福を拡大していけるのである——と。

池田　デューイ博士の「宗教的ヒューマニズム」の核心ですね。

思えばトインビー博士も、私との対談で「新しい文明を生み出し、それを支えていくべき未来の宗教というものは、人類の生存をいま深刻に脅かしている諸悪と対決し、これらを克服する力を、人類に与えるものでなければならない」[5]と強調しておられました。この言葉には、デューイ博士の宗教的ヒューマニズムと一致する宗教の使命と理想が端的に示されています。

デューイ博士が、『誰でもの信仰』を出版したのは一九三四年です。大恐慌によって社会が荒廃し、再度の世界大戦への破壊の道を歩み始めた時代でした。

そのなかで博士が、現実から遊離した既成の宗教を批判し、社会変革への善なる行動を生み出していく「宗教的ヒューマニズム」を提起したことは注目すべきことです。

「宗教的ヒューマニズム」とは、それがどのようなかたちであれ、現実社会における行動のなかでこそ、人間の幸福と成長のために真価を発揮し、また鍛えられていくものです。これは真理を探究するうえで、社会的実践を重視した大乗仏教の思想とも深く響き合っております。

仏とは、もともとサンスクリット語の「ブッダ」(「目覚めた人」の意)に由来し、「覚者」「智者」と漢訳されています。すなわち、変転きわまりないこの現実の世界を、ありのままに知見して真理を自らに体現し、他者や社会を善き方向へ、価値ある方向へと導く「開かれた心」と「智慧」を持った人のことを指すのです。

デューイ博士が、この「宗教的ヒューマニズム」――現実に根差し、行動に焦点を当てた宗教観を形成していくうえで、どんな人物や思想に影響を受けたのでしょうか。

ガリソン デューイの「宗教的ヒューマニズム」は、英国の詩人コールリッジの「想像力」の概念や、ワーズワース*の「自然への畏敬」の観念に基盤を置くものでした。

とくにデューイは、まだ若かった学生時代に、コールリッジの著作『省察の助け』を読んで啓発を受け、その影響がいつまでも続いたことを、自ら認めています。

コールリッジがこの書で主張しているのは、人間はそれぞれキリスト教の知恵を自己の内面に求め、その知恵を用いて、この世の苦悩を和らげるよう努めるべきである、ということでした。

デューイは、この書を読んで実践的な知恵の力が大切であると考えるようになりました。その知恵の力とは、理想を現実に結びつけ、自己の内面に統一をもたらすものでした。

その後、デューイはヘーゲルの思想を学び、それによって彼の宗教的な事柄に関する考え方の幅が広がりました。ヘーゲルの観念論は、従来のキリスト教の教説とは大きく異なるもので、人間の努力によって理想を実現していくうえでは、理想と現実の統一をはかることが不可欠のプロセスであるとされています。ただし、それが実現するのは、歴史の最終段階です。

池田　この「宗教的ヒューマニズム」の形成にあたって、デューイ博士はアリス夫人からも影響を受けたようですが――。

ガリソン　ええ。妻のアリスは、彼の「宗教的ヒューマニズム」思想の形成に、大きく貢献したと思います。

ジョン・デューイ研究センターの「人間教育貢献賞」が、ヒックマン所長から池田SGI会長に贈られた（2001年6月、東京）　© Seikyo Shimbun

池田会長は、「地球憲章」の起草の時期に、草案作成の中心者の一人であったスティーブン・C・ロックフェラー*氏と意見を交換されていますね。氏もまた、デューイの宗教哲学の研究者として高い評価を得ている人物です。

彼の考えによれば、デューイがあらゆる人間関係に存在する「宗教的なもの」を具体的に実感するうえで、妻アリスとの深い夫婦愛こそが、その大きな助けとなっていたというのです。一家は、愛情と思いやりに満ちた家族だったようです。そのことは、成人したデューイの子どもたちが、のちに語った証言からもよく分かります。

デューイ一家には、ジョンとアリスの夫妻、子どもたち、それにジョンの両親がいて、この両親は亡くなるまで同居していました。

池田　なるほど、これは、デューイ博士の思想を理解するうえで、大切なポイントですね。

トインビー博士も「祖父母と両親と子どもたちが一緒に暮らし、真に人間らしい生活を分かち合っている〝三代家族〟」を一つの理想として掲げられていました。[24]

善き人生、善き家庭、そして善き社会を創るための哲学を志向した、デューイ博士ならではのエピソードといえます。

ヒックマン　デューイは、どんな宗教的信条も、さまざまな学問と折り合いのよいものでなければならない――すなわち、万人が知的に信じられるものと折り合いがよくなければならない、との強い信念を抱くようになりました。

しかし彼は、まったく自分独りでこのような結論に達したわけではありません。妻のアリスや、ジョンズ・ホプキンス大学での大学院生時代における恩師のジョージ・モリス、またダーウィンの著作からも重要な影響を受けました。

そして、これまでも話題になりましたが、ジェーン・アダムズもまた、まぎれもなくデューイの思想に強い影響を与えています。

アダムズは、彼女が創設した移民や貧しい労働者を支援するセツルメント・ハウス（隣保館）

の経営に力を注ぎましたが、自身の努力は初期キリスト教に見られる人道主義的精神を復興させる一環であると捉えていました。

　彼女は、再構築されたキリスト教はおそらく「単純で自然なかたちで表現される社会的有機体（＝生命体としての社会）を目指すだろう[25]」と、考えていたのです。

　つまりデューイと同じく、彼女は、イエスは決して〝宗教〟というレッテルを貼られるような特別な真理を説いていたわけではなく、「行動だけが真理を受け取り、真理をわがものとするための（＝人間にとっての）唯一の手段である」と信じていました[25]。

「人間の内面の変革にこそ宗教性のカギがある」

池田　アダムズは、セツルメントの活動を通して、デューイ博士の宗教観にも大きな啓発を与えていたわけですね。
　人々が連帯して、新たな共同体を形成するための「人間のための宗教」――。それはまた、人間性が疎外され、人間と人間の分断が憂慮される現代社会にあって、ますます求められる宗教のあり方ともいえるのではないでしょうか。

ヒックマン　池田会長の著作を読ませていただき、私は、超自然的な力や神に頼ることは、少なくとも次の二つの理由から退けるべきであるとする点で、会長とデューイの見解が合致しているのを感じます。

一つは、科学的な世界観に沿った概念的秩序のなかでは、そのような超自然的な力や存在には、いかなる居場所もないということです。

二つには、そのような超自然的な力や存在に頼ることは、これまで人類がさまざまな事象に対して行い、その有効性を証明し、今後も証明し続ける誠実で厳格な探究そのものを覆すことになってしまうからです。

池田　深いご理解に感謝いたします。

デューイ博士が『誰でもの信仰』のなかで、「超自然的なもの」を批判したのは、「目に見えない力」を頼り、それに自己のすべての運命を委ねることは、努力を放棄することにつながりかねないと考えたからでしたね。

博士は、こう述べています。

「(=既存の各宗教が、『理想を実現する唯一超自然的な方法を占有している』という)その主張が、自然的な人間経験の中に本来備った宗教的な価値を、はっきり自覚し実現することの邪魔になっている[22]」

「自然的な地盤の上に、現実に実現され得る価値やよきもの（good）がある。（中略）それ等は、我々の中に、既にあるのである。それ等は、よきものとして、存在するのである。そして、それ等の中から、我々は、我々の理想的目的を形づくってゆくのである」(22)

つまり、理想は現実のなかにあるが、今は達成されていない。ゆえに現実のなかで格闘し、少しずつその理想をかたちにしていく努力そのものに、すでに価値がある。どこか遠くに存在する「天上の世界」などによって、人間が価値づけられるのではないと、デューイ博士は主張したのです。

そこには、人間という存在それ自体への深い信頼があります。人間の限りない可能性への鋭い洞察があります。

私は、私の小説『人間革命』の主題を、「一人の人間における偉大な人間革命は、やがて一国の宿命の転換をも成し遂げ、さらに全人類の宿命の転換をも可能にする」と記しました。

人間こそ自らの運命を切り開く主体者であり、この人間の可能性を大きく開花させゆく「人間革命」の宗教こそが求められる、との信条からです。

ヒックマン　私たちが追求すべき理想は、実は私たちのなかに〝善〟として存在するとのデューイの信念と、人間精神の内面的革命に基づいた「価値創造」に挑戦するＳＧＩの人間主義運動とのあいだには、深く相通ずるものがあります。

池田会長が述べられたように、デューイは「人間の内面の変革にこそ宗教性のカギがある」と考えるに至りました。彼はこのように、それまで傾倒していたヘーゲルの唱えた理想的「絶対者」の働きという概念から離れて、別の新たな思想へと辿り着いたのです。

その新たな思想とは、「生きた有機体」としての社会の変革は、抽象観念や理想的絶対者の力に頼ることなく、人間各個の意識と行動の再構築と刷新によって成し遂げられなければならないとの主張でした。

先にも申し上げたように、これは、彼の妻のアリスや恩師のジョージ・モリス、ジェーン・アダムズ、さらには友人で哲学者のウィリアム・ジェームズらによって育まれた思想です。

池田　そうですね。デューイ博士は、現在と未来の人類全体に対して、自分たちは何を残すことができるのかという責任感から既存の宗教に対する批判を行いました。

それは、自分を安全地帯に置いて行う無責任な傍観者的批判ではありません。その批判の鋭さは、強い責任感に裏打ちされていました。

私がお会いした世界の識者の多くの方々も、この深い責任感の上から新たな宗教観の必要性を語っておられました。

デューイ博士の厳しい批判の目的は、どこにあったのか。それは「宗教」の本来の原点に人々を立ち返らせ、「誰でも」の基底にある「宗教性」に目を向けさせることにあったと、私は感じております。

ヒックマン　ええ。その意味で、デューイは「反宗教者」を声高に自認する人々に対しても批判を行っています。

池田　そのとおりですね。例えば、デューイ博士は、人々が陥りやすい弊害について、こう述べています。

「多くの人々は、今日、宗教として存在しているものの知的内容や、道徳的内情を見て、強い嫌悪と反発とを感じる。そして、その結果として、これ等の人々は、自分自身の中にあるものをも、見落としている。それが実を結べば、純粋に宗教的なものになる様なもの、そう云う態度が自分の中に潜んでいることに、気付いてすらいないのである」[22]と。

諸宗教の現状に対する閉塞感、拒否感が先立つあまり、本来、自分のなかに眠っている「よりよく生きようとする善性」まで、人々が見落とし、それを十分に発揮できていないと警鐘を鳴らしているのです。

デューイ博士は、混乱した時代においては、人間に本来、具わっている萌芽状態の善性を花開かせ、社会に広げていくための「宗教性の復権」が緊急に必要であるとして、こう述べています。

「それ（=宗教的経験）は、現在、ばらばらになっている人間の興味と精力とを、統合する力を持っている。それは、行動に方向を与えることが出来る。感情に熱を与え、知性に光を点ずる[22]」と。

宗教者の果たすべき使命と役割

池田　デューイ博士の宗教論に対しては、神学者をはじめ既成宗教の立場から、さまざまな批判が向けられたことも事実です。しかし博士の論点は、今日、グローバル化（地球一体化）時代の宗教の役割を見つめ直すうえで、実に示唆に富んでいると、私は感じてきました。

この点については、いかがでしょうか。

ヒックマン　「今日のグローバル化する時代にあって、宗教はどのような役割を果たすべきか」——この問題提起は、誠に的を射たものです。

宗教は寛容を体現するだけでは不十分です。世界の諸宗教が、単なる寛容を超えて相互理解を生み出す積極的取り組みをしていくことが必要です。

池田　全面的に賛同します。

私どもＳＧＩも微力ながら、イスラムやキリスト教をはじめ〝世界の宗教を結ぶ架け橋〟に、との思いで行動してきました。

二〇一一年二月、私たちの戸田国際平和研究所が、モロッコのムスリム学術者連盟との共催で、首都のラバトにおいて「共通の未来へのグローバル・ビジョン」と題する国際会議を開催しました。そこでも、宗教間対話が大きなテーマとなりました。出席者の方々は、あらためて対話の重要性を異口同音に語っておられました。私どもは、さらに積極的に、こうした対話を進めていきたいと考えております。

グローバル化が進む現代世界において、宗教者の使命はますます大きいと私は思います。多様な価値観や文化が、急速な勢いで出会う今日の社会においては、異なる他者を尊重し、他者から学び、そして互いに助け合おうという精神が重要です。

他者を尊重する精神や助け合いの心は、かたちこそ違っても、各宗教が教えてきたものです。また各国、各民族に伝えられている伝統文化や民話の知恵のなかにも、生き生きと脈動しています。それを人々の心、なかんずく若い世代に伝え、広げていくことが大切ではないでしょうか。

ヒックマン　同感です。それから、もう一つ重要なことは、自分たちの宗教の聖典を、より進歩的でより幅広い見地から解釈するようにしていくことです。

各宗教間の対話を、いっそう活発化することも重要です。また、学生たちの交流、とりわけ宗教学校で学ぶ学生間の交流も大切でしょう。

さらに私がとくに付け加えたいのは、宗教的ヒューマニストと世俗的ヒューマニストとが、お互いに関心や懸念を抱く諸問題について、協力関係を強めるべきであるということです。

一つの明るい兆しがあります。さまざまな宗教団体に所属するアメリカ人のあいだでも、どうやら神学理論や宗教の教条ばかりに重きを置く傾向が薄らいできていることです。概して、宗教的な建物や場所を、地域に開かれた場所や、教育や社会奉仕を施す場にしていこうという意識が高まってきているように思えます。

池田　そうした動きは、最近、私もよく耳にします。

日本でも、二〇一一年（平成二十三年）三月に起きた東日本大震災を契機に、ボランティア活動や地域のコミュニティーの大切さが、よりいっそう認識され、さまざまな人々や団体の尊い献身の姿が広がっています。

そのなかで、宗教者がともに行動しつつ、生命の尊厳性、一人を大切にする精神を力強く発信じていくことが大事であると思っています。

法華経の説く万物の〝平等〟と〝尊厳〟

ガリソン　私は、仏教を信仰するものではありませんが、池田会長の思想と行動に啓発されて「法華経」を読むようになりました。それは、素晴らしい経験となりました。実は感動して、二度も読んだのです。

　例えば、「薬草喩品」に説かれる「法の雨」という、人間の倫理的平等性を表現した胸を打つメッセージに、深い感銘を受けました。

　そして読み進むうちに、大きく眼を開かれた瞬間がありました。それは、私自身のかけがえのない可能性を自覚する最大の好機が、我が人生に訪れた特別な瞬間でした。

　それは「提婆達多品」の最後に出てくる竜王の娘——八歳の竜女*の「即身成仏」を読んだときです。私は、鳥肌が立つような、大きな感動を覚えました。そのとき私は、幾つもの大切なことを瞬時に理解できたのですが、その後も新たな発見を求めては、時折、あの章を読み返しています。

　そこから私が感得したのは、深い倫理的な平等観でした。それは、ただ男女が平等であるということではなく、生きとし生けるものすべてに対する平等観でした。

池田　「薬草喩品」は、エマソンやソローなど、超絶主義者らの雑誌「ダイアル」に初めて英訳が掲載され、当時のアメリカ社会に紹介されたことでも知られていますね。

「法の雨」の話は、「三草二木の譬え」ですが、低い草にも高い木にも雨は平等に降るように、生きとし生けるものすべてに仏の慈悲は平等に降り注ぐ。どのような人も、また万物すべてが平等に仏の慈雨を受けて成長する可能性をもっている、という喩えです。

また、「提婆達多品」の話について、日蓮大聖人は「此の品の意は人畜をいはば畜生たる竜女だにも仏になれり」（『御書』三八八ページ）と記されています。

畜身で女性で、しかも子どもの竜女が、錚々たる仏弟子を差し置いて、まず仏になったのです。この成仏を、釈尊の高弟である舎利弗ら二乗＊は信じようとしませんでした。これに対して、竜女は「汝が神力を以て我が成仏を観よ」（『妙法蓮華経並開結』〈創価学会版〉四〇九ページ）と叫びます。

日蓮仏法では、この意義について「舎利弗竜女が成仏と思うが僻事なり、我が成仏ぞと観ぜよと責めたるなり」（『御書』七四七ページ）と説かれています。すなわち、「人の成仏を我が成仏」と観ていくのだと、知識階層の傲慢とエゴを呵責した言葉であるというのです。さらに、この品では、悪人である提婆達多*も成仏し、十界の衆生が皆成仏できる法理を説き明かしています。

ここでの語らいのテーマに即していえば、善を求め、善なる生命を発揮する行動において、男女の差別はなく、大人と子どもの差別もないのです。そして、生きとし生けるものすべてが平等であり尊厳である、という力強い宣言にほかなりません。

いうならば、法華経の教えには「誰でもの信仰」に通じる精神が、展開されているといえるでしょう。

ガリソン　この世界に生きるものはすべて、宇宙の働きに対して、何らかの価値を寄与しているのです。どんな人も、どんな時でも、どのような姿の生物であったとしても、あの悪人の提婆達多でさえ、突如として善なるもの、あるいはより大きな自我に目覚めて、善の働きをすることができるのです。宇宙には、希望を生み出す素地が常に存在するのです。

私がＳＧＩに深い感銘を覚えるのは、何よりも私が出会った多くのメンバーの姿からです。どんな宗教も、真の試金石となるのは、その宗教が実践者にどんな影響を与えているかです。ＳＧＩのメンバーは例外なく、自分たちの信仰がいかに大きな変化を人生にもたらしたかを、熱心に語りかけてこられます。

戸田第二代会長は「仏とは生命そのもの」と悟られたそうですね。私は、そのことを深く思索することで、SGIが人類全体の幸福と繁栄のために、平和・文化・教育に世界的な規模で献身している行為は、仏教が説くすべての生命の尊厳に対する深い尊重の心に淵源を発していることが、よく理解できました。

SGIは、まだ若く開花期にあります。その運動が開放的で柔軟性をもち、〝教える〟と同時に〝学ぶ〟意欲に満ちているかぎり、SGIは必ずや成長し続けることでしょう。

4

希望の未来は青年から、女性から

多くの女性や青年から謙虚に学んだデューイ

池田　デューイ博士の思想を日本に紹介した哲学者の一人である鶴見俊輔氏＊が、興味深い指摘をされています。

――男性の哲学者には女性や子どもから「まったく影響を受けない人」もいる。しかし、デューイ博士は女性や子どもから、まぎれもなく影響を受けてきた[26]、と。

まさにデューイ博士は、その開かれた人格で、人々から善きものを謙虚に学び、吸収し、成長の糧とした偉大な真理の探究者でした。

博士が、アリス夫人やジェーン・アダムズをはじめ多くの女性から影響を受け、自らの哲学を深めていったことは、これまでも語り合ってきたとおりです。

余談になりますが、鶴見氏は少年時代に、私の恩師である戸田会長の著作『推理式指導算術』などを学んだことを回想して、それらは「人生経験から勉強に入るように」上手に作られていて、「急に勉強に対する意欲の動き出したのをおぼえている」[27]など証言を残してくださっています。

戸田会長もまた、大いなる女性の力を最大に尊重し、子どもたちの未来性に限りない期待を寄せた偉大な教育者であり、民衆指導者でした。

ガリソン　よく伺っております。

デューイは、進歩主義の改革運動への参加を通して、多くの女性たちと交流を深めました。彼女たちが、デューイの思想に影響を与えたことは、疑いの余地がありません。

彼が公然と擁護した社会活動家のエマ・ゴールドマン*、またジェーン・アダムズと共同でハル・ハウスを創立したエレン・スター*などが挙げられます。

それから、これはあまり知られていないのですが、デューイは自著『民主主義と教育』の序文のなかで、当時、コロンビア大学大学院の女子学生であったエルシー・クラップからの「多くの批判と示唆」に対して謝意を述べています[28]。

その後、女子学生のクラップは進歩主義教育の分野で重要な研究を行い、大きな反響を呼んだ著作を執筆しました。デューイは、その著作にも前書きを寄せています。

アメリカ創価大学の学生たちと交流するガリソン博士（前列左から４人目、2010年３月）　© Soka University of America

池田　当時、デューイ博士は、すでにアメリカの哲学界を代表する存在でした。

そうした大学者が、自らの重要な著作のなかで、一人の学生からの「多くの批判と示唆」に対して、心からの感謝を記していたことは、誠に清々しいエピソードです。

博士は、その後も女子学生の成長を見守り、励まし続けていったようですね。ここにも、デューイ博士の温かな人柄と、謙虚で誠実な教育者・学究者としての姿が現れています。

私も、〝我が創価大学は学生第一であれ〟との願いから、デューイ博士の模範の行動を、折に触れて教職員の方々に語ってきました。

たとえ自分が犠牲になっても、後継の学生たちを立派に育て上げていく。これが創価教育の精神であり、牧口初代会長、戸田第二代会長の実践でした。両会長がデューイ博士を重視したのも、よく分かります。

ところで、デューイ博士は、アメリカ大都市の学校組織では、女性として初のシカゴの学区教育長となり「全米教育協会」の初の女性総裁となった教育者のエラ・フラッグ・ヤングからも大きな影響を受けましたね。

ヒックマン　ええ。池田会長がエラ・ヤングに言及されたことは、本当に嬉しいかぎりです。

デューイは、一九一五年に、ヤングの生涯と事績について伝記を書いていたジョン・T・マクマニス氏に宛てて日付のない手紙を送っていますが、そのなかでヤングをこう賞讃しています。

「『自由』とか『自由の尊重』とは、実は各個人が行う探究や考察のプロセスに敬意を払うことを意味する。そして、一般に『自由』といわれるもの――外的な抑圧からの自由や表現の自発性――が重要な意味をもつのは、それが人間の思考活動と関係をもつ場合に限られる。これらのことを私は、実は彼女から学んだのです」[29]

池田　ヤングへの率直な感謝とともに、デューイ博士の「自由」に対する考え方が端的に表れた言葉ですね。真の自由とは、決して他から与えられるものではない。自分自身が成長していく過程で内発的に得られるものともいえるでしょう。

シカゴの学区教育長を務めていたヤングは、五十代に入ってからデューイ博士のもとで哲学を学び、シカゴ大学の実験学校にも参加しました。

一方、デューイ博士も、長い教職の経験をもちシカゴの公立学校の教師たちからも信頼の厚かったヤングから多くを学んでいる。

このたゆみない向上の心と柔軟な思考、そして開かれた人格に、デューイ博士が自ら示してきた「成長」の重要なカギがあるといえますね。

ヒックマン　ええ、今のお話は、まさにデューイの人格の特徴を的確に表していると思います。

私は、〝デューイの教師たち〟（デューイの実験学校などで活躍した教育者）という呼び方は、いくつにも解釈できる曖昧さゆえに、かえって言い得て妙であると思っています。

教師たちは、ほとんどが女性でしたが、デューイとともに研究に携わりました。つまり彼女たちは、尊敬するデューイから多くを学び、デューイは教育を天職とする彼女たちを支え、育成していったのです。その意味で、彼女たちは、〝デューイの育てた教師たち〟でした。

しかし別の意味で、〝デューイにとっての教師たち〟でもあったのです。デューイは、実際に学校で教えている彼女たちからも大いに学びました。つまり彼女たちの現場での経験のフィードバックを一助として、自らの教育理念を絶えず検証し、再考し、そして修正していったのです。

女性は男性に比べて知的に劣っていると広く考えられていた時代に、デューイは女性に光を当て、そこに洞察と知的実践の源泉を見いだしていたのです。

女性教育に尽力したデューイと牧口会長の先見性

池田 「デューイの教師たち」の二重の意義に感銘を受けました。「教えること」と「学ぶこと」が深く連動し、互いに「教師」となり「学生」となって学び合うとき、どれほど豊かな人間の連帯が広がることでしょうか。

デューイ博士は、男女別学が主流だった当時の大学教育についても、女性の能力が男性に劣ることはないと主張して、男女共学の意義を強く訴えていました。

例えば、「女子は男子を臆病にさせるほど、男子学生よりも成績が良い(30)」などと書き残しています。

デューイ博士と同郷でコロンビア大学の同僚だった憲法学者のトーマス・R・パウエル*も、博士について、こう率直に述べています。

——私はコロンビアに移った当時、共学、女性参政権、労働組合に嫌悪感をもっていたが、女性についてはデューイとの語らいを通して眼を開かれた、と。

前にも触れましたが、牧口初代会長もまた、今から一世紀以上も前の封建的な日本社会にあって、すでに女性のもつ優れた特性と可能性に光を当て、女性教育の重要性を叫んでいました。そして一九〇五年には、日本における庶民の女性向けの通信教育の草分けともいえる「高等女学講義」の事業に取り組んでいます。一般教養を中心としたこの通信講座は、女性たちの自立を目的として始められました。経済的に苦しい生徒たちには、入学金の免除や月謝の半額・全額免除などの制度もありました。

牧口会長が発行した女性月刊誌『大家庭』には、次のような主張が収められています。「今の世に、女性教育の必要性を感じない者がいるであろうか。〝女性に学問は不用だ。危険だ〞と、好学の心を抑圧した時代は去ったのだ」(大意)

新時代を告げる宣言でした。女性教育への流れを作ってきた先人たちの尊き尽力が偲ばれます。

ヒックマン　アメリカにおける女性の本格的社会参加に関して、幾つかの調査結果によれば、一九〇〇年代から一九三〇年代までは、男女の学生数の比率は、ほぼ同じでした。第二次大戦後には、男子学生の比率が飛躍的に伸びましたが、一九八〇年代に入ると男女ほぼ同率になりました。

現在では全国平均で、女性が六〇パーセント、男性が四〇パーセントという比率です。学生の男女の比率があまりに女性に傾きすぎる大学があるという声も出てくるほど、女性の進出は著しい。

ただしこの傾向は、工学とか自然科学などの学問分野にはあてはまりません。これらの分野では、まだ男性の比率が女性をはるかに上回っています。

池田　近年では、世界のいずこの大学にあっても、優秀な女子学生の活躍が光っています。

カナダのモントリオール大学の元学長で、がん研究の権威であるルネ・シマー*博士と懇談した折、「苦しい勉強を最後まで貫く学生の多くが、女性です。がんばりぬいて卒業を勝ち取るのも、女性が多い」「男性よりコミュニケーションが上手な女性医師が多くなれば、患者と医師の関係も、もっとスムーズになっていくと思います[31]」と述べておられたことを思い出します。

創価教育においても、創価女子学園（現在は共学の関西創価学園）や、創価女子短期大学は、女子教育を重んじた牧口初代会長の構想を淵源とします。

また創価大学やアメリカ創価大学でも、女子学生の活躍には目覚ましいものがあります。

社会貢献の崇高なる使命を担い立つ女性たちが、さまざまな分野で活躍し、力を発揮していくことこそ、平和と共生の世界を創造しゆく大いなる力となるに違いありません。

その意味においても、日本の社会は、女性たちが、その優れた力を開花させ、十二分に生かしていけるよう、もっと変わっていくべきだと考えております。


ガリソン　アメリカでは、政治をはじめ公的な分野で、女性がますます存在感を高めつつあります。

男性と女性は、家庭内であれ、社会的な場であれ、必ずしもすべての文化的役割を、まったく同じかたちで担う必要はないと思います。実際、こうした役割のあり方は、公私を問わず今後あらゆる分野で変化し続けていくことでしょう。

ほんの一世代前には、ほとんどの人はアメリカの高等教育において、女子学生の数が男子のそれを凌駕するとは考えもしなかったでしょう。しかし今は、それが現実となっているのです。

一番大事なのは、誰によるものであれ、人間の幸福に寄与する活動を等しく尊重し、讃えていくことです。人類全体のために私たちが目指すべき最終目標は、一人一人の人間が性別に関係なく、それぞれの文化的役割を果たしつつ、その人だけがもつ可能性を発揮し、その人にしかできない貢献を社会で果たしていくことです。

ヒックマン　女性の社会進出というテーマをめぐっては、デューイに興味深いエピソードがあります。

これは、真偽のほどは定かではないのですが、デューイらしいエピソードですので、ここで紹介させていただきます。

――ある時、デューイが建物から表通りに出ると、女性の参政権を求めるデモ行進に遭遇しました。

デューイは、たまたま落ちていたプラカードを拾い上げて高く掲げ、行進中の女性たちのなかに入りました。プラカードに何と書いてあるのか、彼は気にも留めませんでした。

ところが、見物人たちがあまりに笑うので、ふと見ると「男性は投票できるのに、どうして私はできないの？」と大きく書かれていたのです（笑）。

申し上げたとおり、このエピソードは、必ずしもすべてが真実とはいえないかもしれません。しかしながら、デューイが知的にも道徳的にも、男性と同等の存在であるとみなしていた女性の権利獲得への献身ぶりを何よりも物語る話です。

池田　実に微笑ましいエピソードです。

女性を尊敬し、女性の声を取り入れていく人、そして青年を心から敬愛し、青年の味方となって、自分以上の大人材に育てていく人が本当の賢者です。それが、未来に責任をもつ指導者のあるべき姿です。

デューイ博士は、自身の教え子のみならず、多くの青年を大切にしていました。コロンビア大学で教えていたときには、海外からの留学生にも、こまやかに気を配っていたようですね。

実は牧口会長も、中国からやってきた留学生のための学校「弘文学院」の教壇に立ち、学生たちを心から大事にしました。この「弘文学院」は、当時、文豪・魯迅*をはじめ、中国の革命に立ち上がった多くの青年たちが学んだことでも知られています。

牧口会長の『人生地理学』の講義に感銘した留学生たちは、その内容を中国語に翻訳して雑誌に掲載したり、書籍として出版したりしました。現在、北京師範大学や復旦大学、蘇州大学をはじめ、中国各地の大学の図書館などに所蔵されていることが確認されています。中国から創価大学に来られた交換教員や留学生の方々、また創価大学から中国に留学した学生たちが調べて報告してくれたのです。

牧口会長が留学生の青年たちを心から大切にし、そして蒔かれた種が、両国の友好の絆を強め、海を越えて確かな足跡を残していることに、私はあらためて感動しました。

青年は鋭い。正義感があります。批判精神も強い。本物か偽物かを見抜きます。ゆえに、真実と誠実で接していくことが、何よりも大切です。

「青年は諸悪の根源に迫る哲学を奉じるべき」

ガリソン　そのとおりですね。

デューイは常々、談話や講演のなかで青年たちに語りかけ、世界の再構築を通して、世の苦悩の解決に力を尽くすよう促しました。

一九二九年十二月十九日の、ニューヨーク大学でのデューイの講演内容を報じた「ニューヨーク・タイムズ」紙には、次のようなデューイの青年への呼びかけが記されています。

「青年は、悪の個々の顕現を是正するというより、それら諸悪の根源に迫る哲学を奉じるべきである。（中略）新時代の哲学とは、各個人の働く権利が道徳的にも法的にも認められるよう、その確かな方途を見いだすものでなければならない。

そこでの新しい社会哲学とは、公衆衛生的な哲学でなければならない。言い換えれば、私たちが必要とする政治や経済は、世の諸悪を未然に防ぐものでなければならず、その犠牲者たちが道ばたに倒れた後に面倒を見るような政治・経済であってはならない。（中略）そういう哲学を形成していくうえで、必要で大切なことは、他の人たちを深く思いやるとともに思想の独立性を保つことである」[32]

デューイのこの青年への呼びかけは、一九二九年当時と同じく、今も正しいといえましょう。

池田　心から賛同します。

「青年は諸悪の根源に迫る哲学を奉じるべきである」――このデューイ博士の叫びに、青年の如き、否、青年が本来もつ烈々たる使命感と責任感を、私は感じます。

ちょうど同じ頃、世界恐慌の惨状を目の当たりにして、人々の生活の向上を願い、経済学の道へと進まれたガルブレイス*博士との語らいが思い起こされます。博士は、私との対談のなかで、こう語っておられました。

「もし息子たちが、不幸な人たちの力になっていなければ、彼らがどんな立派な社会的立場にあろうとも、父である私にとっては悲しむべきことです。文明社会にとって、最も大切なものは何か。それは他の人々、そして人類全体に対して、深い思いやりをもつ人間の存在です」[33]と。

ガルブレイス博士も、青年が強い正義感と思いやりの心をもって、貧困と社会格差などの不平等と戦っていくことを期待されていました。

それと同じように、デューイ博士の言葉からは、次代を担う青年たちへの深い信頼と愛情が、そして、ともに行動せんとする正義の心が伝わってきますね。

ヒックマン　ええ。デューイが、教え子の学生たちに関心を寄せていたことを物語るエピソードはたくさんあります。

デューイは、学生たちの意見によく耳を傾けたことで知られますが、それもうわの空ではなく、心の底から耳を傾けたのです。

デューイの死後、同僚であった後輩の教師は、デューイの第一印象を、「自分のところにやってくる青年たちのことを常に心にかけ、彼らが話すどんなことも真剣に受け止め、自分宛の手紙などには、その人物がどんなに非常識であっても、また内容がどんなに馬鹿げて見えたとしても、すべて誠実に答える——そうせずにはいられないという思いに駆られている人だった」[34]と綴っています。

実は、後年の研究者にとっては、デューイが若い人々と交わした書簡の数々が、彼の内面世界や私生活、及び著作の背景や執筆の動機を知るうえで、重要な手懸かりになっているのです。

以前にも触れましたが、例えば、アメリカ陸軍の一人の兵士からの疑問に答えた手紙があります。そのなかで、デューイは『誰でもの信仰』を執筆した動機を明らかにしています。

青年一人一人と誠実に接し、心を砕いたデューイ

池田　学究者である前に、一人の誠実な人間であろうとしたデューイ博士の真摯な姿を、雄弁に物語っています。

博士は、研究で多忙ななか、一人一人の青年のために誠実に心を砕いていかれた。本当に偉大な人間教育者の実像です。一通一通の手紙は、その崇高な行動の証明書でもありますね。

牧口会長も、どんなときも青年を信じ、大切にする教育者でした。牧口会長は、軍部政権下、悪名高い治安維持法ならびに不敬罪の容疑によって不当に逮捕される数日前にも、東京商科大学（現・一橋大学）の学生たちと親しく懇談し、励ましています。

また、逮捕の直前まで、青年たちに日蓮大聖人の「立正安国論」の講義を続けました。当時は、青年たちが「国のために死ぬこと」を人生第一の目標として教え込まれた時代です。

そうした暗澹とした軍国日本の社会にあって、牧口会長は最後まで青年たちに正しい人間哲学を教え、民衆に希望と勇気の光を贈ろうと努力されたのです。それは、人間の善性に大いなる信頼を寄せ、その無限の可能性を強く確信していたからにほかなりません。

デューイ博士は『人間の問題』のなかで「人間性は変わるか」という一章[35]を設け、「人間性は

たしかに変わる」と結論して、人間の変化と成長に、大いなる期待を寄せておられました。

人間は自身を変革できる。しかも善く変わっていける――私も、そう確信します。私が恩師の遺志を継ぎ、『人間革命』『新・人間革命』という表題で、半世紀近くにわたり小説を書き続けているのも、人間自身の変革こそが人類社会のさまざまな課題を解決しゆく根本のカギであると考えるからです。

私どもSGIの教育・文化・平和運動も、この「人間革命」の思想から出発しております。ですから、「人間性の向上」を強く訴えられたデューイ博士の哲学からも、さらに深く学び続けていきたいのです。

この鼎談では、人類の輝く知性の宝であり、財産であるデューイ博士の卓越した思想について、敬愛する両先生とさまざま語り合ってきました。このデューイ博士の偉大な精神の遺産を、私たちは二十一世紀のリーダーである青年たちに、どのように伝え残していけばいいのか――この点について、両先生はどのようにお考えでしょうか。

ヒックマン　池田会長は、デューイの哲学が、「人間への信頼」に貫かれていると指摘されました。このご見解は、今の池田会長の問いかけ、すなわち彼の精神遺産の二十一世紀における意義に、そのままつながるものです。

デューイは、シカゴ大学時代の子どもたちを対象とした教育実験から、人間には自己変革への計りしれない大きな能力があること、わけても人間には、「成長」と彼が名付けたもの、言い換えれば「価値創造」への大きな可能性が秘められていることを確信しました。

このようにデューイは、人間は自らの経験――個人的な経験や集団的な経験も含めて――によく注意を払い、そこから学ぶことによって、初めて「さらなる経験が、秩序ある豊かさのなかに育ちゆく」と考えていました。

デューイは、人間の経験がもたらす大きな可能性を深く信じていました。そのことは、「民主主義と教育は同じものを別な言葉で表現したものだ」という彼の思想に表れています。

こうした彼の思想の先見性を今後に生かしていくためには、私たちが教育の機会をさらに推進・拡大して、その結果として民主的な生活を実現していくことが最も望ましいでしょう。

池田会長は、ご自身のライフワークとして、日本とアメリカに二つの立派な大学を創立され、初等教育や中等教育等の機関を、幾つも創設されました。

「二十一世紀のリーダーである青年たちにデューイの精神遺産をどう伝えるか」との問題についていえば、池田会長のこうした業績そのものが、すでに見事な模範を示していると思います。

そして、今、述べられた「人間への信頼」と「人間性の向上」という言葉こそ、池田会長が生涯をかけて築いてこられたご事績と、デューイのそれとを固く結びつけるものです。

ガリソン　そのとおりです。人間性というものは変わるものです。

そして、より一般的には、「真の人間らしさ」の意味するところは、世代を超えて進化しうるものだと、認識しなければなりません。

しかし、それだけでは十分ではありません。私たちは誰であれ――法華経に説かれた「竜女」ほどの劇的な変化ではないにせよ――それぞれが一生のあいだに自己の変革を成し遂げる可能性があることも認識すべきでしょう。

私は、デューイの思想とその行動を探究し実践する者の一人として、人類の未来に信を置き、人間性が向上することを信じておられる池田会長を強く支持したいと思います。

ＳＧＩの掲げる理念の多くは、デューイのプラグマティズムに惹かれる人たちの心を捉えている理念と同じものです。両者の思想は、どのような宗教であれ、信仰者の日常生活に何らかの変化を生じさせることができなければ、それは生命の尊厳を正しく洞察している宗教とはいえない、という認識に立っています。

しかも両者は、決して現実の生活から逃避しようとはしません。ＳＧＩの哲学とデューイのプラグマティズムは、ともに理想と現実の合致を求めているのです。そして、全人類を構成する人間各個の生命にもともと具わる潜在能力をどこまでも重視します。

SGIとデューイの思想は、ともに人間の多様性を認め、それを正しく評価しながら、さまざまな二元論——生物と環境、知覚する人と知覚されるもの、自己と他者、個人と社会などの対置——を超克しようと努めます。そして両者とも、自身とその属する社会のために、同時に役立つかたちで価値を創造することで、障害を乗り越え、苦悩を改善しようとしているのです。

SGIはデューイの精神を輝かせる最大の希望

池田 私どもの創価教育、そしてSGIの運動の意義を、温かく深い眼差しで的確に捉え、高く評価してくださり、あらためて感謝申し上げます。

私のことはともかく、牧口初代会長も、戸田第二代会長も、デューイ哲学研究の泰斗であるヒックマン博士、ガリソン博士の今のお言葉を聞けば、どれほど喜ばれることでしょうか。

お二人の話こそ、これからの社会のあり方、人々の行動規範を指し示す重要な示唆を含むものです。

〝教育の機会をさらに拡大して、そこから民主的な生活を実現していく〟こと、また〝多様性を認め、それを正しく評価しながら、さまざまな二元論の超克を目指す〟ことは、仏法を基調とした私どもの運動の方向性と合致しています。

ガリソン　日蓮仏法とデューイのプラグマティズムには、表現方法は異なっていても、驚くほど相通じるものがあることに、私は非常に強い印象を受けました。

仏法の「縁起」の思想は、デューイの「トランザクション（相互交渉）の概念」と相通じるものがありますし、デューイの反二元論を、仏法の基本理念である「依正不二」「色心不二」と結びつけることは容易です。池田会長は、デューイは中道主義と宗教的ヒューマニズムの提唱者であると明快に洞察されました。他にも多くの共通点があります。

そして、これら共通の思想は、両者がともに掲げる理想の実現を支えるものとなるでしょう。その理想とは、絶え間なく進化を続ける宇宙の中で、個々の状況に応じて価値を創造し苦悩を救済することで、美を生み出し、人類社会の自他ともの幸福をもたらしゆく行動を意味しています。

両者の理念や理想は、この二十一世紀において、きわめて大きな魅力を発揮していくものと信じます。なぜなら、今では多くの人々が、既成の政治的イデオロギーや教条的な宗教にも、また裏付けのない人間の理性への過信にも、すでに限界を感じ始めているからです。

SGIは平和と文化と教育、そして今ここに私たちが完結した「鼎談」をはじめ、さまざまな「対話」に献身しておられます。

そうした献身は、創価（価値創造）の精神を前進させるものであり、デューイのプラグマティズムの精神を維持し蘇生させる、最大の希望でもあります。

こうしたSGIの範例に従うことで、デューイのプラグマティズムも、また人類についての他の有益な展望も、その輝きを増していくことでしょう。

池田　深いご理解のお言葉に、重ねて感謝申し上げます。

私どもも、両先生の期待にお応えできるよう、さらに努力し、さらに向上していく決意です。デューイ博士の哲学は、教育や社会の発展と、人間の前進への偉大な光となり、力となっています。

宗教にとっても大事なことは、現実のなかで、人々のために、どう貢献できるかです。そして、これから生まれてくる人々に、いかに勇気と希望を与えていけるかです。

宗教は、決して民衆に向けたアンテナを狂わせてはなりません。今、そしてこれからの民衆が何を求め、必要としているかを鋭く察知していかねばならない。その意味において、デューイ博士のプラグマティズムは、私たちにとって尽きることのない大いなる価値を与えてくれるものです。
　私は、お二人の先生に、最大に感謝しております。大変にありがとうございました。

ヒックマン　私は、池田会長ならびにガリソン博士と、このような長期にわたる鼎談の機会を頂き、心から感謝いたしております。

　さまざまな知見の交換は、池田会長ご自身、そして牧口初代会長や戸田第二代会長の思想と、デューイが思い描いた〝民主主義と教育の理念が尊重される世界〟のビジョンがもつ多くの接点について、大きな啓発を与えてくれました。

　こうした意見交換を通して、池田会長とガリソン博士から数多くのことを学ばせていただき、私自身にとっても素晴らしい成長の機会となりました。

　この鼎談では、現在の人類社会が直面する最も重要な問題の幾つかを取り上げて議論してきました。教育の問題としては、学校での「いじめ」や、世界市民育成のための大学の役割、家庭の学習環境、そして生涯学習の重要性等について語り合いました。

　また、どうすれば科学技術が人間の幸福に寄与できるか、どうすれば宗教的体験を「誰でもの信仰」として表現できるのか、そして紛争を対話によって解決するには、どうすればよいのかについても論議してきました。さらにまた、多様な習慣や関心をもつ人々が、民主的共同体のなかで共存するための方途についても思索しました。

この鼎談の開始以降、世界は大規模かつ重要な変化を遂げました。日本の皆さんは今、大きな自然災害からの復旧・復興に取り組まれています。また、アメリカとヨーロッパは依然として、経済の信用危機から脱せない状態にあります。北アフリカや中東の人々は、政治的な激変を体験しています。

私たちが語り合ってきた理念や理想は、まさにこのような時代に役立てるか否かで、真価が決まるのです。私は、この鼎談が、多くの人々にとっての安らぎと励ましの源泉となること、そして、さらなる成長と価値創造を鼓舞するものとなることを願っております。それはまた、池田会長とガリソン博士の願いでもあると思うのです。

【注】（＊印のついた項目の五十音順）

〈あ行〉

＊アクィナス　トマス・アクィナス（一二二五頃〜七四）イタリアの神学者、哲学者。スコラ哲学の完成者。アルベルトゥス・マグヌスの影響を受け、アリストテレスの注釈を行いつつ、神学と諸学を統合。主著『神学大全』が有名。

＊アタイデ　アウストレジェジロ・デ・アタイデ（一八九八〜一九九三）ブラジルの文学者、ジャーナリスト。ブラジル文学アカデミー総裁（在任＝一九五九〜九三）。リオデジャネイロ連邦大学卒業後、新聞記者として活躍。ファシズムが台頭した一九三〇年代、権力の言論弾圧で逮捕・投獄を経験。四八年、世界人権宣言の起草にブラジル代表として参加し、重要な役割を果たす。池田SGI会長と対談集『二十一世紀の人権を語る』を発刊。

＊アダムズ　ジェーン・アダムズ（一八六〇〜一九三五）アメリカの社会運動家、平和活動家。一八八九年、ロンドンのトインビー・ホールを参考にして、シカゴにアメリカ初のセツルメント・ハウス「ハル・ハウス」を設立。第一次世界大戦を機に、女性国際平和自由連盟の会長を務めるなど平和活動に尽力した。一九三一年、ノーベル平和賞を受賞。

＊アリストテレス（前三八四〜前三二二）　古代ギリシャの哲学者。プラトンの学園アカデメイアで学び、マケドニアの宮廷でのちのアレクサンドロス大王の家庭教師を務める。アテネに戻って学園リュケイオンを創設。弟子を育成するとともに、諸学問を膨大な体系にまとめあげた。

＊ヴァイツゼッカー　リヒャルト・カール・フォン・ヴァイツゼッカー（一九二〇〜）　西ベルリン市長を経て、一九八四年に西ドイツ第八代大統領に就任。再選後の九〇年にドイツ再統一を迎え、統一ドイツ初代大統領となった。「ドイツの良心」と言われ、平和に向けて卓越したリーダーシップを発揮。ドイツ敗戦四十周年の議会演説は名演説として有名。

＊ウィリアムズ　ベティ・ウィリアムズ（一九四三〜）北アイルランドの平和活動家。「世界子ども慈愛センター」創設者。一九七六年、幼い子どもたちが犠牲となった事件をきっかけに、北アイルランド紛争の終結を呼びかけ、女性たちの「平和への大行進」などを行い世論を

喚起。草の根の平和運動が評価されて、七六年、ノーベル平和賞を受賞。

＊依正不二　依は依報（環境・国土）、正は正報（主体である衆生の身心）を指す。主体と環境が、実際には分離できない相依相関の関係（不二）にあるとの意。中国の天台の法華経解釈について、妙楽が解説する中で立てた法門の一つ。

＊エマソン　ラルフ・ウォルド・エマソン（一八〇三〜八二）アメリカの思想家、哲学者、作家、詩人。ハーバード大学に学び、牧師となるが、教会と牧師の役割に疑問を感じて牧師を退職。その後、東部マサチューセッツ州のコンコードに住み、講演・著述活動などを行い、「コンコードの哲人」と呼ばれた。その思想は「超絶主義」と呼ばれ、アメリカのみならず広く世界に影響を及ぼした。

＊エラスムス計画　EU加盟国の各種の人材養成計画、科学・技術分野における人物交流協力計画の一つ。大学間交流協定等による共同教育プログラムを積み重ねることで、ヨーロッパの大学間のネットワークを構築し、EU加盟国間の学生流動を高めようとする計画。一九九五年以降は、教育分野のより広いプログラムであるソクラテス計画の一部として位置づけられている。

〈か行〉

＊核拡散防止条約（NPT）　核不拡散条約ともいう。核兵器保有国の増加を防ぎ、軍縮を進めるために定められた国際条約。核兵器国（制定時の核保有国＝米ソ英仏中の五カ国）から非核兵器国（非保有国）への核兵器譲渡を禁止し、非核兵器国には核兵器の製造・取得を禁止している。一九六八年に六十二カ国が調印、七〇年発効。日本は七〇年調印、七六年批准。締約国は現在約百九十カ国だが、インド、パキスタン、イスラエル等が非締約。五年に一度、再検討会議が行われる。

＊カティヤール　サルヴァギヤ・シン・カティヤール（一九三五〜）　生化学、遺伝子工学の分野で世界的に著名なインドの科学者。インドのアグラ大学に学び、理学博士号を取得。チャンドラ・シェカール・アザド農業工科大学副総長、チャトラパティ・シャフジ・マハラジ大学副総長などを歴任。インド科学者会議連盟会長としても活躍。

＊ガルブレイス　ジョン・ケネス・ガルブレイス（一九〇八〜二〇〇六）　カナダ出身のアメリカの経済学者。ハーバード大学教授、アメリカ経済学会会長などのほか、ルーズベルト政権の経済顧問やケネディ政権の政策ブレーンを務め、二メートル超の長身と相まって「経済学の巨人」と呼ばれた。著書に『ゆたかな社会』『不確実性の時代』など多くの世界的ベストセラーがある。池田SGI会長と対談集『人間主義の大世紀を―わが人生を飾れ』を刊行した。

＊ガンジー　モハンダス・カラムチャンド・ガンジー（一八六九〜一九四八）　インドの思想家、政治家。マハトマ（偉大なる魂）の名で知られる。非暴力・不服従運動、抗議のための行進、断食などを通じて、インドの独立運動を指導した。

＊カント　イマヌエル・カント（一七二四〜一八〇四）　ドイツの哲学者。ケーニヒスベルク大学教授。『純粋理性批判』『実践理性批判』『判断力批判』等を著して、批判哲学を打ち立て、近代思想に大きな影響を与えた。ドイツ観念論哲学の祖といわれる。他の著書に『永遠平和のために』『人倫の形而上学』など。

＊北アイルランド紛争　一九二二年、アイルランド島三十二県のうち、二十六県がアイルランド自由国（後に共和国として独立）となり、北部六県がイギリス（連合王国）領にとどまった。北アイルランドでは、カトリックとプロテスタントや、イギリスとの連合維持派と独立派が複雑に対立。複数の私兵組織と、イギリス陸軍、北アイルランド警察との抗争が続き、多くのテロ犠牲者を出したが、九八年にベルファスト合意が成立し、和平が進展した。

＊『教育研究』特別号　二〇〇九年　四五巻第二号

＊旭日章　一八七五年（明治八年）、日本で最初に制定された勲章。社会のさまざまな分野における顕著な功績を挙げた人物が授与の対象となった。

＊キング　マーチン・ルーサー・キング・ジュニア（一九二九〜六八）　アメリカ公民権運動の指導者。ガンジーの思想などに影響を受け、人種差別撤廃のための非暴力運動を推進。一九六四年、ノーベル平和賞受賞。六八年に暗殺された。

＊クラーク　ウィリアム・スミス・クラーク（一八二六〜八六）　アメリカの教育者。マサチューセッツ農科大学

（現マサチューセッツ大学アマースト校）の学長を務め、一八七六年、札幌農学校初代教頭として赴任し、翌年帰国。「Boys, be ambitious（少年よ、大志を抱け）」の言葉で有名。日本の青年たちに大きな影響を与えた。

＊グルントヴィ　ニコライ・フレデリク・セヴェリン・グルントヴィ（一七八三〜一八七二）デンマークの宗教家、政治家、作家。牧師として国教会の改革を試み、一時追放処分を受ける。教育による民衆の自立を目指し、国民高等学校（フォルケホイスコーレ）を創設するほか、北欧神話の研究などでも活躍し、近代デンマーク興隆の父と呼ばれる。著書に『北方神話学』がある。

＊軍・産・学の複合体　第一次世界大戦以降、世界各国で見られた軍部（軍人）と産業（産業界）と研究機関（学者）の三者が形成する政治・軍事・経済勢力の連合体のこと。第二次世界大戦前の日本においても、海軍を中心に造船業界と大学が緊密な関係を持ち、軍事力の強化をはじめ、学術・技術レベルの向上や生産システムの確立などの産業構造の強化が進められたとされる。

＊形而上学　現象の背後にあって見ることのできない世界の根本的な成り立ちや、人間の存在の意味などについて考える学問のこと。「形而上」とは「形をもっていないもの」「感性による経験では認識できないもの」を意味する。

＊抗日運動　日本の侵略に対する中国民衆の抵抗運動。一九一五年の日本の対華「二十一カ条要求」以降、排日運動が高まり、三七年には抗日民族統一戦線が結成された。

＊ゴールドマン　エマ・ゴールドマン（一八六九〜一九四〇）社会活動家、女性解放運動家。リトアニア生まれ。アメリカに渡った後、産児制限運動や反戦活動などを行い投獄された。晩年にはスペインの市民戦争で共和派を支援した。

＊コールリッジ　サミュエル・テイラー・コールリッジ（一七七二〜一八三四）イギリスの詩人、批評家、思想家。ウィリアム・ワーズワースとの共著『抒情歌謡集』を刊行し、ロマン主義運動の先駆けとなった。散文の評価も高く、著書に『文学的自伝』などがある。

＊国際対話センター　米国マサチューセッツ州ケンブリッジにある平和、学術、対話を推進するための学術機関。一九九三年、池田SGI会長によって「ボストン二

十一世紀センター」として創立され、平和構築、文明間対話、環境保護等をテーマに各種フォーラムや出版活動を行ってきた。二〇〇九年、「池田国際対話センター」に改称。

＊心の知能　自分の感情を認識しながら自制したり、他者を共感的に理解する能力を指す。アメリカの心理学者ダニエル・ゴールマンが、ＩＱなど知識に偏重しがちな教育に警鐘を鳴らした著書『ＥＱ・こころの知能指数』のなかで提唱した概念。

＊五・四運動　一九一九年五月四日に中華民国・北京から始まった反日運動。同年一月、第一次世界大戦終結に伴うパリ講和会議が開催され、ベルサイユ条約で、日本がドイツから奪った山東省の権益が国際的に認められた。これに抗議して、学生デモ、労働者のストライキが全国に広がった。

＊胡適（一八九一〜一九六二）　中国の学者、思想家。アメリカに留学し、デューイのもとでプラグマティズムを学ぶ。帰国後に北京大学教授、学長に就任。難解な文語を廃する白話運動（言文一致運動）を提唱した。思想的には、社会主義やマルクス・レーニン主義を批判し、中国の内戦で共産党が勝利すると、アメリカに亡命。後に台湾に移住した。

＊コミュニティー・カレッジ　アメリカでは公立の二年制大学を指す。コミュニティー・カレッジで教養科目を取得してから、四年制大学へ編入を目指す学生も多い。

＊顧明遠（一九二九〜）　中国教育学会会長、北京師範大学教育管理学院名誉院長。これまで「全国優秀教師」に選ばれたほか、北京市「人民教師」称号、香港教育学院名誉博士などの称号を受章。著作に『比較教育学』『教育―伝統と変革』『中国教育の文化的基盤』（邦訳）など多数。池田ＳＧＩ会長と対談集『平和の架け橋―人間教育を語る』を発刊。

＊コメニウス　ヨハネス・アモス・コメニウス（一五九二〜一六七〇）　現チェコのモラビア生まれの教育者、宗教家。近代の学校教育の先駆となる制度などを構想し、各地の求めに応じて教育改革を指導。著書に、主著『大教授学』のほか、子ども向けの絵入り教科書『世界図絵』などがある。

＊ゴルバチョフ　ミハイル・セルゲーエヴィッチ・ゴルバチョフ（一九三一〜）　旧ソビエト連邦初代大統領（在任

九〇～九一）。一九八五年、共産党書記長に就任。ペレストロイカ（改革）やグラスノスチ（情報公開）を推進し、冷戦の終結に尽力。ソ連解体とともに大統領を辞任した。九〇年、ノーベル平和賞を受賞。池田ＳＧＩ会長と対談集『二十世紀の精神の教訓』を発刊。

＊**コント**　オーギュスト・コント（一七九八～一八五七）フランスの思想家。社会学の創始者。「社会学の父」と呼ばれる。フランス革命後の混乱に秩序を与えようと、発展における「三段階の法則」を提唱し、実証的研究を行った。著書に『実証哲学講義』など。

〈さ行〉

＊**サドーヴニチィ**　ヴィクトル・アントノヴィッチ・サドーヴニチィ（一九三九～）　ロシアの科学者、教育者。機械・数学の機能理論・機能分析学の分野における世界的研究家。ソ連崩壊後、総長としてモスクワ大学の教育水準の維持、財政の立て直しに尽力した。池田ＳＧＩ会長とは『新しき人類を　新しき世界を』『学は光―文明と教育の未来を語る』『明日の世界　教育の使命』の三冊の対談集を刊行。

＊**産業革命**　十八世紀中頃から十九世紀にかけてイギリスから始まり、ヨーロッパ各国をはじめ全世界に広がった産業・経済・社会の大変革。技術革新により工場制機械工業が導入され製品の大量生産が可能になったことから、社会構造が変化し近代資本主義経済が確立された。

＊**サンタヤーナ**　ジョージ・サンタヤーナ（一八六三～一九五二）　スペイン出身のアメリカの哲学者、詩人、小説家。マドリードに生まれ、アメリカで教育を受けた後、ハーバード大学教授等を務める。一九一二年以降ヨーロッパに戻り、ローマで没。『美意識論』『理性の生命』、小説『最後の清教徒』ほか、著書多数。

＊**ジェームズ**　ウィリアム・ジェームズ（一八四二～一九一〇）　アメリカの哲学者、心理学者。ハーバード大学教授。イギリス経験論、新カント派、チャールズ・パースなどの影響を受け、独自の実用主義を説く。著書に『プラグマティズム』『根本的経験論』などがある。

＊**シマー**　ルネ・シマー（一九三五～）　カナダの生物学者、医学博士。モントリオール大学のがん研究所所長、学長を務め、カナダ医学研究評議会議長などを歴任。著書に『カナダ―破壊か再生か―教育、科学、技術向上の

ケース』など多数。池田SGI会長、ギー・ブルジョ博士との鼎談に『健康と人生―生老病死を語る』がある。

＊出藍の誉れ／従藍而青　「出藍」とは、荀子（中国・春秋時代の思想家）の思想をまとめた書物『荀子』の最初に出てくる言葉「藍より出でし青は藍より青し」のこと。弟子が師匠を超えて優れていることを譬えたもの。「出藍の誉れ」とは、そのような弟子に対する称賛の言葉。また、「従藍而青」は天台大師の『摩訶止観』巻一等に出てくる言葉で「藍よりしてしかも青し」と読む。荀子の「藍より出でし青は藍より青し」からとったもの。

＊ジュリアード音楽院　一九〇五年、ヨーロッパから著名な音楽家を集めて設立された音楽芸術研究所と、二四年にオーガスタス・ジュリアードの遺産によって設立された、音楽家が無料で学ぶことができる大学院とが、二六年に合併してできたニューヨークの私立大学。音楽部門、舞踊部門、演劇部門から成る。

＊章開沅（一九二六〜）　中国の歴史学者、華中師範大学元学長。中国近代史、とくに辛亥革命研究の第一人者。著書に『辛亥革命史』『武昌蜂起』など多数。池田SGI会長との対談集に『人間勝利の春秋』（第三文明社刊）がある。

＊食育基本法　国民の食生活が近年大きく変化し、栄養の偏りや食の安全、生活習慣病の問題などが増加したことを受け、二〇〇五年（平成十七年）、「健全な食生活を実践することができる人間を育てる食育を推進すること」（食育基本法の前文より）を目的に制定された法律。

＊シラー　フェルディナンド・キャニング・スコット・シラー（一八六四〜一九三七）　イギリスの哲学者。ドイツ生まれ。オックスフォード大学で学び、同大学で教えた。ウイリアム・ジェームズの影響を受け、イギリスにおけるプラグマティズム（実用主義）の祖といわれる。著書に『ヒューマニズム研究』『信仰の問題』などがある。

＊随縁真如の智　縁に随って自在に顕れる真実の智慧。不変真如の理に対する語。不変の真理にもとづくことによって、現象世界にさまざまな智慧の働きを顕すこと。

＊随方毘尼　仏教の戒律の一つ。仏教の本義と違わないかぎり、その土地や地域に伝わる風俗・習慣や、時代の習わしなどに従ってよいという教え。随方とは、随方随時ともいい、時代や地域の風習に随うこと。毘尼とは戒律を意味する。

＊スターリン　ヨシフ・スターリン（一八七九〜一九五三）旧ソ連の政治家。ソ連共産党初代書記長（在任＝一九二二〜五三）。本名、ヨシフ・ヴィッサリオノヴィッチ・ジュガシヴィリ。ロシア革命の指導者レーニンの死後、ソ連の実権を握り、三十余年にわたり独裁的な地位に君臨した。反対派を「粛清」の名の下に大量に虐殺し、苛酷な抑圧政策をとったことで有名。

＊スターリン主義　秘密警察などの強制力を背景に独裁政治を行ったソビエト連邦の指導者スターリン（一八七九〜一九五三）の思想と、彼の行った政治・経済体制の総称。具体的には一九二九〜五三年に形成された独裁体制を指す。

＊スター　エレン・ゲイツ・スター（一八五九〜一九四〇）アメリカの社会事業家。ジェーン・アダムズと共同で一八八九年にハル・ハウスを設立。ソーシャルワーカーとして活動の後、九四年、シカゴ市民芸術学校を創設し校長を務めた。晩年は労働者の権利確保や文化・芸術の振興のために尽力した。

＊スノー　チャールズ・パーシー・スノー（一九〇五〜八〇）イギリスの物理学者、小説家。ケンブリッジ大学クライストカレッジ特別研究員、イギリス政府や大企業などの要職を務める。科学と文化の関係について提言した講演『二つの文化と科学革命』は広く議論を呼んだ。著書に『人間この多様なるもの』『他人と同胞』シリーズなど多数。

＊世界人権宣言　一九四八年十二月十日、国連総会で採択された、すべての人民とすべての国民が達成すべき基本的人権についての宣言。同宣言は、その後の国連で採択された各種の人権条約の基礎となっている。五〇年の国連総会では、十二月十日を「世界人権デー」とし、世界各地で記念行事を行うことが決議された。

＊セツルメント・ハウス　貧困や差別等の問題を抱える地域住人に援助を行う社会福祉事業の施設。隣保館と訳される。イギリスの経済学者アーノルド・トインビー（歴史家A・J・トインビーの叔父）が一八七〇年代、労働者の貧困問題解決のために、環境整備を行う施設を提唱して設置を呼びかけたセツルメント運動が源流となった。

＊ゼロ・サム・ゲーム　ゲームの種類の一つで、各プレーヤーに配分される利得の和が常にゼロとなるゲームのこと。アメリカの経済学者レスター・サローは、これを

経済に応用して、ある人の取り分が増えると他の人の取り分が少なくなる社会を「ゼロサム社会」と呼んだ。

＊セン　アマルティア・セン（一九三三〜）インドの経済学者。カルカッタ大学を卒業後、英国ケンブリッジ大学で博士号を取得。ハーバード大学教授、ケンブリッジ大学トリニティ・カレッジ学寮長のほかアメリカ経済学会会長等を歴任。国連大学世界開発経済研究所の設立にも尽力。貧困の克服を経済学の目的とし、所得分配の不平等・貧困に関する理論で、一九九八年度のノーベル経済学賞を受賞した。

＊全質変化　キリスト教神学の概念で、聖餐のパンと葡萄酒を、キリストの血と肉に変化させること。

＊戦争非合法化運動　戦争を違法とする国際法の制定と、国際紛争解決のための国際裁判所の設置を求めたアメリカでの市民運動。アメリカの法律家レビンソンが提唱。一九二一年、「戦争非合法アメリカ委員会」を立ち上げ、デューイも世論の喚起に大きな役割を果たした。

＊ソクラテス（前四六九頃〜前三九九）　古代ギリシャの哲学者。アテネに生まれ、父の後を継いで石工となり、ペロポネソス戦争にも従軍。やがて思索活動に専念し、巷間、智者と呼ばれた者たちとの対話を続け、無知の自覚と真理探究への道を示す。プラトンほか多くの青年たちを惹きつけるが、誤解や憎しみをもつ者も多く、告発されて死刑を宣告され、獄死。著書はなく、その姿はプラトンの対話篇が伝えている。

＊ソクラテス計画　エラスムス計画と、その他の多数の同種の計画は、一九九四年にEUが策定したソクラテス計画に統合された。同計画は九九年末に終了し、二〇〇〇年一月二十四日からソクラテス計画Ⅱとなった。さらに〇七年一月一日からEU生涯学習計画（二〇〇七〜一三年）に統合された。

＊ソロー　ヘンリー・デイヴィッド・ソロー（一八一七〜六二）　アメリカの思想家。エマソンなど超絶主義者との親交を通して、大きな影響を受ける。一八四五年から二年間、マサチューセッツ州コンコード郊外のウォールデン湖畔に小屋を建て、自然の中で暮らした体験と思索を『ウォールデン』として発表。個人の自由と独立を犯す政治や奴隷制などの社会制度にも激しく抗議し、投獄された経験に基づいて『市民の反抗』を著した。著書に『コッド岬』や、没後に編纂された『日誌』等、多数。

〈た行〉

＊ダーウィン　チャールズ・ロバート・ダーウィン（一八〇九〜八二）　イギリスの生物学者。進化論の提唱者の一人。医学、博物学を学び、一八三一年から海軍の観測船ビーグル号でブラジル、ペルー、ガラパゴス諸島、オーストラリアなどを調査。進化論に確信を持ち、アルフレッド・ウォーリスの論文とともに自説を発表。五九年に『種の起源』として出版すると大きな反響を呼び、生物学、社会学など多方面に多大な影響を与えた。

＊大恐慌　一九二九年十月二十四日、ニューヨーク・ウォール街の株式市場における大暴落に端を発し、世界各国の金融・経済に波及した史上最大規模の世界恐慌。アメリカでは大恐慌克服のため、三三年に大統領に当選したフランクリン・ルーズベルトが「ニューディール政策」を実施。三六年には恐慌前の水準に回復した。

＊提婆達多　釈尊を迫害した悪比丘。釈尊の従弟といわれる。幼い頃から釈尊に対抗し、釈尊が出家成道すると弟子となるが、驕慢な心を大衆の前で釈尊に叱責されたことを恨んで退転。教団を分裂させ、釈尊の殺害を図り、比丘尼を打ち殺すなど、三逆罪（破和合僧、出仏身血、殺阿羅漢）を犯した。大地が裂けて、生きながら阿鼻地獄に堕ちたという。法華経提婆達多品第十二では、過去世の姿が釈尊の修行の師であったことが明かされ、天王如来として未来の成仏が約束されることによって、悪人成仏の法理を表す。

＊タフツ　ジェームズ・ヘイドン・タフツ（一八六二〜一九四二）　アメリカの哲学者。シカゴ大学教授。デューイ、ミードとともにシカゴで「実験学校」を設立した。また、デューイと共著『倫理学』を発刊。

＊超自然主義　哲学・宗教学などで、理性では説明のつかない事象の存在を認め、これを超自然的な力や神の啓示・奇跡などによって解釈しようとする立場。

＊『沈黙は間違いだ』　Lucinda Roy, *No Right to Remain Silent: The Tragedy at Virginia Tech* (Harmony)

＊鶴見俊輔（一九二二〜）　日本の哲学者、評論家。ハーバード大学哲学科に学び、戦後日本の言論界における中心的人物として活躍。日本にアメリカのプラグマティズムを紹介した一人。丸山眞男、都留重人らと一九四六年「思想の科学」を創刊。著書に『アメリカ哲学』『戦時期日本の精神史』『戦後日本の大衆文化史』など多数。

＊デイケア　老人や精神に疾患のある人に対し、昼間に健康管理、機能維持、回復訓練、集団活動、娯楽、食事サービス、入浴サービスなどを施設で提供すること。

＊デカルト　ルネ・デカルト（一五九六～一六五〇）　フランス生まれの哲学者、自然哲学者、数学者。『方法序説』を著して、理性に基づく真理探究の道を確立し、近代哲学の父と呼ばれる。形而上学、自然哲学、数学等の研究に取り組み、平面座標や数式の表記法も考案した。ドイツ、オランダ等で活躍後、スウェーデン王室に招かれ、同地で病没。

＊鉄のカーテン　第二次世界大戦後、世界を二分した「東西冷戦」（資本主義・自由主義陣営と共産主義・社会主義陣営との対立）の緊張状態を表した言葉。一九四六年、イギリス首相チャーチルがアメリカ・ウェストミンスター大学で行った演説の中で言及し有名になった。

＊デューイ　ジョン・デューイ（一八五九～一九五二）　アメリカの教育哲学者。プラグマティズム（実用主義哲学）を発展させ、アメリカ哲学界をリードした。児童教育に関心をもち、シカゴ大学在職中に「実験学校」を創設。世界各国の教育制度を視察し、日本や中国でも講演した。一九〇四年以降、コロンビア大学教授。著書に『学校と社会』『民主主義と教育』『論理学』など多数。

＊デューイ10進分類法　一八七六年に、アメリカの図書館学者であるメルヴィル・デューイが考案した図書の分類法。書籍の分類に十進法を採用し、十の大分類、百の中分類、千の小分類を立てる。これによって、すべての書籍の分類を数字で表す仕組み。

＊トインビー　アーノルド・ジョーゼフ・トインビー（一八八九～一九七五）　イギリスの歴史家。ロンドン大学教授等を歴任。世界文明の生成・発展・崩壊の過程を分析し、鋭い文明批評を展開した。主著『歴史の研究』ほか、著書多数。池田ＳＧＩ会長と対談集『21世紀への対話』を発刊。

＊陶行知（一八九一～一九四六）　中国の社会教育家。アメリカに留学し、デューイに師事。帰国後、プラグマティズムの教育学説を中国で実践。農村師範学校や幼稚園を創設するなど、進歩的な社会教育運動を展開した。国民党政府から迫害を受け、日本に亡命。その後、抗日救国を訴え活動した。

＊東洋哲学研究所　東京・八王子にある、東洋思想、仏

教哲学の研究、ならびに各学問分野との学際的研究を推進する学術研究機関。一九六二年、池田SGI会長によって創立され、国内外との学術交流、各種講演会・展示会の実施、出版活動等を展開してきた。

＊トーリー　ヘンリー・オーガスタス・ピアソン・トーリー（一八三七〜一九〇二）　アメリカの教育者、哲学者。バーモント大学哲学教授を務めた伯父の家庭に育ち、同大学卒業後、神学を学んで牧師となる。伯父の死後、同大学教授に就任し、とくにカント哲学の研究・講義を行う。同大学学生であったジョン・デューイを直接指導し、さまざまな影響を与えた。

＊ドグマ　宗教上の教義・教条。また、宗教や思想から生じた独断的な言説のこと。

＊戸田城聖（一九〇〇〜五八）　創価学会第二代会長。一九三〇年、牧口常三郎初代会長と創価教育学会を創立。軍部政府に抵抗し、四三年、牧口会長とともに投獄される。戦後、創価学会を再建し、五一年に会長に就任。「原水爆禁止宣言」や地球民族主義を提唱した。

＊土地付与大学　モリル・ランドグラント法（一八六二年制定）によって設立された米国の大学。同法は、理系の高等教育機関を設置するために、連邦政府の土地を州政府に供与することを定めたもの。

〈な行〉

＊南北戦争　アメリカ合衆国に起きた内戦（一八六一〜六五）。奴隷解放・商工業中心の北部と、奴隷制維持・農業中心の南部が対立。奴隷解放論者リンカーンの大統領当選を受け、南部十一州が合衆国を離脱し、開戦。北部の勝利によって南北は再統合され、奴隷制は廃止された。

＊二乗　生命の境涯を十種に立て分けた十界のうちの声聞と縁覚の二種類の境涯のこと。声聞とは仏の教えを聞いて修行に励む者、縁覚とは自らの智慧で部分的な悟りを得る者。

＊新渡戸稲造（一八六二〜一九三三）　思想家、農学者。岩手県盛岡生まれ。札幌農学校卒業後、アメリカ、ドイツに留学。京都帝大教授、旧制第一高等学校校長などを歴任し、国際連盟事務次長としても活躍した。新渡戸や柳田国男が発起人の「郷土会」には、牧口常三郎（創価学会初代会長）も参加。著書に『武士道』『修養』『農業本論』など。

〈は行〉

＊パース　チャールズ・サンダース・パース（一八三九〜一九一四）アメリカの論理学者、数学者、哲学者、科学者。数学教授であった父から才能を見いだされ、少年期に化学、数学、論理学を習得。ハーバード大学卒業後、米国沿岸測量局に約三十年勤務。ハーバード大学天文台助手、ジョンズ・ホプキンス大学講師等も務めた。存命中、彼の功績は世間から評価されなかったが、没後、記号論やプラグマティズムの創始が高く評価されるようになった。

＊ハイデッガー　マルティン・ハイデッガー（一八八九〜一九七六）ドイツの哲学者。現象学を提唱したフッサールに師事し、現象学の手法を用いて存在論を展開。ヤスパースとともに後の実存主義などに多大な影響を及ぼした。一九三三年、フライブルク大学総長就任と時を同じくしてナチスに入党。翌年、総長を辞任。著書に『存在と時間』『形而上学入門』など。

＊ハイドン　フランツ・ヨーゼフ・ハイドン（一七三二〜一八〇九）オーストリアの作曲家。古典派音楽を確立し、数多くの交響曲・弦楽四重奏曲等を作曲した。作品に「パリ交響曲」「ロンドン交響曲」、オラトリオ『天地創造』など。

＊パウエル　トーマス・リード・パウエル（一八八〇〜一九五五）アメリカの憲法学者、政治学者。コロンビア大学にて博士を取得。コロンビア大学の教授、ハーバード大学法科大学院にて教授、名誉教授等を務め、米国司法長官特別補佐官等を歴任した。

＊パグウォッシュ会議　すべての核兵器とすべての戦争の廃絶を訴える科学者による国際会議。一九五五年、当時の世界第一級の科学者ら十一人によって、核兵器廃絶・科学技術の平和利用を訴えた「ラッセル＝アインシュタイン宣言」が発表された。この宣言を受けて、五七年にカナダのパグウォッシュで第一回の会議が開催され、その後、核軍縮、戦争根絶と各国の信頼関係醸成を目的とした国際組織となった。

＊ハクスリー　トマス・ヘンリー・ハクスリー（一八二五〜九五）イギリスの生物学者。ロンドン大学で医学を学び、英国地質調査所などで研究に従事。ダーウィンの『種の起源』への批判に対して積極的に反論し、彼の理論を弁護・支持した。「不可知論」を造語したことでも

有名。

＊ハリス　ウィリアム・トーリー・ハリス（一八三五～一九〇九）アメリカの教育者、哲学者。小学校の教師や市の教育長、教育局長官も務めた。学年制の採用や学校建築の標準化、質の高い教師を育成する師範学校開設など、規律や秩序を重視する公教育の整備を行った。

＊ヒトラー　アドルフ・ヒトラー（一八八九～一九四五）ドイツの政治家。ナチス党首。第一次世界大戦後のドイツで、反ユダヤ主義とドイツ民族の優越性を説いて勢力を拡大し、政権を奪取。一九三四年、総統に就任し独裁権を手に入れる。世界征服の野望のために侵略を強行し、第二次世界大戦を引き起こした。この間、ユダヤ人大虐殺に代表される非人道的蛮行を行った。大戦末期、降伏直前に自殺。

＊ヒポクラテスの宣誓　医師の倫理・任務などについてのギリシャ神への宣誓文。古今を通じて医師のモラルの最高の指針とされている。「医学の父」と呼ばれる古代ギリシャの医師ヒポクラテス（前四六〇頃～前三七五頃）、あるいは彼の属したコス派の医師集団によって作られたとされてきたが、現在ではそれよりも後の時代に成立したと考えられている。

＊ファシズム　第一次大戦後、イタリアのファシスト党に始まる全体主義的・排外的政治理念、またその政治体制。自由主義を否定し、一党独裁による専制主義・国粋主義をとり、指導者に対する絶対の服従と反対者への弾圧などを特色とした。

＊ファレル　ジェームズ・トーマス・ファレル（一九〇四～七九）アメリカの小説家、批評家。経済的な機会の平等を前提とするアメリカ社会の欺瞞性を批判し、一九三〇年代アメリカ文学の代表的な存在となった。著書に『スタッズ・ロニガン』など多数。

＊フェミニズム　女性の社会的・政治的・法律的・性的な自己決定権を主張し、男性支配的な文明と社会を批判・変革しようとする思想や運動。

＊二人の日本人の実業家　小野英二郎（当時、日本興業銀行副頭取）と、実業家の渋沢栄一が招聘を支援した。

＊プラグマティズム　実用主義、実際主義、道具主義とも訳される。真理や意味は、行動に移した時に実際に役に立つかどうかで明らかにされるという考え方で、観念の重要さはその結果によるとする立場。十九世紀にアメ

リカの哲学者パースが唱え、ジェイムズ、デューイらが発展させた。

＊プラトン（前四二七〜前三四七）　古代ギリシャの哲学者。ソクラテスとの出会いと、その冤罪による死に決定的な影響を受ける。学園アカデメイアを創立し、アリストテレス等の人材を輩出。著書に『ソクラテスの弁明』『国家』など多くの対話篇がある。

＊フランクル　ヴィクトール・エミール・フランクル（一九〇五〜九七）　オーストリアの精神科医、心理学者。第二次世界大戦中、ナチスによって強制収容所に送られる。この体験をもとに著した『夜と霧』は、日本語を含め十七カ国語に翻訳されて世界的ベストセラーとなった。

＊フルブライト（奨学金）研究者　一九四六年、アメリカの上院議員ジェームズ・ウィリアム・フルブライトによって「世界各国の相互理解を高める目的」で発案された計画に基づき、国際交換プログラムと奨学金制度が設立された。同プログラムによる研究者をフルブライト研究者と呼ぶ。

＊ブレイク　ウィリアム・ブレイク（一七五七〜一八二七）　イギリスの画家、詩人、銅版画職人。幼少期から絵の才能を現し、絵画の学校に学び、彫刻家に弟子入りした。晩年はダンテに傾倒し、『神曲』の挿絵を病床で描いたが未完成に終わる。詩人としては、詩集『無垢と経験の歌』が有名。

＊フロンティア　国境、辺境の意。とくに十七世紀以降の北アメリカにおける、開拓地と未開拓地との境界線（フロンティア・ライン）地帯を指す。ヨーロッパ人のアメリカへの入植は東海岸から始まったが、宣教師や猟師、農民などが未開拓地を目指して移住し境界線は急速に西に移っていった。

＊文化相対主義　すべての文化は固有の価値をもっており、これを外部から評価・批判することはできず、優劣をもって比べることもできない、とする倫理的態度をいう。

＊米国科学財団　一九五〇年に設立された科学工学分野での基礎研究・教育を促進するアメリカ連邦政府機関。

＊ヘーゲル　ゲオルク・ヴィルヘルム・フリードリッヒ・ヘーゲル（一七七〇〜一八三一）　ドイツの哲学者。ベルリン大学教授・総長。ドイツ観念論哲学を完成させ、マルクス、キェルケゴールらをはじめ後世に大きな影響

を与えた。弁証法論理学のなかで説いた止揚（アウフヘーベン）の概念が有名。著書に『精神現象学』『大論理学』『エンチクロペディー』『法哲学』などがある。

＊ベーコン　フランシス・ベーコン（一五六一～一六二六）イギリスの哲学者、政治家。国会議員や大法官などを歴任し、失脚後、著述に専念。帰納法による科学的方法論を説き、デカルトと並び近代合理主義哲学の祖とされる。著書に『ノヴム・オルガヌム―新機関』『学問の進歩』『ベーコン随想集』など。

＊ペスタロッチ　ヨハン・ハインリッヒ・ペスタロッチ（一七四六～一八二七）スイスの教育者。チューリヒ大学で神学を学び、社会の改善を志す。農民の救済を目指して農園を開き、のちにこれを孤児院に変えて、民衆教育の改善に尽力。『隠者の夕暮』『リーンハルトとゲルトルート』などの教育書を著し、子どもの個性に応じて、自然な能力を発達させることを訴えた。その後もシュタンツ、ブルクドルフ、イヴェルドンなどで学校を経営して自らの教育理念の実現を目指し、近代初等教育の基礎を築いた。

＊ペニーランチ　二十世紀初頭、アメリカの教師が栄養状態の悪い児童のために始め、徐々に普及した給食制度。一セントで給食を用意したが、一セント硬貨はペニーとも呼ばれるため、「ペニーランチ」の名前がついた。

＊ベル　ダニエル・ベル（一九一九～二〇一一）アメリカの社会学者。ニューヨーク市立大学卒。コロンビア大学大学院で社会学博士号取得。コロンビア大学教授、ハーバード大学教授を経て、ハーバード大学名誉教授。著作『イデオロギーの終焉』や『脱工業社会の到来』で現代社会の本質を鋭く衝いた。

＊ヘルバルト　ヨハン・フリードリッヒ・ヘルバルト（一七七六～一八四一）ドイツの哲学者、教育学者。ペスタロッチに接して、その思想に共鳴し、教育の理論的科学的研究を志す。主な著書に『一般教育学』などがある。

＊ベルリンの壁　一九六一年に建設された、ベルリン市を東西に隔てる壁。東西冷戦の象徴。第二次世界大戦後、ドイツは資本主義の西ドイツと共産主義の東ドイツに分断され、東ドイツ内にあるベルリン市自体も東西両陣営に分割された。東ドイツ政府は、西ベルリンへの市民の逃亡を防ぐために壁を建設したが、八九年十一月、東欧諸国の民主化の流れのなか、東西の通行が事実上可

能になり、壁も民衆の手により破壊された。

＊ベンサム　ジェレミー・ベンサム（一七四八～一八三二）イギリスの哲学者、法学者。幸福の最大化を善とする功利主義を提唱した。著書に『道徳および立法の諸原理序説』など。

＊ホイットマン　ウォルト・ホイットマン（一八一九～九二）アメリカの詩人。植字工、新聞記者などを務めながら詩作など文筆活動に取り組む。詩集『草の葉』の増補・改訂を生涯続けた。自由な形式で人間讃歌を謳い、米国の思想・文学に大きな影響を与えた。

＊ポーリング　ライナス・カール・ポーリング（一九〇一～九四）アメリカの化学者。〝現代化学の父〟と呼ばれる。一九五四年にノーベル化学賞、六二年にノーベル平和賞を受賞。「ラッセル＝アインシュタイン宣言」に署名した十一人の科学者の一人でもある。池田SGI会長と対談集『「生命の世紀」への探求』を発刊した。

＊ポストモダニズム　元来は、建築・デザインの領域で生まれた概念で、機能的・合理的なモダニズム（近代主義）を脱し、過去から現代までのさまざまなものを組み合わせて新しいものを生みだそうとする考え方。

＊ホルクハイマー　マックス・ホルクハイマー（一八九五～一九七三）ドイツの哲学者、社会学者。フランクフルト学派の指導者。フランクフルト大学の社会研究所所長に就くが、ナチス政権下、アメリカに亡命。第二次世界大戦後の一九四九年に帰国し、同大学学長も務めた。マルクス主義を実践的に展開し「批判理論」を提唱。社会・文化批判を行った。著書に『啓蒙の弁証法』（共著）『理性の腐蝕』など。

〈ま行〉

＊牧口常三郎（一八七一～一九四四）創価学会初代会長。教育者、教育学者、地理学者。小学校校長を歴任しつつ、地理学、教育学の先駆的研究に取り組む。一九三〇年、戸田城聖と創価教育学会を創立。思想統制を強める軍部政府に抵抗し、四四年十一月十八日に獄死。著書に『人生地理学』『創価教育学体系』など。

＊マグヌス　アルベルトゥス・マグヌス（一一九三頃～一二八〇）ドイツの神学者、スコラ哲学者、自然科学者。神学、哲学のほか、錬金術や自然学等の諸学に通じ、アリストテレスの注釈書を多数著した。

＊マグロー　マートル・マグロー（一八九九〜一九八八）アメリカの心理学者。コロンビア大学で博士号を取得後、ニューヨーク大学やアデルフィ大学の臨時講師を経て、ブライヤクリフ大学教授。一九三〇〜四〇年代、幼児の発達の分野における先駆的な研究者として活躍。十代後半からデューイと多くの書簡を交わし学問的な影響を受けた。

＊マルクス　カール・ハインリッヒ・マルクス（一八一八〜八三）ドイツの革命家、哲学者、経済学者。富裕な弁護士の子として生まれる。一八四七年、共産主義者同盟に参加し、その委嘱によって「共産党宣言」を起草。亡命を繰り返し、貧困のなか生涯の盟友エンゲルスの財政的支援によって生計を保ち、大著『資本論』に取り組むが、未完のまま死去。

＊マンハッタン計画　第二次世界大戦中のアメリカで、原子爆弾の開発・製造のために、亡命ユダヤ人を中心とした科学者や技術者を総動員した国家計画。

＊ミード　ジョージ・ハーバート・ミード（一八六三〜一九三一）アメリカの哲学者、社会心理学者。シカゴ大学教授。プラグマティズムの影響を受け、行動主義的社会心理学に新しい道を開いた。とくに、言語分析を通して精神や自我を社会的動態の産物として捉え直すことで、現代社会学の発展に大きく貢献。著書に、弟子たちが講義ノートをまとめて発刊した『精神・自我・社会』『行為の哲学』などがある。

＊水谷修（一九五六〜）　神奈川県生まれ。上智大学文学部卒。一九八三年〜二〇〇四年、横浜市立高校教諭。中・高校生の非行と薬物汚染の防止のために、全国各地の繁華街で「夜回り」と呼ばれるパトロールを行うとともに、薬物追放のための講演も精力的に続けている。

＊ミッチェル　ジョージ・ジョン・ミッチェル・ジュニア（一九三三〜）　アメリカの政治家。アメリカ中東特使。クイーンズ大学ベルファスト元総長。連邦上院議員（一九八〇〜九五）任期後、北アイルランド特使として、北アイルランド紛争の和平プロセスで活躍。粘り強い対話で全党参加による和平交渉をリードし、「ベルファスト合意」（一九九八年）に重要な役割を果たした。

＊ミル　ジョン・スチュアート・ミル（一八〇六〜七三）イギリスの哲学者、経済学者。ベンサムの功利主義思想の大成者。著書に『論理学体系』『自由論』など。

あること。

＊無為　手を加えていない、自然のありのままの存在で

＊メニューイン　ユーディー・メニューイン（一九一六〜九九）　世界的なバイオリン奏者、指揮者。ユダヤ系ロシア人として生まれ、七歳で独奏者としてデビュー。以後、有名な交響楽団との共演をはじめ、音楽学校の設立など音楽界に多大な功績を残した。

＊毛沢東（一八九三〜一九七六）　中国の政治家。湖南省湘潭県生まれ。中国共産党の指導者として、抗日戦と内戦に勝利を収める。一九四九年、中華人民共和国を建国するとともに政府主席に選出。また五四年、国家主席に就任して、新中国の建設を指導した。

＊モーツァルト　ヴォルフガング・アマデウス・モーツァルト（一七五六〜九一）　オーストリアの作曲家。宮廷音楽家の子としてザルツブルクに生まれ、幼少時から神童ぶりを発揮しつつ、音楽修業を続ける。オペラや交響曲、協奏曲、声楽曲等を多数作曲し、『フィガロの結婚』『魔笛』『ジュピター』『アイネ・クライネ・ナハト・ムジーク』等の傑作を残したが、経済状態の悪化と病に苦しみ、三十五歳で死去。

＊モリス　ジョージ・シルベスター・モリス（一八四〇〜八九）　アメリカの教育者。ミシガン大学で哲学と神学を教えた。ジョンズ・ホプキンス大学での講演でジョン・デューイに影響を与える。著書に『イギリスの思想と思想家』『哲学とキリスト教』などがある。

〈や行〉

＊ヤスパース　カール・テオドール・ヤスパース（一八八三〜一九六九）　ドイツの哲学者、精神科医。個人の主体性や現実を重視する実存主義哲学者の一人。妻がユダヤ系であったことから、ナチスの迫害によってハイデルベルク大学教授職を追われ、戦後、復職。後にスイスのバーゼル大学哲学教授を務めた。著書に『哲学』『現代の精神的状況』などがある。

＊ヤング　エラ・フラッグ・ヤング（一八四五〜一九一八）　アメリカの教育者。シカゴで小学校の教師、校長となり、一八八九〜一九〇五年、シカゴ大学教育学部教授。一九〇〇年には、ジョン・デューイの実験学校に参加し、のちにシカゴ師範学校（後のシカゴ教育大学）校長やシカゴの学区教育長を務め、全米教育協会の女性初の総裁

となる。

＊「USニューズ」誌のリポート　USニューズ&ワールド・リポート（U.S.News and World Report）は、アメリカの三大ニュース週刊誌の一つ。一九八〇年代に同誌が始めた大学ランキングが高等教育ランキングの最初とされる。二〇一四年版の同誌のリポートでは、アメリカ創価大学は全米のリベラルアーツ・カレッジのなかで総合四十一位、「ベスト・バリュー・スクールズ部門」で五位にランキングされている。

＊憂慮する科学者同盟　一九六九年に設立された、十万人以上の市民と科学者からなる国際的な非営利団体。環境、原発、遺伝子操作などの分野における科学的な分析と情報公開を活動の中心とする。

＊予科練　旧日本海軍の航空兵養成制度に基づく「海軍飛行予科練習生」の略称。十代の少年を募集して、短期間での航空機搭乗員の大量養成を図り、戦局の悪化にともなって戦死者も多かった。

〈ら行〉

＊リースマン　デイヴィッド・リースマン（一九〇九〜二〇〇二）　アメリカの社会学者、弁護士。ハーバード大学法学部卒。シカゴ大学教授、ハーバード大学教授を務める。一九二〇年代以降のアメリカ社会と人々の生活の変貌を明晰に分析した。著書に『孤独な群衆』『個人主義の再検討』『現代文明論』『群衆の顔』など。

＊リベラルアーツ　大学の一般教養課程（学士）のこと。人文科学、自然科学、社会科学を包括する分野を指す。アメリカのリベラルアーツ・カレッジは、基礎的な教養やものの考え方を養うことに重点を置いている点で、専門の学科や職業課程などと対比される。

＊竜女　竜宮に住むとされる娑竭羅竜王の娘で蛇身の畜生。法華経の会座に列して成仏の相を現した。女人・畜生の成仏が、法華経提婆達多品第十二で説かれる竜女の成仏によって初めて明かされた。

＊ルーズベルト　フランクリン・デラノ・ルーズベルト（一八八二〜一九四五）　アメリカ合衆国第三十二代大統領（在任＝一九三三〜四五）。大恐慌後の一九三二年の大統領選挙で「ニューディール」政策を公約し、初当選。以降、世界恐慌と第二次世界大戦の難局のさなか、アメリカ史上唯一、大統領に四選された（現在は、憲法が改正され

て二選までとなっている)。

＊ルソー　ジャン＝ジャック・ルソー(一七一二〜七八)フランスの思想家、文学者。スイス生まれ。パリでディドロ等の文化人と交際し、『学問芸術論』が懸賞論文に当選。続いて、『人間不平等起源論』『エミール』『社会契約論』や、小説『新エロイーズ』を著す。自然のままの自由な人間を理想とする、教育や社会のあり方を論じ、フランス革命に大きな影響を与えた。

＊レオポルド　アルド・レオポルド(一八八七〜一九四八)アメリカの生態学者。アメリカ合衆国森林局森林官として勤務するなかで、自然保護活動に目覚め、自然生活を記録し、雑誌などにエッセイを寄稿するようになる。アメリカ生態学協会会長、国連自然保護委員などを歴任。自然との共生の思想を綴った著書『野生のうたが聞こえる』は、ベストセラーとなり、環境保護運動を支えたといわれる。

＊ロートブラット　ジョセフ・ロートブラット(一九〇八〜二〇〇五)　ポーランド生まれのイギリスの物理学者、平和運動家。アメリカのマンハッタン計画(原爆開発)に参加するが、離脱。第二次世界大戦後は核軍縮を訴える科学者の国際組織「パグウォッシュ会議」の創設に参加し、事務局長、会長、名誉会長を務める。一九九五年、同会議とともにノーベル平和賞を受賞。池田SGI会長と対談集『地球平和への探究』を発刊した。

＊ログノフ　アナトーリ・アレクセーヴィッチ・ログノフ(一九二六〜)　ロシアの物理学者。モスクワ大学総長(一九七七〜九二)、国立高エネルギー物理研究所所長などを歴任。池田SGI会長と対談集『第三の虹の橋』『科学と宗教』を発刊した。

＊盧溝橋事件　日中戦争の発端となった事件。一九三七年七月七日夜、北京西南の永定河にかかる盧溝橋付近において、数発の銃声が響いた。夜間演習を行っていた日本軍は、これを中国軍による不法行為とし、翌八日早朝、中国軍への攻撃を開始する。一時は停戦協定が成立したが、日本政府の派兵決定によって衝突は再燃。日中両国は全面戦争へと突入していった。

＊魯迅(一八八一〜一九三六)　中国の文学者。本名は周樹人。日本に留学して医学を学んだあと、中国人の精神改造を志して文筆活動を開始。デビュー作『狂人日記』で注目を集め、数々の小説、詩、散文を発表。民衆を苦し

める社会悪と徹底して戦った。代表作に『阿Q正伝』『故郷』『藤野先生』など。

＊ロックフェラー　スティーブン・クラーク・ロックフェラー（一九三六〜）　アメリカのミドルベリー大学名誉教授。各国政府やNGOが協力して地球市民としての行動規範をまとめた「地球憲章」の起草委員会議長を務めた。デューイに関する著書に『ジョン・デューイ――宗教的信仰と民主的ヒューマニズム』がある。

＊論語　中国の思想書。『孟子』『大学』『中庸』などの儒教の基本文献「四書」の一つ。古代中国・春秋時代の思想家、儒家の始祖である孔子（前五五一〜前四七九）の言行や、弟子たちとの問答など、全二十編で構成。孔子の死後、漢代の頃までに現在の形に編纂された。

〈わ行〉

＊ワーズワース　ウィリアム・ワーズワース（一七七〇〜一八五〇）　イギリスのロマン派の詩人。古典主義を脱した優れた抒情詩を執筆。一八四三年、桂冠詩人となる。作品に詩人コールリッジとの共著『抒情歌謡集』のほか、『序曲』『逍遥』等がある。

＊ワイマール共和国　一九一九年、第一次世界大戦中のドイツ革命によって帝政ドイツが倒れた後、同年八月に制定・公布されたワイマール憲法に基づいて発足したドイツの政治体制。ワイマール共和政ともいう。三三年、ヒトラーの政権掌握によって事実上、崩壊した。

〈引用・参照文献〉

引用文、書名等、一部、現代表記に改めたものもある。洋書の文献のうち、ジョン・デューイの全集（南イリノイ大学出版部発行）*The Early Works of John Dewey, 1882-1898*; *The Middle Works of John Dewey, 1899-1924*; *The Later Works of John Dewey, 1925-1953*, ed. Jo Ann Boydston（Southern Illinois University Press）は、それぞれEW, MW, LW と省略し、巻数を付した。

【第1章】

（1）**「民主主義は対話から……」** C・ラモント編『デューイをめぐる対話』永野芳夫他訳、春秋社、参照

（2）**第一次世界大戦後に、デューイ博士らが……** 山室信一『憲法9条の思想水脈』朝日新聞出版、鶴見俊輔『人類の知的遺産60　デューイ』講談社等を参照

（3）**家名は「ドゥ・ウェ」に由来……／「ああ、おじさんがジョン・デューイさんなのね……」** 山田英世『人と思想23　J・デューイ』清水書院、参照

（4）**「生きていくという過程は……」**『論理学―探究の理論』魚津郁夫訳、上山春平編『世界の名著48　パース　ジェイムズ　デューイ』所収、中央公論社

（5）**同時代の日本の知識人には……** Public Opinion in Japan（MW13）

（6）**「昔もえていた光は……」** 前掲『人類の知的遺産60　デューイ』

（7）**たとえ猫の額ほどの「小地」で……**『牧口常三郎全集』1、第三文明社、参照

（8）**「水底のゆるやかな動き」**『試練に立つ文明』深瀬基寛訳、社会思想社

（9）**「やはりプラトンの哲学を……」／「それは、何が出てくるかと……」／それは〝大学教授の原型として扱われる……／「トーリー教授は、元来内気な……」** From Absolutism to Experimentalism（LW5）

(10)その最も完全な意味における「経験」とは……　Creative Democracy: The Task Before Us（LW14）
(11)「プラトンの著作というものはありませんし……」／「プラトンのなかに生きているソクラテス」　林竹二『若く美しくなったソクラテス』田畑書店
(12)「あなたの慈悲の広大無辺は、わたくしを……」『戸田城聖全集』3、聖教新聞社
(13)「一人の人間が、或は、一群の人々が……」　岸本英夫『誰れでもの信仰――デューイ宗教論』春秋社
(14)「文明のなかで、最も大切……」　A Common Faith（LW9）
(15)「人間は、苦悩のなかにあっても……」　Ethics（LW7）
(16)教育の目的は〝子どもの幸福〟に……／「生命の伸長に力を……」／「自他共に、個人と全体との……」『牧口常三郎全集』5、引用・参照
(17)「哲学の回復の必要」　The Need for a Recovery of Philosophy（MW10）
(18)「私の人生哲学は本質的……」　G・ダイキューゼン『ジョン・デューイの生涯と思想』三浦典郎・石田理訳、清水弘文堂
(19)「聡明にして実り豊かな友人と……」　Ralph Waldo Emerson, *The Conduct of Life*（Ticknor and Fields）
(20)「私は、核兵器反対の立場……」『「生命の世紀」への探求』、『池田大作全集』14所収、聖教新聞社
(21)「おれが如く偉くなれ、というような……」『牧口常三郎全集』6
(22)「西洋近代文化の根本性格」は……　文部省編纂『国体の本義』内閣印刷局
(23)「生活することが第一である……」『学校と社会』宮原誠一訳、岩波文庫
(24)「生活法は生活して見なければ……」『牧口常三郎全集』10
(25)「人種の異なった生まれの人々や……」「今日の世界における民主主義と教育」三浦典郎訳、杉浦宏・田浦武雄編訳『人間の問題』所収、明治図書出版

（26）「権勢の座に在る少数の者」が……　『民主主義と教育』金丸弘幸訳、玉川大学出版部

（27）新しい時代には、新しい平和……　What Kind of a World Are We Fighting to Create?（LW17）

（28）「もし私たちが、本当に世界の平和を……」 *The Collected Works of Mahatma Gandhi*, vol. 48（The Publications Division, Ministry of Information and Broadcasting, Government of India）

【第２章】

（１）「わたしたちは、子どもの側に立ち……」／「その目的は（中略）社会的な力量と洞察力を……」／「子どもたちは活動する瞬間に……」／「学校は子どもが実際に生活する場所であり……」『学校と社会・子どもとカリキュラム』市村尚久訳、講談社学術文庫

（２）「被教育者をして幸福なる生活を……」／多くの親が子どもを、何の目的観もないまま……／「入学難、試験地獄、就職難等で一千万の……」『牧口常三郎全集』５、第三文明社

（３）「我々は頭脳と消化器の両方を具えた存在で……」 Beliefs and Existences（MW3）

（４）「医学や医術が日進月歩の発達をしているように……」『牧口常三郎箴言集』辻武寿編、第三文明社、趣意

（５）私たち人間は個人として、ありとあらゆる環境に……　Viktor Frankl, *Man's Search for Meaning*（Beacon Press）

（６）「人格の決定的な形成がなされる……」『二十一世紀への対話』（下）、聖教ワイド文庫

（７）「教科と呼ばれるものは、算数、歴史、地理……」『経験と教育』市村尚久訳、講談社学術文庫

（８）「日本人の頭脳の大部分は……」『牧口常三郎全集』９

（９）「いじめの防止は犯罪の防止」という調査報告書……　“Bullying Prevention Is Crime Prevention”（Fight Crime: Invest in Kids, 2003, http://www.fightcrime.org/）

（10）「悪人の敵になり得る勇者でなければ……」／「消極的の善良に安んぜず、進んで積極的の……」／〝教師は、自身が尊敬の的となる王座を……〟／「教育は知識の伝授が目的ではなく……」『牧口常三郎全集』6

（11）「子どもを、尊重すべき人格を備えた存在として……」「聖教新聞」1992年6月6日付

（12）「最もすぐれた、最も賢明な親がわが子に望む……」『学校と社会』宮原誠一訳、岩波文庫

（13）「子どもたちは、自然に家庭のなかで……」「長崎ピースフォーラム2002」で（「聖教新聞」2002年8月7日付）

（14）「他者との関係に忠実な行為を通して……」Ethics（LW7）

（15）本来、最も心安らぐ場所であるはずの家庭が……「第35回コスモスセミナー」講演で（「聖教新聞」2010年2月27日付）

（16）幾つかの資料…… Mark Mather, "U.S. Children in Single-Mother Families" (Population Reference Bureau, 2010, http://www.prb.org)

（17）「全米父性イニシアティブ」のある調査…… "Pop's Culture: A National Survey of Dads' Attitudes on Fathering" (National Fatherhood Initiative, 2006, http://www.fatherhood.org)

（18）「大学教育の永続的かつ有意義な帰結は……」／〝学生は大学に学ぶことで、自分が興味を……〟 A College Course: What Should I Expect from It?（EW3）

（19）必ずしも研究者が同時に教職者である必要は……／「知的職業の訓練を受けたすべての者が……」『二十一世紀への対話』（上）、引用・参照

（20）「連携とか連帯による活動は、ある共同体を……」／「最も深く豊かな意味において、共同体とは……」／「〝顔と顔を突き合わせた共同体〟を再構築……」The Public and Its Problems（LW2）

（21）リベラルアーツ・カレッジの卒業生は…… *Social Forces*, December 2010

（22）「あらゆる偉大なものは、われわれがそれに……」　エッカーマン『ゲーテとの対話』。訳文は、手塚富雄『いきいきと生きよ――ゲーテに学ぶ』講談社、によった。
（23）「歴史を現在の社会生活の諸様式や諸関心から……」／そして、「地理」と「歴史」という学問は……　『民主主義と教育』（下）、松野安男訳、岩波文庫、引用・参照
（24）デューイは、地理と歴史はあらゆる学科のうち最も重要な……　Democracy and Education（MW9）
（25）一九九三年のハーバード大学での講演　『池田大作全集』2、聖教新聞社に収録
（26）〝世界を知るためには、人は郷土を離れて……〟／自身の着ている服や身につけているものが……　『牧口常三郎全集』1、参照
（27）「一粒の砂にも世界を……」　『対訳　ブレイク詩集――イギリス詩人選（4）』松島正一編、岩波文庫
（28）「教育の目的は人々が自分たちの教育を……」　『民主主義と教育』（上）、松野安男訳、岩波文庫
（29）「私は、教育は社会進歩と社会改革の……」　My Pedagogic Creed（EW5）
（30）「たんに学校教育という意味でだけではなく……」／「われわれは無限の知性の……」／「知性が地域的共同社会を……」　『現代政治の基礎』阿部斉訳、みすず書房
（31）「最近では、私はこんな気がしている。つまり、民主主義の……」　Creative Democracy: The Task Before Us（LW14）
（32）「世は政治　経済　芸術の各分野を通じて……」　『牧口常三郎全集』8

【第3章】

（1）「デューイの面白い特徴の一つは……」　C・ラモント編『デューイをめぐる対話』永野芳夫他訳、春秋社
（2）「言語は、話し手だけではなく、聞き手があって……」　Art as Experience（LW10）
（3）例えば、博士が晩年、ある別荘で……　山田英世『人と思想23　J・デューイ』清水書院、参照

（4）「ニューイングランド文化の遺産として私の心に……」／「私が思うに、いつまでも哲学が、ヨーロッパ……」From Absolutism to Experimentalism（LW5）
（5）「（＝職業のための教育ではなく）職業を通じて……」／「哲学は、教育の一般理論である……」Democracy and Education（MW9）
（6）教育者の陶行知が、デューイ哲学の「教育即生活」…… Zhang Kaiyuan and Wang Weijia, "Tao Xingzhi and the Emergence of Public Education in China" in *Ethical Visions of Education: Philosophies In Practice*, ed. David T. Hansen（Teachers College Press）
（7）「あらゆる営為のなかで、コミュニケーションほど大きな……」／「あらゆる営為のなかで、コミュニケーションほど大きな驚異はない。事物が……」／「なぜなら芸術は、その他の物事を…」Experience and Nature（LW1）
（8）「惑星は太陽系のなかで運行する」「人間の精神も、他者との……」Ethics（LW7）
（9）「全体が縁の糸で綴り合わされ、それでいて一つ一つが……」『草の葉』（下）、酒本雅之訳、岩波文庫
（10）「すべての悪の脅威に打ち勝つものは、『対話』による……」『二十一世紀の人権を語る』聖教ワイド文庫
（11）「正義を確立するためにいかに時間がかかろうとも……」ジェーン・アダムズ『ハル・ハウスの20年』財団法人市川房枝記念会・縫田ゼミナール訳、財団法人市川房枝記念会出版部
（12）「ぼくはアダムズに、こうたずねたのだよ……」／「私は、ホイットマンをさらに深く読んでいくうちに……」*The Correspondence of John Dewey*, vol.1, ed. Larry A. Hickman（CD-ROM, InteLex）
（13）アダムズがデューイに教えたことは、何も知らないで…… Marilyn Fischer, "Jane Addams's Critique of Capitalism as Patriarchal" in *Feminist Interpretations of John Dewey*, ed. Charlene H. Seigfried（Pennsylvania State University Press）
（14）「共感の心をもって相手を知ることこそが……」Jane Addams, *A New Conscience and an Ancient Evil*

(Macmillan)

(15)「共感は、自我を超えて思考を羽ばたかせ……」／彼女は敵対や反目は無益で…… Ethics (LW7)

(16)「人びとの間あるいは国と国の間に存在する正義は……」 杉森長子『アメリカの女性平和運動史』ドメス出版

(17)「独白は半端で不完全な思考にすぎない」 The Public and Its Problems (LW2)

(18) 反省的思考の人であったデューイは、ほどなく……／東洋では、内面化された社会統制――有機的な……／「デューイは、中国が西洋を……」 Jessica Ching-Sze Wang, *John Dewey in China: To Teach and to Learn* (State University of New York Press)

(19) デューイは、人は超自然的な神を信じなくても…… As the Chinese Think (MW13) ならびに Jessica Ching-Sze Wang, *John Dewey in China: To Teach and to Learn*

(20)「富貴にして驕れば」／「自ら其の咎を遺す」『老子』蜂谷邦夫訳注、岩波文庫

(21) デューイ博士の哲学や教育思想が、封建主義と……『平和の懸け橋――人間教育を語る』東洋哲学研究所

(22)「民主主義の手強い敵と対戦して勝つためには……」／「民主主義が果たすべき役割とは、経験自体が……」／「民主主義的な生き方は、人間性が具える……」／「人間性に具わる潜在能力を信じることが必要……」／民主主義の特徴を「進化を続ける試み」であると…… Creative Democracy: The Task Before Us (LW14)

(23)「民主主義とは自由で豊かな交わりを持つ生活に……」『現代政治の基礎』阿部斉訳、みすず書房

(24)「合衆国の真価を、はっきりと、あるいはくまなく表わして……」／「すべての真理は、すべてのものの中で待機している」／「ぼくとぼくの仲間は議論や比喩や押韻を使って……」『草の葉』(上)、杉木喬・鍋島能弘・酒本雅之訳、岩波文庫

(25) ホイットマンは「民主主義が単なる統治の一形態……」／「人間と人間の経験が自然とどのように……」 Maeterlinck's Philosophy of Life (MW6)

（26）「民主主義は、「最も厳密で、最も心を豊かにしてくれる法則」であり……／「民主主義の真髄には、結局のところ宗教的……」『民主主義の展望』佐渡谷重信訳、講談社学術文庫
（27）「詩は諸々の事象に関わるとき宗教となる」／「理想を目指し、その達成のために障害と戦って……」A Common Faith（LW9）
（28）「代理人や仲介人は派遣せず……」『草の葉』（中）、酒本雅之訳、岩波文庫
（29）「苦闘のさなかでも、いつだって僕の心は……」Horace Traubel, *With Walt Whitman in Camden*, vol.3, ed. Sculley Bradley (Mitchell Kennerley)
（30）「かくして芸術は、生活そのもののなかに……」The Live Creature and "Ethereal Things"（LW10）
（31）「将来の文明結合点は米国ならん」『牧口常三郎全集』2、第三文明社
（32）かつて、アメリカに移住した多くの人々は……　イェフディ・メニューヒン、カーティス・W・デイヴィス『メニューヒンが語る　人間と音楽』別宮貞徳監訳、日本放送出版協会〈参照部分は根岸修子訳〉
（33）「真の教育とは、〝科学の中に詩〟を〝数学のなかに……」広中和歌子編訳『これから世界は』創知社
（34）民主主義とは人間がこれまでに思いついた政体の……『二十一世紀への対話』（中）、聖教ワイド文庫
（35）「もはや他人の考えの模倣者ではなくなった女性たちが……」Philosophy and Democracy（MW11）
（36）現在の民主主義国家としてのインドは、イギリスから……『議論好きなインド人　対話と異端の歴史が紡ぐ多文化世界』佐藤宏・粟谷利江訳、明石書店、参照
（37）中国の儒教の教えは、西洋型の……　Daniel A. Bell, *Beyond Liberal Democracy: Political Thinking for an East Asian Context* (Princeton University Press)
（38）「強くなって益々善良を迫害する悪人に対し、善人は……」『牧口常三郎全集』6

【第4章】

(1)「実証科学とその実用的な動向は、最大の詩人に……」／「詩の美しさのなかには、科学の成果と、科学に寄せる……」『草の葉』(上)、酒本雅之訳、岩波文庫

(2)「科学と技術は、現在基本的な意味では……」／「われわれはコントロールの頂点に……」／「科学と技術のはらむ意味を理解しつつ……」／「こうした展望に対する最大の障害は……」／「自分たちの目的に役立てるために……」／「科学の限界をとり除くためには、科学の利用方法を……」魚津郁夫編『世界の思想家20 デューイ』平凡社

(3)「数量化と機械化と標準化——これらこそアメリカ化が……」Individualism, Old and New (LW5)

(4)「標準化は、封建的な仕組みが依然我々に圧力を……」Individuality, Equality and Superiority (MW13)

(5)「人間のもつ技術が、人間のエゴイズムや邪悪性など……」／「新しい文明を生み出し、それを支えていくべき……」『二十一世紀への対話』(下)、聖教ワイド文庫

(6)「ヒューマニズムは、人間の生活がそれによって……」What Humanism Means to Me (LW5)

(7)「私は、人類の破壊のためではなく、人類に貢献……」『地球平和への探究』潮出版社

(8)「テクノロジーは、あらゆる知的な技法を……」What I Believe (LW5)

(9)「わたしはこれで三回講演をした。彼らは忍耐強い……」『アメリカ古典文庫22 アメリカ人の日本論』佐伯彰一解説、河西進・瀧田佳子訳、研究社出版

(10)「哲学上の諸問題における古いタイプと新しいタイプ」／「知性は、一度で手に入れられるものではない……」／「哲学が多くの問題について動きのとれぬ反対物の……」／「変化は絶えず進んでいるのであるから、大切なのは……」／「生命があれば、必ず行動があり、活動がある……」／「個人にしろ、集団にしろ、或る固定した結果への……」『哲学の改造』清水幾多郎・清水禮子訳、岩波文庫

(11)「直観は、概念に先行し、かつ概念よりも深い……」 Qualitative Thought（LW5）
(12)「想像力を排除した、合理性のみの……」 Art as Experience（LW10）
(13)「多種多様な願望のつり合いを取るための実用的な調和」 Human Nature and Conduct（MW14）
(14) 哲学者のウィリアム・ジェームズが嫌っていたもの…… 大浦猛編『デューイ 倫理・社会・教育 北京大学哲学講義』永野芳夫訳、飯塚書房、参照
(15)「私たちは、自分が本当に欲するものが……」 Construction and Criticism（LW5）
(16)「ジェームズの生物学的な心理学研究法のおかげで……」 From Absolutism to Experimentalism（LW5）
(17)「自然や知識についての哲学を二千年にもわたって……」 The Influence of Darwinism on Philosophy（MW4）
(18)「『かれらもわたくしと同様であり、わたくしも……』」『ブッダのことば』中村元訳、岩波文庫
(19)「善も悪も実体ではない。空であり、関係性によって生ずる……」『普及版 法華経の智慧』（中）、聖教新聞社
(20)「この世には、善と悪の混合が存在する。もし少しでも……」 A Common Faith（LW9）
(21)「もろもろの事象は過ぎ去るものである。怠ることなく……」『ブッダ最後の旅』中村元訳、岩波文庫
(22) デューイ博士は、「宗教的なもの」を、宗派や……／「（＝既存の各宗教が、『理想を実現する唯一超自然的な……』」／「自然的な地盤の上に、現実に実現され得る……」／「多くの人々は、今日、宗教として存在しているものの知的内容……」／「それ（＝宗教的経験）は、現在、ばらばらになっている人間……」 岸本英夫『誰でものの信仰——デューイ宗教論』春秋社（一部、表記を整えた）
(23) 宗教の本質的なものから、歴史の産物で…… 『一歴史家の宗教観』深瀬基寛訳、社会思想社、参照
(24)「祖父母と両親と子どもたちが一緒に暮らし、真に……」『二十一世紀への対話』（上）
(25) 再構築されたキリスト教はおそらく「単純で自然なかたちで……／「行動だけが真理を受け取り、真理をわがものと……」 Steven Rockefeller, *John Dewey: Religious Faith and Democratic Humanism*（Columbia University

Press)

(26) 男性の哲学者には女性や子どもから「まったく影響を……」 鶴見俊輔『人類の知的遺産60 デューイ』講談社、参照

(27) それらは「人生経験から勉強に入るように」上手に…… 『鶴見俊輔著作集』3、筑摩書房

(28) 当時、コロンビア大学大学院の女子学生であった…… Democracy and Education (MW9)

(29) 「『自由』とか『自由の尊重』とは、実は各個人が行う……」 John T. McManis, *Ella Flagg Young and a Half-Century of the Chicago Public Schools* (A.C.McClurg)

(30) 「女子は男子を臆病にさせるほど……」 影山礼子「ジョン・デューイの女子教育観」、杉浦宏編『現代デューイ思想の再評価』所収、世界思想社

(31) 「苦しい勉強を最後まで貫く学生の多くが……」 『健康と人生——生老病死を語る』(上)、聖教ワイド文庫

(32) 「青年は、悪の個々の顕現を是正するというより……」 *The Correspondence of John Dewey*, vol.2, ed. Larry A. Hickman (CD-ROM, InteLex)

(33) 「もし息子たちが、不幸な人たちの力に……」 『人間主義の大世紀を——わが人生を飾れ』潮出版社

(34) 「自分のところにやってくる青年たちのことを……」 *Dialogue on John Dewey*, ed. Corliss Lamont (Horizon Press)

(35) 「人間性は変わるか」という一章 甲斐進一訳、杉浦宏・田浦武雄編訳『人間の問題』所収、明治図書出版

な

に

は

ひ

ふ

索引

＊写真キャプション内の項目を含む

本書は月刊誌『灯台』に連載された「人間教育への新しき潮流——デューイと創価教育」（二〇〇九年十二月号〜二〇一一年七月号）を基に、一部加筆・再編集したものです。

人間教育への新しき潮流——デューイと創価教育

2014年5月3日　初版第1刷発行

著者　池田大作／ジム・ガリソン／ラリー・ヒックマン

発行者　大島光明

発行所　株式会社　第三文明社
東京都新宿区新宿1−23−5
郵便番号　160-0022
電話番号　03-5269-7145（営業代表）
　　　　　03-5269-7154（編集代表）
振替口座　00150-3-117823
URL http://www.daisanbunmei.co.jp

印刷所　凸版印刷株式会社
製本所　牧製本印刷株式会社

ISBN 978-4-476-05051-6